100 Jahre Gestaltung in Mannheim

1924 bis 2024 —
von der Freien Akademie für bildende Kunst zur
Fakultät für Gestaltung der Hochschule Mannheim

Die Drucklegung dieser Arbeit wurde ermöglicht durch die finanzielle Unterstützung der Albert und Anneliese Konanz-Stiftung.
Für die kostenfrei Überlassung von Bilddateien und Bildrechten gilt der Dank dem Marchivum Mannheim, der Kunsthalle Mannheim, dem Stadtarchiv Offenburg, dem Verein Stadtbild e.V. Mannheim und dem Busch-Reisinger Museum, Cambridge [USA].

Bibliografische Information der Deutschen Nationalbibliothek
Die Deutsche Nationalbibliothek verzeichnet diese Publikation in der Deutschen Nationalbibliografie; detaillierte bibliografische Daten sind im Internet unter http://dnd.d-nb.de abrufbar.

isbn | 978-3-947238-46-0

Jürgen Schwarz

100 Jahre Gestaltung in Mannheim

1924 bis 2024 —
von der Freien Akademie für bildende Kunst zur
Fakultät für Gestaltung der Hochschule Mannheim

Verlag Vorwerk 8

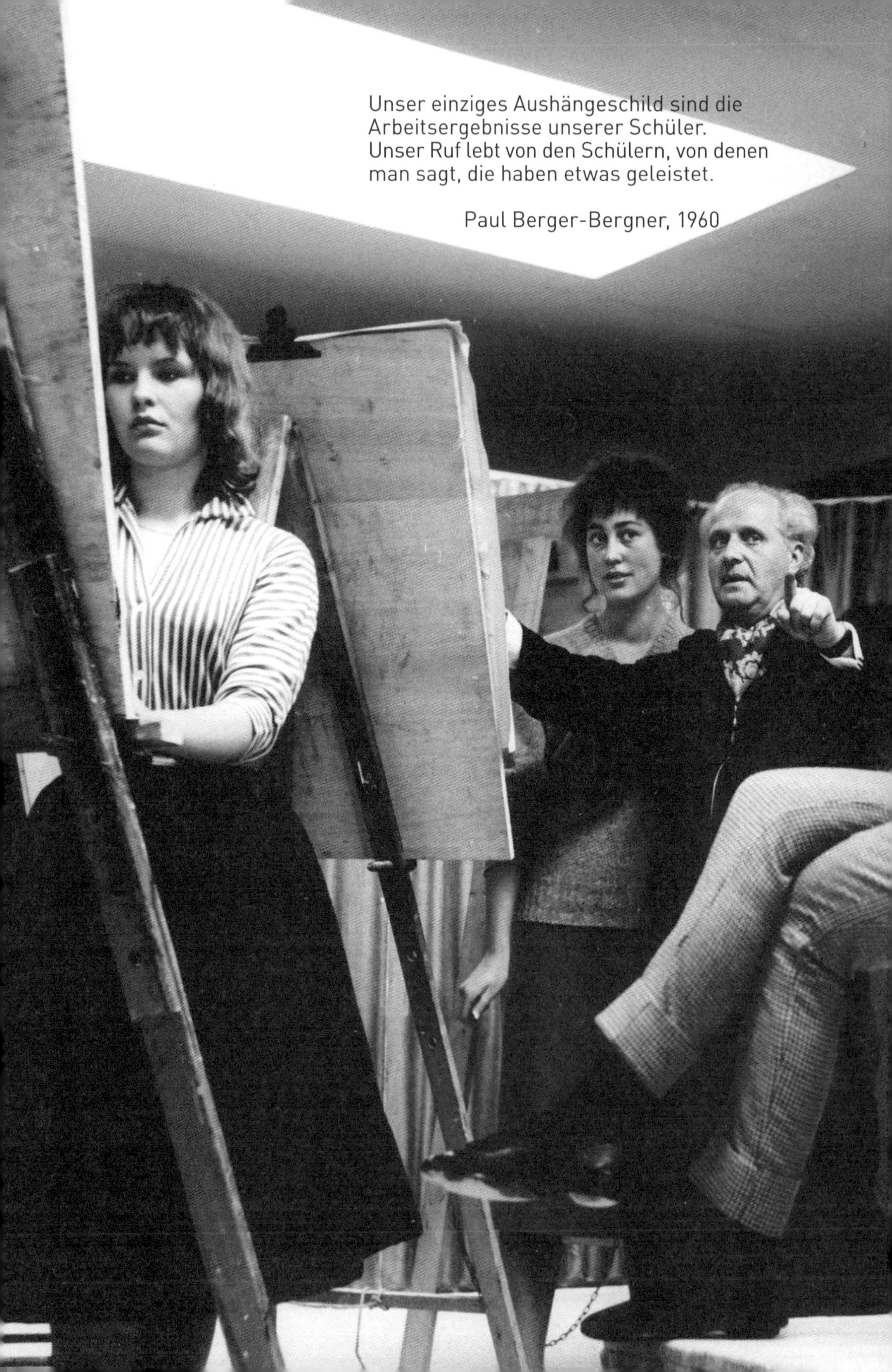

Unser einziges Aushängeschild sind die Arbeitsergebnisse unserer Schüler. Unser Ruf lebt von den Schülern, von denen man sagt, die haben etwas geleistet.

Paul Berger-Bergner, 1960

100 Jahre Gestaltung in Mannheim

1924 bis 2024 — von der Freien Akademie für bildende Kunst zur Fakultät für Gestaltung der Hochschule Mannheim

Impressum

vorwerk8.de

Druck und Weiterverarbeitung
Interpress Budapest

Gestaltung
Prof. Veruschka Götz
Professorin der Fakultät
Luisa Forberger
Studentin der Fakultät

isbn 978-3-947238-46-0

1—Vorwort

Die heutige Fakultät für Gestaltung der Hochschule Mannheim geht in direkter Linie zurück auf die 1924 in Mannheim gegründete »Freie Akademie für bildende Kunst«. Auf dem langen, oft krisengeschüttelten Weg von einer privaten Kunstschule zu einer staatlich getragenen akademischen Bildungsstätte für Kommunikationsdesign hat die Schule einige Mutationen durchlaufen. Die vorliegende Arbeit will vor allem die ersten 75 Jahre dieser Geschichte näher beleuchten.

Besonders die Gründungsphase, die Zeit unter der Nazidiktatur und die Entwicklung bis zur Etablierung der städtischen Fachhochschule für Gestaltung 1975 waren bislang wenig erforscht. Und wie die nachfolgenden Recherchen ergeben haben, zeichneten geschichtliche Darstellungen, die aus der Institution selbst stammten, meist ein Bild, das die Realität nur sehr unscharf wiedergab. Die Zeit ab Ende der 1980 Jahre, insbesondere die letzten 25 Jahre dieser Geschichte sollen hier anhand einiger Fakten nur kursorisch behandelt werden. Der wesentliche Grund dafür liegt darin, dass zum einen wichtige Akten aus Archiven für diese Zeit aus datenschutzrechtlichen Gründen [noch] nicht zugänglich sind und zum anderen, dass der Autor dieser Arbeit ab 1996 selbst Teil dieser Geschichte war, größtenteils in leitenden Funktionen, ob als Dekan oder Studiendekan der Fakultät oder als Prorektor der Hochschule Mannheim. Eine gewisse Zurückhaltung in der Darstellung dieser Ära soll vermeiden, dass der Blick auf die jüngste Vergangenheit zu einer Autobiografie mutiert. Eine kritische Reflexion der jüngsten Entwicklungen bleibt besser einer Historikerin oder einem Historiker der nächsten Generation überantwortet, mit unbefangenerem Blick auf diese Zeit. Jürgen Schwarz

2—Einleitung

Das individuelle wie auch das kollektive Gedächtnis neigt dazu, problematische Ereignisse der Vergangenheit auszublenden, Erfolge in den Vordergrund zu schieben und so ein Geschichtsbild zu entwerfen, aus dem heraus die eigene Gegenwart in angenehmem Licht erscheint. Dieses gemeinhin bekannte Phänomen trifft auch auf die historischen Selbstdarstellungen der Mannheimer Schule zu. Darin hatte sich die eigene Geschichte im Laufe der Zeit zu einer Legende verdichtet, die für Marketingzwecke durchaus geeignet war, mit der historischen Realität jedoch nur peripher zu tun hatte.
Gleichwohl dienten diese Texte aus den 1960er und 1970er Jahren auch späteren historischen Darstellungen häufig als Referenz, was zwangsläufig zu Ungenauigkeiten führen musste.

In einer Informationsbroschüre über die Werkkunstschule Mannheim gab der damalige Schulleiter, Walter Koch, einen historischen Rückblick zur Entwicklung der Schule von deren Anfängen bis ins Jahr 1969.[1] Dabei versuchte er zunächst die Geschichte der »Freien Akademie« in der Tradition der kurfürstlichen Zeichnungsakademie aus dem 18. Jahrhundert zu verankern.

> Im Jahre 1758 stiftete der Kurfürst Carl Theodor zur Pflege der Bildenden Künste eine »Zeichnungsakademie«. Diese Stiftung wurde 1760 von dem Bildhauer und Architekten Peter Anton v. Verschaffelt in die Tat umgesetzt. Unter seiner Leitung entwickelte sich die »Zeichnungsakademie« zu einer für die damalige Zeit erstaunlich modernen Stätte der Lehre und künstlerischen Begegnungen. […] Als nach dem Tode Carl Theodors die rechtsrheinische Pfalz 1805 badisch wurde, büßte die »Zeichnungsakademie« ihre Existenz ein. Es wurde zwar auf Veranlassung der badischen Großherzöge 1854 in Karlsruhe die staatliche Akademie der Künste gegründet, doch fand im Kulturbereich der Rhein-Kurpfalz, dem heutigen nordbadischen Landesbezirk, die »Zeichnungsakademie« für lange Zeit keine Nachfolge. Durch die Initiative des Bildhauers Albert Henselmann und des Malers Karl Stohner konnte, mit Unterstützung der Stadt Mannheim, im Jahre 1923 eine Kunstschule neu ins Leben gerufen werden. Dieses Institut bekam den Namen »Freie Akademie« – Schule für freie und angewandte Kunst –.

Ungeachtet der Tatsache, dass die Geschichte der Zeichnungsakademie« hier nicht korrekt dargestellt wurde,[2] versuchte Koch hier die »Freie Akademie« zu einem legitimen Nachfolger der kurfürstlichen Akademie zu stilisieren; ein Narrativ das in späteren Darstellungen der Schulgeschichte immer wieder aufgegriffen wurde.

Für eine bewusste Bezugnahme auf eine kurfürstliche Tradition gibt es jedoch in der Gründungsphase der »Freien Akademie« keinerlei Anhaltspunkte. In den frühen Texten seitens der Gründer wie auch in der lokalen Presse ist davon nie die Rede. Erst 1960 brachte der Künstler Gerd Dehof, damals Leiter der Bildhauerklasse der »Freien Akademie«, in einem Interview mit der »Rhein-Neckar-Zeitung« zum ersten Mal eine solche Verbindung zur Sprache.

> »Unsere neueste Entdeckung ist, daß wir an eine alte Tradition in Mannheim anknüpfen.« […] Bereits der vielgerühmte Mannheimer Kunstmäzen Kurfürst Karl Theodor hatte seine

1
»Die Werkkunstschule Mannheim«, Informationsbroschüre, 1969; Marchivum, 16/1998_00261

2
Die Initiative zur Gründung der »Zeichnungsakademie« ging 1758 von Peter Anton von Verschaffelt aus. 1769 wurde die Einrichtung von dem Kurfürsten Carl Theodor zur kurfürstlichen Akademie erhoben. Erst ab diesem Zeitpunkt fand ein geregelter Lehrbetrieb statt. 1804 wurde die Akademie aufgegeben.
Vgl. Beringer, Joseph August: Geschichte der Mannheimer Zeichnungsakademie, 1902, Nachdruck 2014 [Auxo-Verlag].

> schirmende Hand über eine Zeichen- und Bildhauer-Akademie gehalten, deren Leiter sein Hofbildhauer Paul von Verschaffelt wurde. [...] »Wir wollen den beiden traditionsbewußten Vereinigungen, der Gesellschaft der Freunde Mannheims und dem Verein Kurpfalz vorschlagen, einen Kunsthistoriker zu finden, der einmal über diese noch wenig bekannte Tatsache referieren kann«, meint der Zweibrücker Künstler.[3]

Erst ab diesem Zeitpunkt stellte sich die Schule in ihren historischen Selbstdarstellungen in die Tradition der kurpfälzischen Akademie. Nach Kochs Text von 1969 wurde auch in einer Imagebroschüre aus dem Jahre 1974 diese Traditionslinie wieder aufgegriffen.[4] In einem Flyer zu einer Ausstellung 1986 wurde behauptet:
»Die Geschichte der Städt. Fachhochschule für Gestaltung Mannheim [FHG] hat ihre historischen Wurzeln in der 1758 von Kurfürst Carl Theodor gestifteten ›Zeichnungsakademie‹«.[5] Und noch 1998 schrieb Klaus Bessau:

> Es ist sehr wahrscheinlich, daß Henselmann an eine Kunstschule dachte, wie sie 150 Jahre zuvor durch Kurfürst Carl Theodor begründet wurde [...]. Der Bildhauer und Maler Albert Henselmann hatte an der Akademie in München studiert und die Geschichte der kurfürstlichen Akademie gekannt. Nicht nur er wollte wiederholen, was um 1800 verloren gegangen war.[6]

Auch für diese Aussage Bessaus gibt es keinen Beleg. Überdies ist das in Kochs Text angegebene Gründungsdatum für die »Freie Akademie«, 1923, nicht korrekt. Wer dieses Datum zum ersten Mal in die Welt gesetzt hatte, ist heute nicht mehr eindeutig zu klären. Jedenfalls zieht sich dieses Datum durch fast sämtliche Publikationen der Schule und ist bis heute in verschiedenen Beiträgen, die sich auf die »Freie Akademie« beziehen, immer wieder zu finden. Gegründet wurde die »Freie Akademie« erst 1924. Der Unterschied von einem Jahr ist, auf diese Zeit bezogen, nicht unerheblich.

1923 war für Mannheim [wie für das gesamte Deutsche Reich] ein »annus horribilis«. Mannheim wurde von französischen Truppen besetzt [um ausstehenden Reparationszahlungen, resultierend aus dem Versailler Vertrag, Nachdruck zu verleihen], die Hyperinflation legte die Wirtschaft lahm, führte zu sozialen Verwerfungen und dem Erstarken rechtsnationaler Kräfte [Hitlerputsch in München]. Nach der Währungsreform im November 1923 und dem Abzug der französischen Besatzung 1924 kam die Wirtschaft wieder in Schwung.
Das Jahr 1924 markiert dann den Anfang jener prosperierenden fünf Jahre bis zur Weltwirtschaftskrise 1929, die rückblickend als die »Goldenen Zwanziger« bezeichnet wurden. In diese Aufbruchstimmung hinein wurde 1924 die »Freie Akademie« gegründet, von drei jungen Künstlern, angespornt durch eine fördernde und liberale Kulturpolitik unter Bürgermeister Theodor Kutzer und einer konsequent der Moderne zugewandten Sammlungstätigkeit und Ausstellungspraxis an der Mannheimer Kunsthalle unter ihren damaligen Direktoren Fritz Wichert und Gustav Hartlaub. In dieser Atmosphäre hatten die drei Gründerpersönlichkeiten keinen Sinn für feudale Traditionen. Der Kurfürst war weit weg. Das Gründungsprogramm der »Freien Akademie« war geprägt durch Ideen der Reformpädagogik der 1920er Jahre und Lehrvorstellungen aus dem Bauhaus, die eine Mitbegründerin der Kunstschule aus Weimar mitgebracht hatte. Kochs Text sprach nur von zwei Gründern: Albert Henselmann [der im Übrigen nicht Bildhauer war, sondern akademisch ausgebildeter Maler] und Karl Stohner. Die dritte im Bunde, die Mannheimer Malerin Helene von Heyden, wurde hier nicht erwähnt. Helene von Heyden, die 1919 am Weimarer Bauhaus studierte, geriet bald gänzlich in Vergessenheit, obwohl der entscheidende Impuls zur Gründung der »Freien Akademie« wahrscheinlich von ihr ausging, nicht von Albert Henselmann, der die Schule bis 1936 leitete.

3
Rhein-Neckar-Zeitung, 18.03.1960

4
Marchivum, 14/1998_00032

5
Marchivum, 28/1994_00222

6
Bessau, Klaus:
Von der Freien Akademie zum Fachbereich Gestaltung der Fachhochschule Mannheim:
Ein geschichtlicher Überblick, in: Hundert Jahre Fachhochschule Mannheim 1898–1998, Teil II: Die Gegenwart, S. 24, Mannheim 1998.

Und anders als es Kochs Text suggeriert, hatte die Schule zumindest zum Zeitpunkt der Gründung mit angewandter Kunst nichts im Sinn. Die Bezeichnung »Werkschule für freie und angewante Kunst« trug die »Freie Akademie« erst nach dem Krieg im Untertitel, und das kurioserweise in einer Phase, in der die ehedem von Henselmann schrittweise etablierten Disziplinen der angewandten Kunst aus dem Lehrprogramm wieder verbannt wurden. Koch führte in seinem Text von 1969 weiter aus:

> Nach zehnjähriger Tätigkeit als Gründer und Leiter der »Freien Akademie« übergab Henselmann die Leitung des Instituts dem Münchner Bildhauer Professor Trummer, der diese Kunstschule bis zu seinem Tode 1957 leitete. Danach übernahm der Maler Paul Berger-Bergner die Leitung der Schule.

Dass die dunkelsten zwölf Jahre der deutschen Geschichte in diesem Text nur mit einem dünnen Satz abgehandelt wurden, darf angesichts der Zeitumstände nicht verwundern. Der Text stammt aus dem Jahr 1969. Die Aufarbeitung der Nazibarbarei war zu dieser Zeit in der Bundesrepublik Deutschland noch nicht weit vorangekommen. Viele Akteure diverser Institutionen, so auch der ehemalige Leiter der »Freien Akademie«, waren in Verbrechen involviert, die nach der Befreiung ein Großteil der Deutschen nicht wahrhaben wollte. Wegschauen war die [Überlebens-]Devise der Zeit. Tatsächlich »übergab« Henselmann nicht die Leitung der Akademie an seinen Nachfolger [nach Kochs Zeitrechnung 1933]. Albert Henselmann stand der Akademie bis 1936 vor, bis er, massiven Repressionen ausgesetzt, von den Nazis ins Schweizer Exil getrieben wurde. 1937 übernahm dann der dreißigjährige Karl Trummer [zu diesem Zeitpunkt noch nicht Professor] unter sehr mysteriösen, bis heute nicht ganz geklärten Umständen die Leitung der »Freien Akademie«. Trummer blieb auch nach dem Krieg, trotz seiner Verstrickungen in nationalsozialistisch organisierten Kunstraub, Leiter der Schule bis zu seinem Tode 1957.

Als Berger-Bergner nach dem Tode Karl Trummers die Leitung der »Freien Akademie« übernahm, lag die Einrichtung am Boden. Es gab nur noch eine Handvoll Schüler, die Stadt hatte die Schule in eine alte Baracke einquartiert und die finanziellen Subventionen gestrichen. Doch Berger-Bergner gelang es mit großem persönlichen Engagement zusammen mit zwei jungen Künstlern, die kurz zuvor selbst noch Schüler der Akademie waren, die Schule wieder auf die Beine zu stellen.

Durch die nächsten Jahrzehnte der Schulgeschichte zogen sich wie ein roter Faden zwei miteinander verwobene Problemfelder: zum einen das Bemühen, eine solide Finanzierung der Einrichtung sicherzustellen, zum anderen, und damit zusammenhängend, heftige interne Auseinandersetzungen über die inhaltliche Ausrichtung des Lehrprogramms. Umstritten blieb lange die Gewichtung zwischen den freien und angewandten Künsten.

Anfang der 1960er Jahre begannen – unterstützt von der Stadt Mannheim – Bestrebungen, für die »Freie Akademie« eine staatliche Anerkennung zu erreichen, mittelfristig mit dem Ziel, die Einrichtung in die Trägerschaft der Öffentlichen Hand zu überführen und so dauerhaft finanziell zu konsolidieren. Dieses Ziel war jedoch ohne inhaltliche Korrekturen im Ausbildungskonzept der Schule nicht zu erreichen. Eine staatliche Anerkennung als Kunstakademie lag außer Reichweite. Das Land hatte kein Interesse daran, neben Stuttgart und Karlsruhe eine dritte Kunsthochschule in Baden-Württemberg zu etablieren. Der »Freien Akademie« blieb nur der Weg, sich konzeptionell Richtung Werkkunstschule zu orientieren. Ein Weg, der unter der Kollegenschaft nicht unumstritten war. Musste dazu doch der Bereich der angewandten Künste ausgebaut werden. Die freien Künste, die das Lehrangebot nach wie vor dominierten, drohten an Bedeutung zu verlieren.

1967 wurde nach jahrelangen zähen Verhandlungen die staatliche Anerkennung für die Einrichtung erreicht und die ehemalige »Freie Akademie« in den Rang einer staatlich anerkannten Werkkunstschule überführt. Die Werkkunstschule Mannheim war somit die dritte und einzig private Einrichtung dieser Art in Baden-Württemberg neben den beiden staatlichen Werkkunstschulen in Schwäbisch Gmünd und Pforzheim. Die staatliche Anerkennung war allerdings mit Auflagen verbunden, deren Erfüllung sowohl der Stadt Mannheim wie der Schule selbst große Anstrengungen abverlangten. Die Stadt wurde verpflichtet, erhebliche finanzielle Mittel zur Verbesserung der technischen Ausstattung zur Verfügung zu stellen und somit die Subventionen deutlich zu erhöhen. Und die vom Kultusministerium für die Werkkunstschule eingeforderte neue Studien- und Prüfungsordnung stellte nun die Disziplinen der freien Künste im Lehrangebot der Schule ins Abseits. Zwar wurden die Lehrangebote in den freien Künsten weiterhin [und in bisherigem Umfang] angeboten, doch liefen diese nun außerhalb des staatlich anerkannten Curriculums. Eine staatlich anerkannte Prüfung zum Fachschulabschluss konnte nur in den Fächern Grafik-Design, Bühnenbild und dem 1966 neu eingerichteten Fach Fotografie abgelegt werden.
Zum Zeitpunkt der staatlichen Anerkennung war die Studienstruktur der Schule unübersichtlich und inkonsistent. Die Disziplinen der freien Künste banden viele Ressourcen, ohne zum erklärten Ausbildungsziel einer Werkkunstschule wesentlich beizutragen. Forderungen nach einer konsequenten Ausrichtung auf die angewandten grafischen Künste [Grafik-Design und Fotografie; Bühnenbild spielte quantitativ gesehen keine Rolle], führten zu heftigen internen Zerwürfnissen und einer ernsthaften Führungskrise an der Schule. Ein halbes Jahr nach der staatlichen Anerkennung war die Situation an der Mannheimer Werkkunstschule in vielfacher Hinsicht verfahren. Zeitweilig dachte das Stuttgarter Kultusministerium sogar daran, die staatliche Anerkennung wieder zu entziehen.
Um die Situation wieder zu stabilisieren, drängte die Stadt, unterstützt durch das neu eingerichtete Kuratorium der Werkkunstschule, darauf, die Einrichtung auf eine neue rechtliche Basis zu stellen. Bislang wurde die private Werkkunstschule Mannheim rechtlich getragen von dem sogenannten »Gremium«, einer GdbR der Dozenten, mehrheitlich Vertreter der freien Künste. Um der Stadt als Hauptfinanzier mehr Einfluss auf die weiteren Geschicke der Werkkunstschule einzuräumen, wurde die Einrichtung 1969 in die Rechtsform eines eingetragenen Vereins überführt. Erster Vorsitzender wurde der Oberbürgermeister der Stadt Mannheim.
Diese Maßnahme führte zunächst zu einer Konsolidierung der Lage, doch nur zwei Jahre später führten Entscheidungen der Landesregierung in Stuttgart die Mannheimer Schule erneut in eine ernsthafte Krise. 1971 wurden die beiden staatlichen Werkkunstschulen in Schwäbisch Gmünd und Pforzheim in den neuen Hochschultypus Fachhochschule überführt. Die private, von einem Verein getragene Mannheimer Werkkunstschule blieb bei diesem »Upgrading« außen vor. Bislang auf dem gleichen Level wie die staatlichen Einrichtungen, drohte nun die Werkkunstschule Mannheim im Konkurrenzverhältnis mit den beiden staatlichen Fachhochschulen für Gestaltung deutlich an Attraktivität zu verlieren.
Folgerichtig galten fortan alle Bestrebungen der Stadt wie der Schulleitung über eine Verstaatlichung der Einrichtung Anschluss an den Fachhochschulbereich zu finden. Das Land Baden-Württemberg weigerte sich jedoch beharrlich – vor allem mit Blick auf die Kosten –, die private Mannheimer Werkkunstschule zu übernehmen.
Das Ende 1971 verabschiedete neue Fachhochschulgesetz eröffnete jedoch ein kurzes Zeitfenster für einen alternativen Weg. Im Zeitraum von drei Monaten nach Inkrafttreten des Gesetzes war es möglich, einen Antrag auf Einrichtung einer nichtstaatlichen Fachhochschule zu stellen. Aufgrund der im Gesetz vorgesehenen Bedingun-

gen hatte ein solches Vorhaben jedoch nur Aussicht auf Erfolg, wenn die Stadt Mannheim selbst die Trägerschaft der Einrichtung übernahm. Da die Stadt im Falle einer staatlichen Anerkennung als Fachhochschule mit einer Gegenfinanzierung durch das Land rechnen konnte, der städtische Haushalt somit – zumindest vorerst – nicht höher als mit den bisherigen Subventionen für die Werkkunstschule belastet wurde, stimmte der Gemeinderat der Kommunalisierung der Einrichtung zu. 1974 erhob die Landesregierung dann die bisherige Werkkunstschule in den Rang einer nichtstaatlichen Fachhochschule. Zum Wintersemester 1974/75 nahm die staatlich anerkannte »Städtische Fachhochschule für Gestaltung Mannheim« ihren Studienbetrieb auf.
Mit der Überführung in den Fachhochschulstatus war auch die jahrzehntelange Auseinandersetzung um die Bedeutung der freien Künste im Ausbildungsprogramm der Mannheimer Schule beendet. Im Curriculum fanden die freien Künste [Malerei, Bildhauerei] als eigenständige Studienangebote keine Berücksichtigung mehr. Aus der »Freien Akademie«, gegründet als reine Kunstschule, war nun eine akademische Ausbildungsstätte mit konsequent anwendungsbezogenem Profil geworden: die Fachhochschule für Gestaltung Mannheim [FHG] mit dem einzigen Studiengang Grafik-Design. Die Übernahme der Schulträgerschaft durch die Stadt konnte jedoch eine langfristige Konsolidierung der finanziellen Situation nicht sicherstellen. Mitentscheidend für die ab Mitte der 1980er Jahre neuerlich sich abzeichnende Krise war die zunehmende Bedeutung der elektronischen Medien auf dem Feld der Gestaltung. Der Studiengang Grafik-Design war dieser Entwicklung nicht mehr gewachsen. Die Designerausbildung verlangte zunehmend nach neuen Qualifikationen auf dem Feld der damals sogenannten »Neuen Medien«. Um dem nachzukommen wären hohe finanzielle Investitionen in die technische Ausstattung notwendig gewesen. Unter kommunaler Trägerschaft war dies nicht zu leisten.
Eine Fortführung der akademischen Designerausbildung in Mannheim schien nur über eine Verstaatlichung der Einrichtung erreichbar zu sein. Deshalb wurde ab Ende der 1980er Jahre die Option diskutiert, die FHG als Fachbereich Gestaltung in die Mannheimer Fachhochschule für Technik [FHT] zu integrieren, um über diesen Weg die Einrichtung in staatliche Verantwortung zu überführen. In der Folge wurden Konzepte entwickelt, die vor allem die Chancen für neue, moderne Studienangebote betonten, um zukünftigen Anforderungen des Arbeitsmarktes gerecht zu werden. Synergieeffekte [für beide Hochschulen] versprach man sich insbesondere durch eine Verknüpfung von Informatik und Gestaltung. Um das Land von der Sinnhaftigkeit dieser Integration zu überzeugen, wurde die Verbindung von Technik und Gestaltung zum Mannheimer Alleinstellungsmerkmal innerhalb der Hochschullandschaft in Baden-Württemberg stilisiert.
Doch das Land zögerte noch bis 1994, die auch von der Expertenkommission »Fachhochschule 2000« empfohlene Integration zu vollziehen und somit die Designer-Ausbildung in Mannheim unter staatlicher Regie weiterzuführen.

Diese Rettung für die Städtische Fachhochschule für Gestaltung kam in letzter Minute. Denn zwischenzeitlich drohten in der FHG die Lichter auszugehen. Ein wesentlicher Grund dafür war die prekäre Haushaltslage der Stadt Mannheim, die 1992 rigide Sparmaßnahmen unumgänglich machte. Eingeforderte Mittekürzungen konnte die Fachhochschule nur mit Wiedereinführung von Studiengebühren auffangen, wodurch die Einrichtung zusätzlich an Attraktivität verlor.
Ohne die 1994 vollzogene Übernahme durch das Land wäre die Lage für die Städtische Fachhochschule wohl aussichtslos gewesen: technisch nicht auf dem neuesten Stand, finanziell perspektivlos, für Studienbewerber vergleichsweise uninteressant. Nicht das erste Mal in der nun bereits siebzigjährigen Geschichte stand die Mannheimer

Schule aufgrund finanzieller Schwierigkeiten 1993 kurz vor dem Aus.

Zum 1. März 1995 wurde die Städtische FHG zum Fachbereich Gestaltung der nun unter der Bezeichnung Fachhochschule Mannheim – Hochschule für Technik und Gestaltung geführten Einrichtung. Zum Wintersemester 1995/96 nahm der neue Fachbereich den Studienbetrieb auf. Bereits 1995 erfolgte der Umzug der Werkstätten, 1996 wurden auch die Büros und Vorlesungsräume in ein Gebäude auf dem Campus der FHT verlegt. Mit der Integration der FHG in die FHT übernahm das Land sämtliche Stellen der ehemaligen Städtischen Fachhochschule und stattete den neuen Fachbereich Gestaltung mit 2,5 Millionen DM zum Ausbau der technischen Infrastruktur aus. Damit konnte der Fachbereich Anschluss finden an die Erfordernisse einer modernen Designer-Ausbildung. Zwei Professorenstellen wurden umgewidmet in Lehrgebiete mit den Schwerpunkten »Video und Computeranimation« sowie »Interaktive Medien« und der bisherige Diplomstudiengang »Grafik-Design« umbenannt in den Studiengang »Kommunikationsdesign«. Unter dieser Bezeichnung werden bis heute auch die später eingeführten Bachelor- und Masterstudiengänge weitergeführt.
Mit der Integration der ehemaligen »Freien Akademie«, der ehemaligen »Werkkunstschule Mannheim«, der ehemaligen »Städtischen Fachhochschule für Gestaltung« in die Fachhochschule für Technik hatte die Designer-Ausbildung in Mannheim, nun als Fachbereich Gestaltung unter dem Dach einer großen Hochschule, zunächst an finanzieller Stabilität gewonnen, was die Möglichkeit zu neuen Entwicklungsschritten eröffnete. Gleichwohl galt es fortan für den kleinsten Fachbereich der Mannheimer Hochschule die Eigeninteressen entlang interner Hochschuldebatten zu behaupten – die eigene Stimme im Konzert der weit größeren technischen Fachbereiche hörbar zu machen.

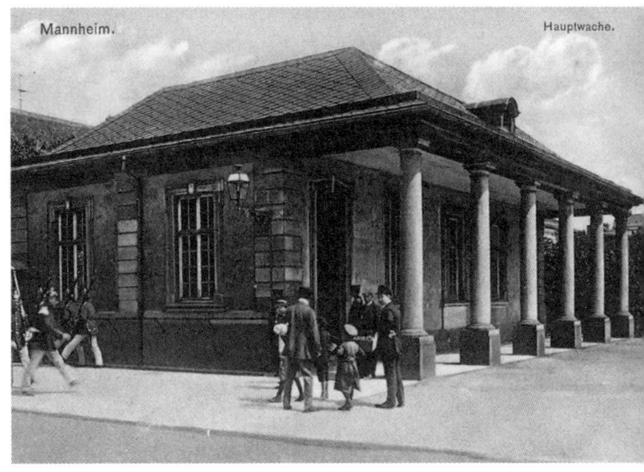

B1 Schlosswache
Foto um 1910
Erster Standort
der »Freien Akademie«

3—Die Gründung der »Freien Akademie« 1924

Am 11. September 1924 berichtete der »Mannheimer General-Anzeiger« in einem langen Artikel über die »Gründung einer ›Freien Akademie für bildende Kunst‹ in Mannheim«.

> Die Mannheimer Maler Karl Stohner und Albert Henselmann und Frl. von Heyden haben die Errichtung einer Kunstschule beschlossen. Damit wird in der Tat einem Bedürfnis Rechnung getragen. Besondere Bedeutung gewinnt das Unternehmen durch die Art seiner Durchführung und die Absicht, nicht nur Maler heranzubilden, sondern überhaupt jedem der Neigung und Begabung hat, sich künstlerisch zu beschäftigen, die Möglichkeit einer systematischen fachmännischen Anleitung zu bieten. [...] Tatsache ist, daß in vielen kleineren Städten schon seit Jahren Akademien bestehen können; so müsste es auch eine Selbstverstandlichkeit für Mannheim sein. Die Akademie soll ins Schloß verlegt werden.[7]

Der Artikel gibt den Gründern ausführliche Gelegenheit, deren Intention und Programm vorzustellen, auf das weiter unten noch Bezug genommen werden soll.
Karl Stohner, Albert Henselmann und Helene von Heyden waren zur Zeit der Gründung der Akademie 30, 34 und 31 Jahre alt; junge Künstler also, deren »Neugründung [...] bei den städtischen Ämtern wie bei der Kunsthalle und allen künstlerisch interessierten Kreisen freundliche Aufnahme gefunden hat.«[8] Die Stadt Mannheim stellte der Initiative – heute würde man von einem »Startup« sprechen – die linke Schlosswache als Atelier- und Unterrichtsgebäude zur Verfügung.
Da Albert Henselmann von Beginn an die Leitung der »Freien Akademie« innehatte, geht die bisherige Literatur über die »Freie Akademie« mehr oder weniger klar von der Vorstellung aus, dass dieser auch der Spiritus Rector der Akademiegründung gewesen sei. Bessau spricht explizit vom »Initiator dieser Freien Akademie«.[9] Diese Vorstellung wirft allerdings Fragen auf, die auch die beiden bislang wichtigsten Arbeiten über Albert Henselmann bzw. die Genese der »Freien Akademie« offenlassen.[10]
Maier schreibt: »Obwohl Henselmann erst im Juli 1925 nach Mannheim zog, gründete er dort bereits im September 1924 die Freie Akademie mit [...].[11] Die Gründe, warum Albert E. Henselmann, vom Starnberger See kommend, Mannheim und nicht Karlsruhe oder München als Wohn- und Arbeitsort wählte, sind nicht überliefert.«[12]
Auch Präger unterstellt implizit Henselmann die Initiative zur Gründunge der »Freien Akademie«, wenn er schreibt: »Wann genau Albert Henselmann die Gründung einer freien Kunstschule ins

7
Mannheimer General-Anzeiger, 11.09.1924

8
Ebd.

9
Bessau, Klaus, 1998, S. 25

10
Maier, Michaela: Albert E. Henselmann (1890–1974), Der Weg zur Form?, Diss. Heidelberg 2002
Präger Christmut: »Zeitgemäße Formensprache« und »Praktischer Sinn«, Albert Henselmann und die »Freie Akademie Mannheim«, S. 95–125, in: Hermann Jung, Weimar 1919–1933, Aufbruch und Niedergang einer Kulturepoche – Ihre Auswirkungen auf die Stadt Mannheim und die Metropolregion, Reihe Mannheimer Hochschulschriften, Verlag Peter Lang, 2011

11
Maier, S. 68, vgl. auch: Maier, S. 62: Stadtarchiv Mannheim STA MA: Melderegisterkarte Albert E. Henselmann: erstmalige Anmeldung in Mannheim am 26.07.1925 unter Angabe des letzten Wohnortes »Schlossberg/Starnberger See«.

12
MaierS. 74

Auge gefasst hat, ist – wie auch die näheren Umstände überhaupt – nicht bekannt.«[13]
Ein solches Unterfangen wie die Gründung einer »Freien Akademie für bildende Kunst« war ohne Unterstützung der Stadt Mannheim und der ansässigen Kulturinstitutionen [v.a. Kunsthalle und Kunstverein] nicht denkbar. Der Gründung im September 1924 mussten also längere Gespräche und Verhandlungen mit den entsprechenden Interessensvertretern der Kommune vorausgegangen sein. Wie aber sollte Albert Henselmann diesen Prozess von seinem Wohn- und Arbeitsort am Starnberger See aus gesteuert haben, zumal er sich in den ersten Monaten des Jahres 1924 zusammen mit seinem Freund Otto Vogel auf einer Studienreise in Spanien aufhielt?[14] Außerdem war Albert Henselmann in Mannheim kaum bekannt. Er hatte sozusagen keine »Lobby« in der Stadt. Zwar war er zwischen 1920 und 1923 mit seinen Gemälden im badischen Raum in verschiedenen Ausstellungen vertreten,[15] seine erste Ausstellungsbeteiligung in Mannheim fand jedoch erst im Oktober 1924 im Mannheimer Kunstverein statt,[16] also erst nach der Gründung der »Freien Akademie«. Dieses erste öffentliche Auftreten des Akademieleiters in Mannheim dürfte für den Kritiker der »Neuen Mannheimer Zeitung« auch der Grund gewesen sein, sich in seinem Artikel besonders genau mit den Arbeiten Henselmanns zu beschäftigen. Und dass diese Kritik quasi einem Verriss gleichkam, dürfte sicher keine gute Werbung für die kurz zuvor gegründete Kunstschule gewesen sein.[17]
Aufgrund der beschriebenen Umstände scheint es eher fraglich, ob tatsächlich Albert Henselmann der entscheidende Impulsgeber für die Gründung der »Freien Akademie« in Mannheim war. Jedenfalls gibt es für seine Urheberschaft – Stand heute – keinen handfesten Beleg. Doch wenn nicht Henselmann – dann vielleicht Karl Stohner?
Karl Stohner war der »Shootingstar« der Mannheimer Kunstszene der 1920er und 1930er Jahre. Als er im Alter von dreißig Jahren die »Freie Akademie« mitbegründete, war er in Mannheim bereits ein erfolgreicher, etablierter Maler. Stohner war Autodidakt; eine Kunstakademie hatte er nie von innen gesehen. Stohner war ungemein produktiv und jedes Jahr auf mehreren Ausstellungen vertreten. Warum sollte gerade er auf die Idee kommen, eine Kunstschule zu gründen? Er war wohl zu sehr Individualist und auf seine eigene Karriere getrimmt; kaum vorstellbar, dass für ihn der geregelte Lehrbetrieb einer Kunstschule erstrebenswert gewesen wäre, zumal er keinerlei akademische oder pädagogische Erfahrung mitbrachte. In den für diese Arbeit zahlreich durchgesehen Artikel in Mannheimer Zeitungen über die zahlreichen Ausstellungen des Malers [nicht nur in Mannheim] ist von einer Funktion Karl Stohners in der »Freien Akademie« nie die Rede. Ob er überhaupt je in irgendeiner Form für die Mannheimer Akademie aktiv war, lässt sich anhand der vorliegenden Recherchen nicht belegen. Gleichwohl war es für die Gründungsphase der »Freien Akademie« von nicht unerheblicher Bedeutung, einen der seinerzeit bekanntesten Mannheimer Maler mit ins Boot zu holen. Viel mehr als seinen guten Namen hat Karl Stohner aber wohl nicht zur Gründung der Kunstschule beigetragen.
Wenn also – vermutlich – weder Albert Henselmann noch Karl Stohner die Initiatoren des Projekts »Freie Akademie« waren, dann verbleibt nur noch Helene von Heyden. Und in der Tat deutet einiges darauf hin, dass sie, die in der Literatur oft übersehene und heute weitgehend vergessene Künstlerin, die treibende Kraft für die Gründung der Kunstschule gewesen sein könnte. Helene von Heyden war zur Zeit der Akademie-Gründung 1924 in Mannheim eine bekannte Malerin, aber im Ausstellungsbetrieb bei weitem nicht so präsent wie Karl Stohner.[18] 1919 studierte Helene von Heyden ein Semester am Weimarer Bauhaus,[19] brachte also eigene Erfahrung mit modernsten Ausbildungskonzepten auf dem Feld der

13
Präger, S. 101

14
Maier, S. 62

15
1920 im Badischen Kunstverein Karlsruhe, 1921 und 1922 auf der Deutschen Kunstausstellung in Baden-Baden, 1923 auf der Großen Deutschen Kunstausstellung für freie und angewandte Kunst in Karlsruhe.
Vgl.: Maier, S. 62f.

16
Neue Mannheimer Zeitung, 14.10.1924

17
»Kunstverein Mannheim. Dieses Mal ist es wieder eine Schau des Vielerlei, aus dem sich eine sehr umfangreiche Kollektion des in Mannheim lebenden Malers Albert Henselmann heraushebt. Henselmann, der mit Stohner die ›Freie Akademie‹ begründet hat, stellt zum ersten Mal hier aus. Leider zuviel. Tafeln mit unbewältigten Problemen mögen für seine Entwicklung charakteristisch und für ihn persönlich wichtig sein, die Beschauer können nur verwirrt werden, wenn sie plötzlich so problematischen Dingen gegenüberstehen wie etwa der ›Zigeunerwäsche‹ [...]. Vielfach hat man den Eindruck, daß der Künstler ein wenig experimentiert und sich von bestimmten Vorbildern dabei nicht ganz losmachen kann. Die Zeichnungen und Studien aus Spanien verraten Temperament und Geschick, doch muß in den Zeichnungen der Strich einfacher, sicherer, unverschnörkelter werden, damit er klarer und charakteristischer wird.« Neue Mannheimer Zeitung, 14.10.1924

18
Ausstellungsbeteiligungen von Helene von Heiden zum Beispiel:
1917 im Mannheimer Kunstverein, Mannheimer General-Anzeiger, 28.04.1917;
1923 in der Großen deutschen Kunstausstellung in Karlsruhe, Mannheimer General-Anzeiger 06.11.1923;
1924 in der Ausstellung Badische Aquarellisten in der Mannheimer Kunsthalle, Mannheimer General-Anzeiger, 08.03.1924

Gestaltung mit. Auch das »Gründungsprogramm« der Akademie[20] scheint größtenteils aus ihrer Feder zu stammen. Diese Vermutung liegt nahe, wenn man dieses Programm in Gegenüberstellung zu ihrem Artikel »Der schöpferische Trieb im Kinde«[21] liest. Dieser Text, in dem Helene von Heyden ihr pädagogisches Konzept ausführlich darlegt, erschien einen Monat nach der Gründung der Akademie in der »Neuen Mannheimer Zeitung« und greift manchmal sinngemäß, manchmal fast wortgleich Ausführungen aus dem Akademie-Programm wieder auf.
Die obigen Ausführungen stützen sich weitgehend auf Indizien und bleiben folglich im Spekulativen. Letztendlich scheint es aber plausibler – entgegen der vorherrschenden Meinung in der Literatur –, dass die Idee zur Gründung der »Freien Akademie« eher von Helene von Heyden ausging als von Henselmann oder Stohner, auch wenn Albert Henselmann in der Folgezeit unstrittig die Zügel fest in der Hand hatte.
Helene von Heyden dürfte klar gewesen sein, dass sie ein solch ehrgeiziges Projekt wie die Gründung einer Akademie für Bildende Kunst – nicht zuletzt als Frau[22] – nicht alleine stemmen konnte. Auch nicht in einer vergleichsweise liberalen politischen und für neue Kunstprojekte offenen Atmosphäre wie in Mannheim. Eine solche Aufgeschlossenheit für neue künstlerische Initiativen [vor allem mit pädagogischem Hintergrund], die der Gründung der Akademie in Mannheim sicher zugutekam, war in den zwanziger Jahren der Weimarer Republik nicht überall in Deutschland zu finden. Erinnert sei daran, dass im Gründungsjahr der Akademie, 1924, das Bauhaus von rechtsnationalen Kräften aus Weimar vertrieben wurde.
Wie oben erwähnt, bedurfte es bereits im Vorfeld der Gründung der »Freien Akademie« der Unterstützung der Stadt Mannheim. Dass dies gelungen war, beschreibt der schon mehrfach zitierte Artikel im Mannheimer General-Anzeiger, nämlich dass die »Neugründung [...] bei den städtischen Ämtern wie bei der Kunsthalle und allen künstlerisch interessierten Kreisen freundliche Aufnahme gefunden hat.«[23] Kaum vorstellbar, dass Helene von Heyden alleine diese Unterstützung durch die städtischen Institutionen erreichen konnte. Wenn also die Hypothese zutrifft, dass die Ursprungsidee für die Gründung einer Kunstschule auf Helene von Heyden zurückgeht, dann war es ein kluger Schachzug zwei Männer als Mitstreiter für diese Initiative zu gewinnen, die ihre pädagogischen Kompetenzen und künstlerischen Vorstellungen in idealer Weise ergänzen konnten. Albert Henselmann, ein junger Künstler ohne Mannheimer Vergangenheit, aber mit einer soliden akademischen Ausbildung an den Kunstakademien Karlsruhe und München. Gut möglich, dass sich beide, von Heyden und Henselmann, bereits aus ihrer gemeinsamen Zeit in München kannten. Albert Henselmann studierte, mit Unterbrechungen, von 1913 bis 1919 an der Münchner Akademie. Helene von Heyden lebte und arbeitete um 1917 bis mindestens Ende 1918 in München, bevor sie dann im Sommersemester 1919 im Weimarer Bauhaus eingeschrieben war. Und dann Karl Stohner; er war im Mannheimer Kunstbetrieb omnipräsent und natürlich auch Helene von Heyden ein Begriff. Im März 1924, also ein halbes Jahr vor der Gründung der Akademie, waren beide zusammen mit Arbeiten auf einer Ausstellung in der Mannheimer Kunsthalle vertreten.[24] Karl Stohner war für die Gründung der »Freien Akademie« die ideale Gallionsfigur und vielleicht der entscheidende »Türöffner« zu den städtischen Institutionen. In wieweit er sich dann selbst nach der Gründungsphase in den Lehrbetrieb der Kunstschule einbrachte ist fraglich, letztendlich nicht geklärt. Albert Henselmann hingegen, dem die Leitung der Kunstschule übertragen wurde, entwickelte sich schnell zur dominierenden Person und prägte entscheidend die Entwicklung der »Freien Akademie« bis 1936.

19
Blümm, Anke in:
Anke Blümm und Patrik Rössler [Hrsg.]: Vergessene Bauhaus-Frauen. Lebensschicksale in den 1930er- und 1940er-Jahren,
BAUHAUS/ASPEKTE,
Bauhaus Museum Weimar, 2021, S. 25

20
Mannheimer General Anzeiger, 11.09.1924, siehe auch Kapitel 4

21
Neue Mannheimer Zeitung, 29.10.1924, siehe auch Kapitel 422

22
Bezeichnenderweise spricht der bereits mehrfach erwähnte Artikel über die Gründung der Akademie im Mannheimer Generalanzeiger von den Gründern: Karl Stohner und Albert Henselmann, aber [etwas despektierlich] von Frl. von Heyden.
Mannheimer General Anzeiger, 11.09.1924

23
Mannheimer General Anzeiger, 11.09.1924

24
»Badische Aquarellisten in der Mannheimer Kunsthalle [...] Stohner beweist sein schon fast virtuoses Können in seinen Ballettbildern, ohne Degas nicht denkbar, aber voller Reiz und Delikatesse in der Technik [...], eine Könnerin ist auch Helene von Heiden [...].«
Mannheimer General-Anzeiger, 08.03.1924

3.[1]. Die Protagonisten

Helene von Heyden, Albert Henselmann und Karl Stohner stammten aus unterschiedlichen sozialen Milieus und hatten ganz verschiedene Ausbildungswege hinter sich, als sie 1924 in Mannheim zur Gründung der »Freien Akademie für bildende Kunst« zusammenfanden. Wer von den dreien bei der Gründung der Akademie welche Aufgabe übernahm, auf wen die Idee zur Gründung letztlich zurückging, ist heute nicht mit Sicherheit zu klären. Vieles spricht dafür, dass der entscheidende Impuls von Helene von Heyden ausging. Jedenfalls schien die Zusammenarbeit der drei Gründerpersönlichkeiten zumindest anfangs gut zu harmonieren. Denn schon kurz nach der Akademie-Gründung nahmen sie gemeinsam mit anderen Mannheimer Künstlern ein weiteres Projekt in Angriff: die Gründung der »Künstlergruppe Mannheim 1925«.[25] Die Gründung dürfte wohl schon im Jahre 1924 erfolgt sein, denn die Mannheimer Kunsthalle kündigte bereits am 6. Januar 1925 eine für den 22. Februar terminierte Ausstellung der neuen Künstlervereinigung an.[26]
Eine Besprechung der Ausstellung in der »Neuen Mannheimer Zeitung« begrüßte die Initiative ausdrücklich:

> Eine neugegründete, noch ein wenig mit den Eigenschaften des Zufälligen behaftete Vereinigung von Malern unserer Stadt, hat in den Sälen der Kunsthalle ihre erste Ausstellung eröffnet. Man wird die Notwendigkeit eines Zusammenschlusses anerkennen müssen, wenn man bedenkt, was in der Weihnachtszeit als Ausstellung von Mannheimer »Malern« der Öffentlichkeit zugemutet worden war.
> Es ist also ein Protest, eine Geste der Abwehr, eine Äußerung der Selbstachtung. Und es ist klug von der Leitung der Kunsthalle, ihre Räume den Ausstellern zur Verfügung zu stellen.[27]

Die Kunsthalle und ihr neuer Leiter Gustav Hartlaub waren im Übrigen zu der Zeit gerade mit den letzten Vorbereitungen für die legendäre Ausstellung »Neue Sachlichkeit. Deutsche Malerei nach dem Expressionismus« beschäftigt, die am 14. Juni 1925 eröffnet wurde.
Der progressive Impetus dieser Künstlervereinigung dürfte jedoch schnell verpufft gewesen sein. Die erste Ausstellung der »Künstlergruppe Mannheim 1925« war wohl auch ihre letzte. Danach ist von weiteren Aktivitäten dieser Künstlervereinigung in der Mannheimer Presse nichts mehr zu lesen.
Die folgenden Lebenswege der drei Gründerpersönlichkeiten stehen dann geradezu exemplarisch für die Schicksale bzw. Karrieren vieler Künstlerinnen und Künstler in den 1930er und 1940er Jahren unter der Nazidiktatur. Wer »kulturbolschewistischer« Umtriebe verdächtigt wurde – und dazu zählte alles, was nicht der völkisch grundierten Blut- und Bodenideologie entsprach – oder wer einfach nur jüdischen Glaubens war, der wurde in Konzentrationslagern oder Irrenanstalten interniert und von den Nazi-Barbaren ermordet – so Helene von Heyden; oder er floh, solange der Weg dazu noch offen war, ins Exil – so Albert Henselmann. Wer sich allerdings bereitwillig der neuen »Bewegung« anschloss, durfte dann auf den Propaganda-Veranstaltungen der »Großen Deutschen Kunstausstellungen« als gefeierter Künstler glänzen – so Karl Stohner.
Die Biografien der drei Protagonisten, deren Lebenswege sich 1924 kreuzten und später gänzlich auseinanderliefen, sollen im Folgenden kurz umrissen werden.

3.[1.1] Albert Henselmann

Mit der Dissertation von Michaela Maier »Albert E. Henselmann [1890–1974]. Der Weg zur Form?«[28] liegt eine umfangreiche Arbeit zu Leben und Werk von Albert Henselmann vor. Die nachfolgenden Ausführungen, insbesondere die biografischen Daten, beziehen sich, wenn nicht anders angegeben, im Wesentlichen auf diese Arbeit, ergänzt um

25
Neben den Akademiegründern Albert Henselmann, Karl Stohner und Helene von Heyden gehörten der Künstlergruppe an: Peter Breithut, Karl Dillinger, Xaver Fuhr, Franz Gelb, Kurt Lauber, Wilhelm Oertel, Theodor Schindler, Otto Schließler und Lu Stohner-Darmstädter.
Neue Mannheimer Zeitung, 27.02.1925

26
Neue Mannheimer Zeitung, 06.01.1925 und 18.01.1925; eröffnet wurde die Ausstellung allerdings erst am 1. März 1925.
Neue Mannheimer Zeitung, 27.02.1925;
Ausstellungsdauer: 22.03.1925.
Neue Mannheimer Zeitung, 14.03.1925

27
Neue Mannheimer Zeitung, 14.03.1925; im Allgemeinen wurde die Ausstellung auch in anderen Pressekommentaren positiv aufgenommen. Doch es gab auch kritische Stimmen:
»Ein Maßstab an das Ganze oder Einzelne dieser Ausstellung zu legen, ist nun allerdings schwer möglich; die Aussteller sind noch sehr unfertig in Anschauung und Technik, sind noch zu sehr im Kampf mit Farbe, Form und Zeichnung. [...] Im Allgemeinen zeigt diese Ausstellung die unklare Weltanschauung der jungen Künstlergeneration, die weltfremd allen Problemen des heutigen Lebens, sich irgendwie betätigt, irgendwie ein x-beliebiges Thema, losgelöst von der Wirklichkeit wiedergibt. Wo Inhalt und Zweck des Ganzen liegt, ist nicht zu ergründen.«
Arbeiter-Zeitung, 03.03.1925,
Kunsthalle Mannheim,
Ordner »Mannheimer Künstler 1933«,
Marchivum 2_2012_00082

28
Maier, Michaela:
Albert E. Henselmann [1890–1974].
Der Weg zur Form?,
Diss., Heidelberg 2002

eigene Recherchen vor allem für Henselmanns Zeit als Leiter der »Freien Akademie«.
Albert Henselmann wurde am 18. Dezember 1890 in Offenburg geboren. Sein Vater, Fidelius Henselmann, war dort als Kirchen- und Kunstmaler niedergelassen, in dessen Werkstatt der Sohn Albert nach Abschluss der Realschule 1905 eine Ausbildung zum Kirchenmaler absolvierte, die er 1908 abschloss. Nach einem kurzen Intermezzo in Karlsruhe und an der Kunstgewerbeschule Straßburg begann Albert Henselmann 1909 ein Studium an der Großherzoglichen Badischen Akademie der Bildenden Künste in Karlsruhe. Im Jahr 1913 zog er nach München, wo er an der dortigen Akademie der Bildenden Künste – mit zeitlichen Unterbrechungen – bis 1919 studierte. Im Februar 1915 wurde er zum Militär eingezogen, doch bereits einen Monat später wegen Untauglichkeit wieder entlassen. Vom Sommer 1917 bis Frühjahr 1918 hielt er sich als Zeichner und Begleiter eines Offiziers in Budapest auf. Zum Wintersemester 1918/19 meldete er sich an der Münchner Akademie zurück.
In den Jahren 1918/19 war Albert Henselmann – parallel zu seinem Akademiestudium – unter dem Pseudonym Albert Egg[29] als Schauspieler und »künstlerischer Beirat« am Schauspielhaus München beschäftigt.[30] Diese Affinität zum Theater sollte später während seiner Leitung der Mannheimer Akademie wieder zum Tragen kommen. In Mannheim waren es vor allem die Bühnenbilder und Rauminszenierungen, die er zusammen mit seinen Akademieschülern realisierte, die zum öffentlichen Ansehen der Akademie wesentlich beitrugen.
Im April 1920 verließ er München und lebte und arbeitet fortan am Starnberger See, von wo aus er im Winter 1923 bis Frühjahr 1924 zusammen mit seinem Augsburger Freund Otto Vogel eine Reise durch Spanien unternahm.[31]

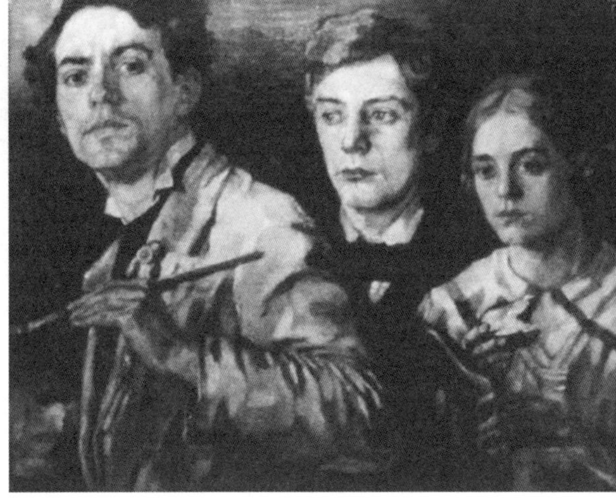

B2 Albert Henselmann
Selbstbildnis mit Willi und Anni
1912, Öl auf Leinwand,
Privatbesitz

Im September 1924 war Henselmann Mitbegründer der »Freien Akademie für bildende Kunst Mannheim«, verlegte seinen Wohnsitz nach Mannheim aber erst im Juli 1925.[32]
Albert Henselmann reüssierte dann in Mannheim vor allem als Leiter der »Freien Akademie«. Von 1927 bis 1936 war er zudem als Zeichenlehrer für die Ausbildung von Kindergärtnerinnen am Städtischen Fröbelseminar tätig.[33]
Henselmanns künstlerische Ausstellungstätigkeit in Mannheim blieb quantitativ gesehen hinter der seiner Mittstreiter Karl Stohner und Helene von Heyden zurück[34] und stieß nicht immer auf ein wohlwollendes Echo in der Kritik. Seine konservative Malweise in der Tradition des Trübner-Leibl-Kreises wandelte sich in den Mannheimer

29
Der Künstlername Albert Egg bezog sich auf den Mädchennamen seiner Mutter Walburga Eggs.

30
Vgl. Maier, S. 29

31
Vgl. Maier, S. 62

32
Vgl. Maier, S. 62:
Stadtarchiv Mannheim STA MA: Melderegisterkarte Albert E. Henselmann: erstmalige Anmeldung in Mannheim am 26.7.1925 unter Angabe des letzten Wohnortes »Schlossberg/ Starnberger See«

33
Vgl. Maier, S. 68f.
Das Mannheimer Fröbelseminar [heute: Helene-Lange-Schule, Fröbel-Seminar] geht auf eine Gründung der jüdischen Schwestern Rosa und Victoria [Dora] Grünbaum im Jahre 1899 zurück, einer Einrichtung zur Betreuung von Kindern, der eine Schule zur Ausbildung von Kindergärtnerinnen angegliedert wurde. Der Name der Einrichtung bezog sich auf den 1782 geborenen Pädagogen Friedrich Fröbel, Initiator und Namensgeber der Institution »Kindergarten«. 1920 wurde diese Einrichtung zur Ausbildung von Kindergärtnerinnen von der Stadt Mannheim übernommen. Die beiden Gründerinnen wurden 1933 entlassen und überlebten die Nazi-Diktatur nicht. Dora Grünbaum kam in dem Lager Gurs ums Leben, Rosa Grünbaum wurde in Auschwitz ermordet.
Vgl. helene-lange-schule-mannheim.de

34
Ausstellungen in Mannheim:
Oktober 1924, Mannheimer Kunstverein, Neue Mannheimer Zeitung, 13.10.1924 und 14.10.1924
März 1925, Mannheimer Kunsthalle, »Mannheimer Künstlergruppe 1925«, Neue Mannheimer Zeitung, 27.02.1925 und 14.03.1925
Oktober 1925, Galerie Buck Mannheim, Kinderporträts, Neue Badische Landeszeitung, Nr. 506, 06.10.1925, vgl. Maier, S. 236
Dezember 1929, Mannheimer Kunstverein, Neue Mannheimer Zeitung, 07.12.1929
April 1930, Mannheimer Kunstverein, »Selbstbildnisse badischer Künstler«, Neue Mannheimer Zeitung, 07.04.1930
Juli 1930, Mannheimer Kunsthalle, Neue Mannheimer Zeitung, 26.07.1930
Februar 1932, Kunsthaus Tannenbaum, Neue Mannheimer Zeitung 22.02.1932 und 28.02.1932
Mai 1932, Kunsthalle Mannheim, »Der Frauen-Spiegel«, Neue Mannheimer Zeitung, 01.05.1932
Juni 1933, Mannheimer Kunsthalle, »Künstler unter der Lupe«, Mannheimer Sonderausstellung in der Kunsthalle, Kampf mit der Materie, Hakenkreuzbanner, 22.06.1933
Oktober 1933, Mannheimer Kunsthalle, »Christbaumschmuck und Weihnachtskunst«, Neue Mannheimer Zeitung, 26.10.1933 und Hakenkreuzbanner, 26.11.1933
Januar 1935, Kunsthalle Mannheim, Wettbewerbsentwürfe, Neue Mannheime Zeitung, 01.05.1935
Mai 1935, Kunsthalle Mannheim, Sportzeichnungen, Neue Mannheime Zeitung, 29.05.1935
Dezember 1935, Mannheimer Kunstverein, Weihnachtsausstellung, Neue Mannheimer Zeitung, 05.12.1935
Ausstellungen außerhalb Mannheims: siehe Liste der Ausstellungen bei Maier, S. 236ff.

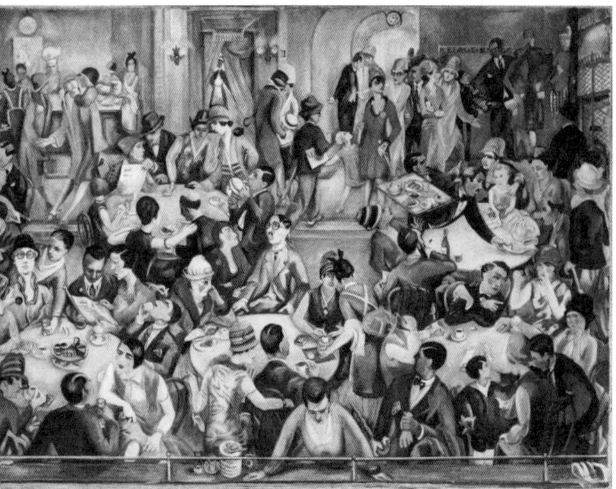

B2 Albert Henselmann
Café Lafayette [Warenhauscafé]
1926/27, Öl auf Leinwand
Harvard Art Museums/
Busch-Reisinger Museum,
Cambridge, USA

Jahren hin zur Aufnahme neusachlicher Ausdrucksweisen, inspiriert wohl durch die Ausstellung »Neue Sachlichkeit« in der Mannheimer Kunsthalle 1925.
1926/27 hielt sich Albert Henselmann in Paris auf. »Henselmann lebte und arbeitete mindestens seit September 1926 gemeinsam mit seinem Bruder Willi[35] im Künstlerviertel auf dem Montparnasse. Von Paris kehrte er spätestens 1927 wieder nach Mannheim zurück.«[36]

Im Zusammenhang mit seinem Paris-Aufenthalt entstanden mehrere neusachliche Gemälde, darunter auch das vielfigurige Großformat Café Lafayette, auch als Warenhauscafé betitelt, das auf mehreren Ausstellungen in Deutschland gezeigt wurde und sich heute im Bush-Reisinger-Museum in Cambridge, USA, befindet.[37]
In den späten zwanziger Jahren orientierte sich Henselmanns Werk, das insgesamt starke Brüche aufweist,[38] vielleicht am deutlichsten an modernsten Strömungen der Malerei. Und dass er die Moderne wertschätzte – und sich damit durchaus auf einer Linie mit dem später verfemten Kunsthallendirektor Gustav Hartlaub befand –, belegt ein Beitrag Henselmanns über Mannheimer Privatsammlungen in der »Neuen Mannheimer Zeitung« vom 6. Dezember 1928, in dem er mit viel Empathie Werke von Picasso, Cézanne und Daumier beschrieb.[39]
1930 heiratete Albert Henselmann die in Wuppertal geborene Hannelore [Lore] Feist, promovierte Kunsthistorikerin und Germanistin. Lores Vater war ein Industrieller aus Solingen, die Mutter entstammte einer Norddeutschen Rabbinerfamilie.[40] Albert Henselmann war zu dieser Zeit in der Mannheimer Stadtgesellschaft ein angesehener, etablierter Maler und vor allem mit seinen zahlreichen öffentlichen Projekten als Leiter der »Freien Akademie« erfolgreich.[41]
1933 wurde der gemeinsame Sohn Caspar Fidelius Henselmann geboren. Dieses geschichtsträchtige Jahr markiert auch eine Zäsur in Henselmanns künstlerischer Vita.

Im April 1933 wurde in Mannheim die Ausstellung »Kulturbolschewistische Bilder« aus Beständen der Kunsthalle eröffnet, die in diffamierender Weise die moderne Kunst und damit das ganze politische System der Weimarer Republik als »jüdisch-bolschewistisch verseucht« an den Pranger stellte.[42] Diese Ausstellung war die erste einer Reihe von

35
Albert Henselmanns älterer Bruder Gustav und jüngerer Bruder Willi waren ebenfalls als Maler tätig. Beide studierten wie Albert Henselmann an der Karlsruher Akademie. Vgl. Maier, S.14; alle drei stellten 1930 zusammen im Freiburger Kunstverein aus. »Kunstverein Freiburg. Am 25. Oktober 1930 wird in den Räumen des Freiburger Kunstvereins eine erstmalige Kollektivausstellung von etwa 90 Arbeiten eröffnet.
Die drei badischen Maler Gustav, Albert und Willi Henselmann stellen sich geschlossen in Freiburg der Öffentlichkeit vor.«
Neue Mannheimer Zeitung, 25.10.1930

36
Maier, S. 106f.

37
Vgl. Maier, S. 107ff.

38
»Ein Rückblick auf das Œuvre, das der Maler und Bildhauer Albert E. Henselmann in einem Zeitraum von siebzig Jahren geschaffen hat, bestätigt den ersten Eindruck: Das Werk ist gekennzeichnet von Brüchen und radikalen Veränderungen in Malweise, Komposition und Thematik, die sich im einzelnen an Krisen- und Wendepunkten in der Biografie des Künstlers fest machen lassen.«
Maier, S. 224

39
Henselmanns Artikel bezieht sich hier auf die Privatsammlung von Paul Wertheim. Weiter Sammlungsberichte wurden angekündigt, es blieb aber bei diesem einzigen.
Neue Mannheimer Zeitung, 06.12.1928

40
Vgl. Maier, S. 70.
Seit dem 06.02.1931 war Lore konfessionslos; vgl. ebd. Am 06.10.1937 wurden Albert und Lore Henselmann auch kirchlich getraut in der Jesuitenkirche Mannheim durch Prälat Joseph Bauer; vgl. Maier, S. 73. Lore Henselmann dürfte also davor der katholischen Kirche beigetreten sein.

41
Siehe Kapitel 4,
Die Entwicklung der Akademie bis 1937

42
Eröffnung der Ausstellung: 04.04.1933; Berichte und Kommentare zur Ausstellung in:
Hakenkreuzbanner, 03.04.1933, 20.04.1933, 10.05.1933, 24.05.1933;
Neue Mannheimer Zeitung, 01.04.1933, 05.04.1933, 09.04.1933, 13.04.1933, 09.05.1933

43
Vgl. Zuschlag, Christoph: »Es handelt sich um eine Schulungsausstellung«. Die Vorläufer und die Stationen der Ausstellung »Entartete Kunst«, in:
Barron, Stephanie: Entartete Kunst: Das Schicksal der Avantgarde im Nazi-Deutschland,
München 1992, S. 83–105
Vgl. Zuschlag, Christoph:
Die Ausstellung »Kulturbolschewistische Bilder« in Mannheim 1933 – Inszenierung und Presseberichterstellung, in:
Blume, Eugen; Scholz, Dieter [Hrsg.]: Überbrückt: ästhetische Moderne und Nationalsozialismus. Kunsthistoriker und Künstler 1925–1937,
Köln 1999, S. 224–236

Vorläufern der großen Propagandainszenierung »Entartete Kunst« 1937 in München.[43]
Die nachfolgende Ausstellung in der Kunsthalle unter dem eher belanglosen Titel »Mannheimer Maler stellen aus« muss in direktem Zusammenhang mit der vorangegangenen gesehen werden.[44]
Organisiert wurde die Ausstellung vom jüngst gleichgeschalteten »Reichsverband bildender Künstler Mannheim«.[45]

> Der Reichsverband bildender Künstler wurde von der Leitung der Kunsthalle beauftragt eine Ausstellung der Mannheimer Künstler zu veranstalten und dazu alle – auch nicht zum Verband gehörende – Maler und Bildhauer Mannheims aufzufordern. Diese Ausstellung soll einen umfassenden Überblick geben über alles, was in Mannheim zurzeit geschaffen wird.[46]

Hinter diesem vordergründig liberalen Appell an alle Mannheimer Künstler verbarg sich jedoch – wie sich zeigen sollte – eher die Absicht, nach der Diffamierung der Mannheimer Kunsthallenbestände nun mit den Mannheimer Künstlern ins Gericht zu gehen. »Es zeigt ein sehr weises Verständnis, daß die Ausstellungsleitung auch diejenige Gruppe zuließ, die von außen gesehen leichtfertig ›Bolschewisten‹ genannt werden können«, kommentierte zynisch das »Hakenkreuzbanner«.[47] So gab diese Ausstellung den Naziideologen in der Mannheimer Presse die perfekte Gelegenheit, einheimische, linientreue Maler zu würdigen und in Ungnade gefallene Mannheimer Künstler mit Hohn und Spott zu überziehen.

Albert Henselmann war in dieser Ausstellung mit einem Gemälde vertreten, das er wohl in naivem Glauben an seine bisherige künstlerische Reputation selbst eingereicht hatte.[48]
Die Mannheimer Zeitung »Hakenkreuzbanner« kommentierte unter der Überschrift »Kampf mit der Materie«:

> Viele meinen als Müßiggänger eines unerfüllten Lebens nun den Künstlern ins Handwerk pfuschen zu können. Sie sollten lieber Strümpfe stopfen oder Kessel flicken. Das Wahre in der Kunst, im künstlerischen Ausdruck, kann auch nur das neue Deutschland dann anerkennen, wenn es stets ein großes und ehrliches Erlebnis des Einzelnen Schaffenden und Schöpfenden ist [...] Unmöglich die ›Landschaft‹, die Lebkuchenpackung von Henselmann [...] ganz unmöglich aber auf noch unmöglicheren kleinen Tafeln das Farbengebrüll des Willy Degen [...].[49]

In dieser Diktion wurden noch weiter Mannheimer Künstler – darunter auch Helene von Heyden[50] – der Lächerlichkeit preisgegeben.
In der Zeit nach dieser Ausstellung wurde es ruhiger um Albert Henselmann. Als Leiter der »Freien Akademie« in Mannheim war er nicht mehr öffentlich präsent. Als Maler zeigte er noch einzelne Arbeiten in kleineren Ausstellungen.[51] Größere Ausstellungen fanden erst wieder in den 1950er Jahren in den USA statt.[52] Henselmann beteiligte sich jedoch noch bis 1935 an drei Wettbewerben, und das zum Teil nicht ohne einen gewissen Erfolg. 1934 nahm er an einem von der

44
Die Ausstellung fand statt vom 18.06.bis 30.07.1933.

45
Hakenkreuzbanner, 02.06.1933: »Gleichschaltung im Reichsverband bildender Künstler e.V. Auf Grund des Gleichschaltungsgesetzes wurde in der Generalversammlung am 11. Mai 1933 der Vorstand des Reichsverbandes bildender Künstler e.V., Ortsgruppe Mannheim, gleichgeschaltet. Als erster Vorsitzender wurde Herr Bildhauer Lauber, als zweiter Vorsitzender Herr Maler Merkel gewählt.«

46
»Der Reichsverband soll Einladungen an seine Mitglieder, an die Künstlergruppe 1933 und an alle Mannheimer Künstler, die diesen Gruppen nicht angeschlossen sind, durch die Presse erlassen. Einlieferungstermin: 10. Juni 1933. Die eingelieferten Arbeiten sind durch eine Jury zu sichten. Die Jury setzt sich zusammen aus den Herren: Lauber, Merkel und Angst als Vertretern des Reichsverbandes, Gelb und Brück als Vertretern des Reichsverbandes und der Künstlergruppe 1933, Knaus als Vertreter der Künstlergruppe 1933, Eimer als Vertreter der nicht organisierten Künstler. In Zweifelsfällen, in denen die Jury eine Einigung nicht erzielen kann, liegt die letzte Entscheidung bei Herrn von Waldstein. Die Ausstellung soll vom 18. Juni bis 30 Juli 1933 dauern. Ausdrücklich festgelegt wird, daß von der Jury angenommene und einmal gehängte Arbeiten vor Schluss der Ausstellung nicht wieder entfernt werden dürfen. gez. Stübing«, Ergebnisprotokoll der vorbereitenden Sitzung zur Ausstellung in der Mannheimer Kunsthalle, nicht datiert, wahrscheinlich Ende Mai 1933, Kunsthalle Mannheim, »Ordner Mannheimer Künstler, 1933«, Marchivum, 2_2012_00133

47
Hakenkreuzbanner, 09.07.1933

48
Handschriftlich ausgefülltes Anmeldeformular zur Ausstellung. Eingereicht: Landschaft. Piutina am Lago. Öl, gerahmt, Privatbesitz, Kunsthalle Mannheim, Ordner »Mannheimer Künstler, 1933«, Marchivum, 2_2012_00133

49
Hakenkreuzbanner, 21.06.1933 und 22.06.1933

50
Siehe Kapitel 3.1.2

51
Ende 1933 war er auf der Ausstellung »Christbaumschmuck und Weihnachtskunst« in der Mannheimer Kunsthalle mit einer Tonskizze einer Kirchenkrippe vertreten.
Neue Mannheimer Zeitung, 26.11.1933, Hakenkreuzbanner, 26.11.1933
Im Mai zeigte er im Rahmen der Sportwerbewoche Arbeiten in der Ausstellung »Sportzeichnungen« im Mannheimer Kunstverein, die ein positives Presseecho fanden: »Seine Arbeiten wirken unmittelbar, sind voll Bewegung, bringen das Wesen der Einzelleistung und der sportlichen Zusammenarbeit untheatralisch und sehr überzeugend zum Ausdruck.« Neue Mannheimer Zeitung, 29.05.1933
Im Dezember 1935 zeigte er Arbeiten auf der Weihnachtsausstellung des Mannheimer Kunstvereins, was die Presse eher geringschätzig kommentierte: »Henselmann bleibt im Plakathaften verfangen«,
Neue Mannheim Zeitung, 05.12.1935
1934 gestaltete er das Plakat für den »Großen Mannheime Maskenball«,
Neue Mannheime Zeitung, 26.01.1934, Hakenkreuzbanner, 26.01.1934
Eine Märchenaufführung des Mannheimer Fröbelseminars, wo er als Zeichenlehrer angestellt war, stattete er mit einem Bühnenbild aus.
Neue Mannheimer Zeitung 29.03.1935
Für eine Puppenausstellung in der Mannheimer Kunsthalle fertigte die »Freie Akademie« Kulissen. Henselmann wird in diesem Zusammenhang aber nicht erwähnt.
Neue Mannheimer Zeitung, 03.12.1934

52
Vgl. Maier, S. 241

Stadt Mannheim ausgeschriebenen Wettbewerb für Maler und Bildhauer teil. In der Sparte Bildhauerei, für die Henselmann eine Arbeit eingereicht hatte, »wurde keinem der Einsender ein Preis zuerkannt. Die 700 zur Verfügung stehenden Mark sind unter sie als Ersatz für die Auslagen verteilt worden.«[53] In einem vom Deutschen Reich 1934 ausgeschriebenen Wettbewerb zur Ausstattung des Kongresssaales des Deutschen Museums in München mit Mosaiken gehörte Henselmann zwar nicht zu den drei Preisträgern, aber sein Entwurf wurde angekauft.[54] Bei einem von der Stadt 1935 ausgeschriebenen Wettbewerb für ein Wandbild an der neuerbauten Wallstadt-Schule in Mannheim erhielt Henselmann für seine Entwürfe den zweiten und dritten Preis.[55] Sämtliche eingereichten Entwürfe wurden im Mai 1935 in der Kunsthalle ausgestellt.[56]

Albert Henselmann war nach 1933 durchaus noch aktiv in Mannheim, auch wenn ihm die öffentliche Aufmerksamkeit nicht mehr in dem Maße zuteil wurde wie zuvor. Vor allem die öffentlichkeitswirksamen Aufträge für seine Akademie brachen weg. Er war Mitglied der Reichskammer der bildenden Künste [sonst hätte er an öffentlichen Ausschreibungen und Ausstellungen nicht teilnehmen können]. Doch politisch war er unauffällig; es gibt weder Belege für aktive Opposition gegen noch für offen zur Schau getragener Sympathie für die neue »Bewegung«. Und trotz auch erfahrener Demütigungen wie anlässlich des diffamierenden Kommentars zu seiner Arbeit in der Ausstellung 1933 in der Mannheimer Kunsthalle schien er zu versuchen, sich mit den neuen Machthabern zu arrangieren, so gut es ging, wie viele andere auch, vielleicht in der irrigen Annahme, der braune Spuk möge bald vorrübergehen.

Als politischer Kopf oder gar Künstler mit ausgeprägt sozialkritischem Impetus war Henselmann nie bekannt. Eine kritische Auseinandersetzung mit dem Grauen des Ersten Weltkriegs – wie es in den letzten Kriegsjahren und in der jungen Weimarer Republik zum zentralen Bildthema vieler Zeitgenossen wurde – kommt in seinem Werk nicht vor. »Was die persönliche Situation Albert E. Henselmanns im Ersten Weltkrieg und während der revolutionären Umbrüche danach anbelangt, scheint der Künstler von diesen Ereignissen unbeeinflusst gewesen zu sein.«[57]

Spätestens als ihn 1936 der Bannstrahl der Nazi-Schergen traf, dürfte sich Henselmann mit der Überlegung beschäftigt haben Deutschland zu verlassen. Im Juli 1936 wurde er mit Schreiben des Oberbürgermeisters mit sofortiger Wirkung aus dem städtischen Fröbelseminar entlassen. Im September 1936 erfolgte der Ausschluss aus der Reichskammer der bildenden Künste.[58] Ende 1936, möglicherweise schon Mitte Oktober in Zusammenhang mit dem Umzug der Kunstschule von der Schlosswache in die Sternwarte, spätestens aber ab Januar 1937 war er auch nicht mehr Leiter der »Freien Akademie«. Ein letzter Hinweis auf eine Tätigkeit im Rahmen der Akademie stammt vom 4. Oktober1936.[59] Der genaue Zeitpunkt und die näheren Umstände seines Ausscheidens aus der »Freien Akademie« sind nicht geklärt.[60] Die »Freie Akademie« war ein privatwirtschaftlich geführtes Unternehmen, keine städtische Institution wie zum Beispiel das Fröbel-Seminar. Die Stadt hatte also keinen direkten Durchgriff auf die Leitung, allerdings mit der Überlassung der Räumlichkeiten in der Schlosswache ein Druckmittel gegen die Akademie in der Hand. Möglicherweise knüpfte die Stadt die Über-

53
An dem Wettbewerb durften nur Künstler teilnehmen, die der Reichkammer der bildenden Künste angehörten, was den Rückschluss zulässt, dass Albert Henselmann Mitglied der Reichskammer war.
Neue Mannheimer Zeitung, 20.09.1934

54
»Erfolg eines Mannheimer Künstlers. Der Leiter der Freien Akademie, Kunstmaler Albert Henselmann, beteiligte sich an einem vom Reich ausgeschriebenen Wettbewerb zur Schaffung von Mosaiken für den großen Kongreßsaal des Deutschen Museums in München. Er hatte einen schönen Erfolg, unter 377 Einsendungen aus ganz Deutschland mit in die engste Wahl gezogen zu werden und nach Zuerkennung der drei ersten Preise an junge Münchner Maler bei den 24 vom Deutschen Museum vorgenommen Ankäufen an erster Stelle zu stehen.«
Neue Mannheimer Zeitung, 30.12.1934

55
Neue Mannheimer Zeitung, 22.03.1935

56
Neue Mannheimer Zeitung, 01.05.1935

57
Maier, S. 60

58
Vgl. Maier, S. 73

59
Kurze Notiz in der Neuen Mannheimer Zeitung unter der Überschrift »Berufsausbildung«:
»Welche Ausbildung ist für den Beruf als Modezeichnerin nötig? Besteht die Möglichkeit, sich in Mannheim ausbilden zu lassen? Welche Zeit würde diese Ausbildung erfordern? Kunstmaler Henselmann, Schlosswache, gibt Unterricht im Modellzeichnen. Setzen Sie sich mit Herrn Henselmann in Verbindung.«
Neue Mannheimer Zeitung, 04.10.1936

60
Vgl. Maier, S. 232:
»1937, Ablösung als Leiter der Freien Akademie; Nachfolgerin wird seine Sekretärin Dreyfuss [STA MA: Jan. 1964 S2/638Sf], dann der Bildhauer Karl Trummer.«
Maier bezieht sich hier auf einen dreiseitigen maschinengeschriebenen Bericht zur Geschichte der Akademie aus dem Jahr 1964, Verfasser unbekannt. Diese Quelle enthält allerdings zahlreiche falsche Namen und Daten, so dass sie insgesamt als unzuverlässig betrachtet werden muss.

lassung neuer Atelierräume in der Sternwarte an das Ausscheiden Henselmanns als Leiter der Kunstschule. Auffällig ist jedenfalls, dass das Ausscheiden Henselmanns in unmittelbar zeitlichem Zusammenhang mit dem Umzug der Akademie in die Städtische Sternwarte stand. Ab Januar 1937 übernahm dann der linientreue Karl Trummer die Leitung der Kunstschule, die er bis zu seinem Tode 1957 innehatte.[61]
Im Laufe des Jahres 1937 wurde die Lebenssituation für Albert Henselmann und seine Familie immer prekärer. Im Sommer des Jahres wurde mit einer zentral gesteuerten »Säuberungsaktion« reichsweit in Museen und Galerien »entartete« Kunst beschlagnahmt. Tausende moderne Kunstwerke, als »jüdisch-bolschewistisch« diffamiert, fielen dieser Operation zum Opfer. Die Mannheimer Kunsthalle traf dieser Aderlass besonders hart, hatten doch eben erst die ehemaligen Direktoren Wichert und Hartlaub in den Jahren 1909 bis 1933 eine bedeutende Sammlung der Moderne aufgebaut. 584 Werke aus der Mannheimer Kunsthalle wurden als »entartet« stigmatisiert, entfernt und später größtenteils vernichtet – darunter auch die drei sich dort befindlichen Werke von Albert Henselmann und zwei von Helene von Heyden.[62]
Albert Henselmann hielt sich zu dieser Zeit in München auf.[63] Der Grund für seinen fast halbjährigen Aufenthalt in München [Mai bis September 1937] ist nicht bekannt. Ungeklärt ist auch, warum sich im Mai dieses Jahres die Reichskammer für bildende Künste – aus der er bereits 1936 ausgeschlossen worden war – für Henselmann interessierte und mit Schreiben vom 15. Mai 1937 »in dienstlicher Angelegenheit« von der Gauleitung der NSDAP in München ein politisches Führungszeugnis über den Künstler anforderte.[64]
Ob diese Anfrage möglicherweise in Zusammenhang mit der bevorstehenden »Säuberungsaktion Entartete Kunst« stand oder ob andere Motive maßgeblich waren, bleibt letztlich Spekulation. Eine Antwort aus München kam erst am 8. Oktober, aus der hervorging, dass der Künstler seit längerem kaum noch öffentlich auftrat.[65]
Als »entarterter Künstler« stigmatisiert, war Albert Henselmann in der Mannheimer Stadtgesellschaft weitgehend isoliert, und nachdem der allgegenwärtige Rassismus und Antisemitismus mit den Nürnberger Rassengesetzen in verbindliche Rechtsform gegossen wurde, musste Henselmann aufgrund der jüdischen Abstammung seiner Frau Lore für sich und seine Familie zunehmend mit konkreter Verfolgung rechnen. Im Mai 1938 verließ die Familie Henselmann Mannheim und ging nach einem kurzen Besuch bei Henselmanns Bruder Gustav in Bad Säckingen ins Schweizer Exil.[66]
Der weitere Lebensweg Henselmanns, der für die Geschichte der »Freien Akademie« nicht mehr von wesentlicher Bedeutung ist, sei der Vollständigkeit halber im Folgenden anhand der Daten von Michaela Maier kurz zusammengefasst.[67]
Die Einreise- und Aufenthaltsbewilligung, ausgestellt im März 1938, knüpften die Schweizer Behörden an verschiedene Auflagen; so durfte Henselmann mit Rücksicht auf Schweizer Künstler keine Aufträge ausführen und nicht öffentlich ausstellen. Des Weiteren wurde, um den Unterhalt seiner Familie sicherzustellen, ein »Nachweis der Finanzkraft« in Höhe von 21.000 SFr. verlangt. Behördlich genehmigt wurde ihm die Einrichtung einer Kunstschule, in der er unterrichten durfte.[68]

61
In der Anzeige der »Freien Akademie« vom 14.02.1937 wird erstmalig Karl Trummer als Leiter der Akademie genannt. Neue Mannheimer Zeitung, 14.02.1937

62
»Entartete Kunst«, Gesamtverzeichnis, Liste des Reichsministeriums für Volksaufklärung und Propaganda um 1941/1942, bereitgestellt vom Victoria & Albert Museum London, digitalisiert abrufbar unter:
http://vam.ac.uk./entartetekunst, unter der Creative-Commons-Lizenz [CC-BY-NC4.0 international].
Für Henselmann sind aufgeführt:
Zwei Mädchen, Öl, Invent.-Nr.: 6038;
Kanal in Venedig, Öl, Invent.-Nr.: 6038;
Stierkampf, Graphik, Invent.-Nr.: 6366;
alle drei Arbeiten sind mit »x« gekennzeichnet, was für Vernichtung steht.
Für Helene von Heyden siehe Kapitel 3.1.2.

63
Albert Henselmann wohnt zunächst kurz in der Leopoldstraße 117 und zog dann in eine Wohnung in der Rheinstraße 21.
Bundesarchiv, R 9361-II / 399057

64
Schreiben vom Präsidenten der Reichskammer der bildenden Künste an die N.S.D.A.P. Gauleitung München-Oberbayern. »Betr.: Maler Albert Henselmann, München Leopoldstrasse 117. In dienstlicher Angelegenheit benötige ich ein politisches Führungszeugnis der Partei über den Maler Albert Henselmann, seinerzeit wohnhaft in Mannheim, Haardtstrasse 16. Henselmann ist am 28.12.1890 in Offenburg i. Baden geboren und vor kurzem nach München, Leopoldstrasse 177 übersiedelt. Heil Hitler! Im Auftrag gez. Daumen.«
Bundesarchiv, R 9361-II / 399057

65
Schreiben der Gauleitung München an den Präsidenten der Reichskammer der bildenden Künste vom 08.10.1937, »Betrifft: Vg. Albert Henselmann, Maler, wohnhaft in München, Leopoldstr. 177. Der am 28.12.1890 zu Offenburg i.B. geborene Albert Henselmann wohnte innerhalb des Gaugebiets München Oberbayern jeweils nur sehr kurze Zeit an den einzelnen in Erfahrung gebrachten Wohnungen. Die Gauleitung Baden, die ich über Denselben ebenfalls befrug, teilte mit, daß er in Mannheim sehr zurückgezogen lebte und mit der Öffentlichkeit kaum in Berührung kam. Es konnte einzig von dort festgestellt werden, daß er mit einer Jüdin verheiratet ist und daß er stets bei Juden als Untermieter wohnte. Heil Hitler [Unterschrift unleserlich] Gaupersonalamtsleiter.«
Bundesarchiv, R 9361-II / 399057

66
Vgl. Maier, S. 73ff.

67
Vgl. Maier, S. 125ff.

68
Vgl. Maier, S. 126. Die hinterlegte Summe von 21 000 SFr [entsprach ca. 50 000 bis 60 000 Reichsmark] und stammte aus dem Vermögen von Grete Feist, Mutter von Lore Henselmann.

Die Familie ließ sich im Tessin nieder, wo Henselmann in dem Ort Minusio am Lago Maggiore, in der Nähe von Locarno, die »Scuola Ticinese d'Arte« gründete und dort in kleinerem Rahmen vor allem Kinder aus der näheren Umgebung unterrichtete. 1940 wurde die Tochter Beatrice geboren. Im selben Jahr wurden Albert und Lore Henselmann vom Reichsminister des Inneren die deutsche Staatsbürgerschaft aberkannt. In der Folgezeit lebte die Familie als Staatenlose in der Schweiz in eher bescheidenen Verhältnissen, und obwohl Albert Henselmann, das Arbeitsverbot bisweilen missachtend, einige Aufträge ausführte, blieb kaum Gelegenheit, größere Wirkung zu entfalten und sich – in der Isolation des Exils – künstlerisch weiterzuentwickeln. Sein Schweizer Werk blieb heterogen, orientiert wohl hauptsächlich an der Notwendigkeit, [bescheidene] Einkünfte für sich und seine Familie zu generieren.
Nach dem Zweiten Weltkrieg wollte die Familie Henselmann nicht mehr nach Deutschland zurückkehren. Undenkbar schien eine Rückkehr nach Mannheim, in die Stadt, die Albert Henselmann demütigte, aus der er und seine Familie vertrieben wurde und in der Karl Trummer auch noch nach dem Krieg die Leitung der »Freien Akademie« innehatte, jener Kunstschule, die Henselmann gut zwanzig Jahre zuvor mitbegründete und jahrelang erfolgreich leitete.
1950, Albert Henselmann war jetzt sechzig Jahre alt, beschloss die Familie in die USA auszuwandern. Albert Henselmann reiste zuerst alleine in die USA ein. Ausgestattet mit einer Bürgschaft von Ilse Oppenheimer, einer Tante von Lore Henselmann, die in New York lebte, erhielt er eine Aufenthalts- und Arbeitsgenehmigung. Auf der Suche nach einer festen Anstellung, die Voraussetzung für eine dauerhafte Aufenthaltsberechtigung war, fand er nach mehreren erfolglosen Versuchen schließlich Beschäftigung in den DePrato Studios, eine Werkstatt für Kirchenausstattungen in Chicago, für die er in den Folgejahren zahlreiche Aufträge ausführte.
Mit dem Nachweis eines regelmäßigen Einkommens konnte er nun auch seine Familie in die USA nachholen. Die Familie lebte fortan in Chicago, wo Albert Henselmann mit seinen Werken auch wieder – nach langer Zeit erzwungener Abstinenz – in mehreren Ausstellungen präsent war.
Albert Henselmann starb am 28. Juni 1974 bei einem Besuch seiner Schwester in Lahr nahe Offenburg und wurde im Familiengrab seiner Heimatstadt beigesetzt.

3.1.2 Helene von Heyden

Einem Forschungsprojekt der Universität Erfurt und der Klassik Stiftung Weimar ist es zu verdanken, dass das Leben und Werk der weithin in Vergessenheit geratenen Künstlerin Helene von Heyden wieder in den Blickpunkt kunsthistorischer Forschung gerückt ist.[69] Die folgenden Ausführungen nehmen mehrfach darauf Bezug.

Helene von Heyden wurde am 28. November 1893 in Karlsruhe geboren.[70] Sie war die zweite Tochter der Theodora von Heyden geb. Hummel und des Rittmeisters Karl [auch Carl] von Heyden.[71] Als Helene von Heyden fünf Jahre alt war, zog die Familie nach Mannheim nach B7, 17 in das Haus von Gustav Hummel, dem Vater von Theodora von Heyden.[72] Nach dem Tod ihres Vaters 1903[73] lebte Helene in B7, 17 zusammen mit ihrer Mutter und ihrer Schwester Clementine. Nach dem Tod von Gustav Hummel ist in den Mannheimer Adressbüchern Theodora von Heyden als Eigentümerin des Hauses eingetragen.[74]
1916, im Alter von 23 Jahren hielt sich Helene von Heyden in Weimar auf, wo sie an der »Großherzoglich-Sächsischen Hochschule für Bildende Kunst« in der Klasse von Walther Klemm studierte.[75] Aus dieser Institution ging 1919 – in Zusammenlegung mit der 1915 geschlossenen »Großherzoglich-Sächsischen Kunstgewerbeschule« – das Staatliche Bauhaus hervor.

69
Blümm, Anke und Rössler, Patrick [Hrsg.]: Vergessene Bauhaus-Frauen, Lebensschicksale in den 1930er- und 1940er-Jahren, BAUHAUS/ASPEKTE, Bauhaus Museum Weimar, 202170

70
Blümm, S. 25

71
Erläuterungen zu einem Brief Helene von Heydens von Hella Zechbauer, Marchivum, KE01037

72
Mannheimer Adressbücher, erster Eintrag der Familie von Heyden 1898. Laut Adressbuch bezog die Familie von Heyden die dritte und vierte Etage des Hauses B7, 17. Der Stichtag für die Erfassung der Einwohnerdaten lag in der Regel in der Mitte des Jahres. Somit bilden die Mannheimer Adressbücher die Einwohnersituation von etwa Mitte des Vorjahres bis Mitte des Erscheinungsjahres ab.

73
Eintrag in den Mannheimer Adressbüchern ab 1903:
v. Heyden Theodora [Kurt] Rittmstr-Ww

74
Eintrag in den Mannheimer Adressbüchern ab 1911

75
Blümm, S. 25

Um 1917 bis Ende 1918 [vielleicht bis Frühjahr 1919] lebte und arbeitet Helene von Heyden in München.[76] Möglicherweise wohnte sie zwischenzeitlich [Frühjahr 1917] bei ihrer Mutter. In diese Zeit datiert auch ihre erste Ausstellungsbeteiligung in Mannheim.[77]
1919 kehrte Helene von Heyden von München aus nach Weimar zurück und studierte dort im Sommersemester [April bis September] am eben neu gegründeten Bauhaus.[78] Nach einem Semester verließ sie Weimar wieder und kehrte nach Mannheim zurück.
1923 war Helene von Heyden auf der Großen Deutschen Kunstausstellung in Karlsruhe vertreten,[79] im März 1924 zusammen mit Karl Stohner in der Schau »Badische Aquarellisten« in der Mannheimer Kunsthalle.[80] In der Folgezeit – bis 1932 – zeigte sie ihre Arbeiten auf zahlreichen Ausstellungen in Mannheim und im süddeutschen Raum.[81]
Im September 1924 gründete Helene von Heyden in Mannheim zusammen mit Albert Henselmann und Karl Stohner die »Freie Akademie für bildende Kunst«. Ihre Rolle bei der Gründung der Kunstschule wurde bereits weiter oben diskutiert. Wie lange sie in der Lehre für die Akademie aktiv war, lässt sich anhand der vorliegenden Daten nicht genau feststellen. Sicher war sie im Wintersemester 1925/1926 noch dabei[82], wahrscheinlich noch bis 1927, da Albert Henselmann das Wintersemester 1926/1927 in Paris verbrachte und die Akademie wohl nicht führungslos zurückgelassen hatte. Für die Folgezeit fehlen konkrete Daten.

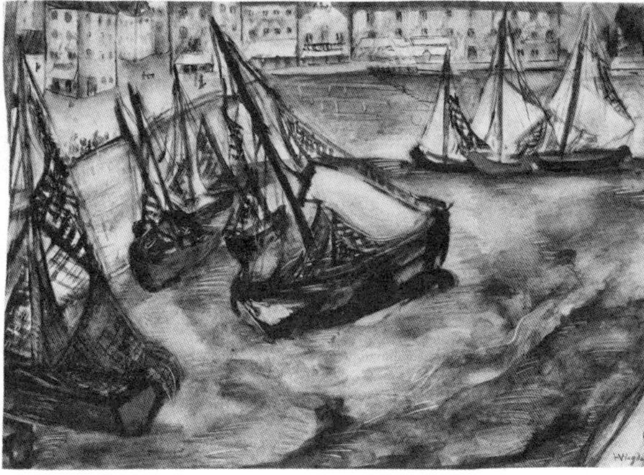

B4 Helene von Heyden
Hafen
1927
Aquarell, Gouache
Kunsthalle Mannheim

Des Weiteren war Helene von Heyden zusammen mit ihren Mitstreitern aus der Akademie an der Gründung der Künstlergruppe 1925 beteiligt, die allerdings nur kurze Zeit Bestand hatte.
In ihrer Mannheimer Zeit engagierte sich Helene von Heyden in verschiedenen künstlerischen Vereinigungen. Sie war Mitglied im Bund Badischer Künstlerinnen,[83] ferner Mitglied des Bundes künstlerisch und schriftstellerisch tätiger Frauen in Mannheim, Ludwigshafen, Heidelberg und Umgebung, »Maluheidu«, der 1930 in eine Mannheimer Ortsgruppe der »Gedok«[84] überführt wurde,

76
Ebd.

77
April 1917, Ausstellung im Mannheimer Kunstverein,
Mannheimer General-Anzeiger, 28.04.1917

78
Blümm, S. 25

79
»Von unseren Mannheimer Malern […] sind vertreten […] Helene von Heyden […] mit Marinen.«
Mannheimer General Anzeiger, 12.05.1923

80
»Badische Aquarellisten in der Mannheimer Kunsthalle. Eine Könnerin ist auch Helene von Heyden […].«
Mannheimer General-Anzeiger, 08.03.1924

81
Ausstellungen in Mannheim und im süddeutschen Raum:
April 1917, Mannheimer Kunstverein, Mannheimer General Anzeiger, 28.04.1917
Mai 1923, Große Deutsche Kunstausstellung Karlsruhe,
Mannheimer General Anzeiger, 12.05.1923
März 1924, Badische Aquarellisten in der Mannheimer Kunsthalle,
Mannheimer General Anzeiger, 08.03.1924
März 1925, Künstlergruppe 1925, Kunsthalle Mannheim,
Neue Mannheimer Zeitung, 14.03.1925
Mai 1926, Bund Badischer Künstlerinnen, Mannheimer Kunstverein,
Neue Mannheimer Zeitung, 20.05.1926
Dezember 1926, Mannheimer Kunstverein,
Neue Mannheimer Zeitung, 31.12.1926
Dezember 1927, Mannheimer Kunst-Weihnachten, Mannheimer Kunstverein,
Neue Mannheimer Zeitung, 22.12.1927
Juni 1929, Badische Maler in der Mannheimer Kunsthalle, Neue Mannheimer Zeitung, 01.06.1929
Juli 1929, Deutsche Frauenkunst der Gegenwart, Ebertpark Ludwigshafen,
Neue Mannheimer Zeitung, 16.07.1929
Dezember 1929, Weihnachtsverkaufsmesse und Modenschau, Palasthotel Mannheim,
Neue Mannheimer Zeitung, 03.12.1029
Januar 1930, Badische Malerinnen im Kunstverein Karlsruhe,
Neue Mannheimer Zeitung, 09.01.1930
Februar 1930, Selbstbildnisse badischer Künstler, Kunstverein Karlsruhe [und Kunsthalle Karlsruhe],
Neue Mannheimer Zeitung, 19.02.1930 und 07.04.1930
April 1930, Ausstellung des Bundes badischer Künstlerinnen, Kunstverein Bruchsal,
Neue Mannheimer Zeitung, 20.04.1930
November 1930, Helene von Heyden, Einzelausstellung im Klubheim der »Gedok«, Mannheim,
Neue Mannheimer Zeitung, 19.11.1930
Dezember 1931, Weihnachtsausstellung Mannheimer Kunstverein,
Neue Mannheimer Zeitung, 19.12.1931
Juni 1932, »Porza«-Ausstellung im Mannheimer Kunstverein,
Hakenkreuzbanner, 04.06.1932
Juli 1932, »Porza«-Ausstellung, Augustaanlage Mannheim,
Neue Mannheimer Zeitung, 18.07.1932
November 1932, Ausstellung des Reichsbundes der Künstler im Kaufhaus Hirschland, Mannheim,
Neue Mannheimer Zeitung, 30.11.1932
In diffamierender Weise wurden ihre Werke in zwei Propaganda-Ausstellungen in Mannheim gezeigt:
April 1933, »Kulturbolschewistische Bilder« in der Mannheimer Kunsthalle, vgl. Blümm, S. 25
Juni 1933, Mannheimer Maler stellen aus, Kunsthalle Mannheim, »Künstler unter der Lupe«, Mannheimer Sonderausstellung in der Kunsthalle, Kampf mit der Materie, Hakenkreuzbanner, 22.06.1933

82
Anzeige:
Freie Akademie, Wiederbeginn des Zeichenkurses für Kinder, 17. Oktober. Schriftliche Anmeldungen an Helene von Heyden, B7, 17 event. Auskunft Schloßwache.
Neue Mannheimer Zeitung, 03.10.1925

83
Ausstellungen des Bundes Badischer Künstlerinnen mit Beteiligung von Helen von Heyden:
Mai 1926, Bund Badischer Künstlerinnen, Mannheimer Kunstverein,
Neue Mannheimer Zeitung, 20.05.1926; und April 1930, Ausstellung des Bundes badischer Künstlerinnen, Kunstverein Bruchsal,
Neue Mannheimer Zeitung, 20.04.1930

ebenfalls war sie in Mannheim auf zwei »Porza«[85]-Ausstellungen vertreten.
Ihre Ausstellung im Klubheim der »Gedok«, 1930, war, nach vorhandener Datenlage, Helene von Heydens einzige Einzelausstellung und wurde von der »Neuen Mannheimer Zeitung« ausführlich besprochen.

> Im neuen Klubheim der »Gedok« hat ein Mitglied der Malerinnengruppe, Helene von Heyden, ausgestellt. Frankreich, wie es der Deutsche malerisch erlebt, als etwas Fremdes, Geheimnisvolles, bald weit und kahl, bald eng und unergründlich. [...] Eine breite sich scheinbar bis ins Unendliche ausdehnende Allee, spärlich bepflanzt, ein paar Spaziergänger darauf, ganz verloren [...] und darüber ein weiter Horizont, unerbittlich hellblau, die leere Ferne, welche niemals lockt. Der Hafen von Portofino, das Gegenstück dazu. Hier ist alles eng, steil, gepreßt. Dicht gedrängt stehen die Häuser, spiegeln sich im stillen Wasser, das dick und glasig erscheint. [...] Die übrigen Zeichnungen bringen Segel und Kähne; bezeichnend ist die Neigung der Künstlerin für das Breitgeblähte und Träggelagerte, auch die Farben der Ölbilder bekunden ein ähnliches Grundgefühl. Die Stilleben erinnern an Kanoldt. Ein Aktbild gefällt durch seine Sicherheit. Dennoch scheint die Stärke der Künstlerin am Vorhandenen gemessen bei der Landschaft zu liegen, und innerhalb dieser bevorzugt sie die Grenzsituationen: äußerste Enge und letzte Weite, die den notwendigen Ausgleich aus sich heraus in den Betrachter verlegen.[86]

Um das Jahr 1930 befand sich Helene von Heyden auf dem Zenit ihres bisherigen künstlerischen Schaffens. Zwischen 1929 und 1931 war sie auf acht Ausstellungen in Mannheim und Umgebung vertreten. Diesem Höhenflug sollten die Nazis jedoch bald ein jähes Ende setzen.
Schon 1932, also noch vor der Machtergreifung der Nazis, sah sie sich in der bereits sehr einflussreichen Nazipresse Hohn und Spott ausgesetzt – ganz im Gegensatz zu ihrem [ehemaligen] Mitstreiter Karl Stohner. Das »Hakenkreuzbanner, nationalsozialistisches Kampfblatt Nordwestbadens« kommentierte die »Porza«-Ausstellung im Mannheimer Kunstverein:

> Der erste Eindruck, daß wahrhaftig Überragendes in der Ausstellung nicht geboten wird, findet bald seine Bestätigung. Auf die Gründe wäre an einer anderen Stelle einzugehen. Aber das dürfen wir rückhaltlos feststellen, daß viel gutes und zu Hoffnungen berechtigendes Schaffen einen Niederschlag gefunden hat. Wenigstens ist, was wir der Verwaltung des KV dankbar anrechnen, im Gegensatz zu manchen Ausstellungen der städt. Kunsthalle, die Linie der Sauberkeit gewahrt geblieben. Beim Gang durch die Räume fesselt Frieda [?] Stohners »Blick auf die Sternwarte« durch ihre einfache Ehrlichkeit. Nicht minder aber ihres Mannes, Karl Stohner, »Tänzerin«. Dieser übertrifft sich wieder selbst in seiner träumenden Landschaft »Nervi«. [...] Wer den Ausdruck der Seelenlosigkeit, der gähnenden Langeweile genießen will, der verirre sich vor Wilhelm Abels Bilder. Die lineare Aufmachung wirkt kalt, niederdrückend, blutleer, neusachlich wie das Dessauer Bauhaus oder ein Gedicht von Erich Kästner. [...] Helene von Heydens »Netzflicker« erinnern noch stark an die Farbklexerei des Malbolschewismus selig![87]

Danach ist Helene von Heyden in Mannheim 1932 noch zwei Mal öffentlich in Erscheinung getreten.

84
Die »Gedok« wurde 1926 von Ida Dehmel in Hamburg gegründet als »Gemeinschaft Deutscher und Oestreicherischer Künstlerinnenvereine aller Kunstgattungen«. Das Akronym »Gedok« wurde im Laufe der Zeit unterschiedlich aufgelöst; so liest man bisweilen auch »Gemeinschaft Deutscher und Oestereichischer Künstlerinnen und Kunstfreundinnen«. Heute firmiert die »Gedok« als »Gemeinschaft der Künstlerinnen und Kunstfördernden e.V.« und verkörpert das älteste und europaweit größte Netzwerk für Künstlerinnen. Vgl. Website der »Gedok«, http://gedok.de [letzter Zugriff: 23.03.2022].
Im April wurde der Künstlerinnenbund »Maluheidu« in eine Ortsgruppe der »Gedok« überführt. Ida Dehmel war bei der Gründung der Ortsgruppe Mannheim anwesend. Bericht in: Neue Mannheimer Zeitung, 15.04.1930
Erste Vorsitzende wurde Felicie Hartlaub, die Frau des Mannheimer Kunsthallen-Direktors Gustav Hartlaub. Felicie Hartlaub verstarb wenige Wochen nach dieser Gründung. Nachruf in: Neue Mannheimer Zeitung, 03.05.1930; Gedächtnisfeier der »Gedok« in: Neue Mannheimer Zeitung, 13.05.1930
Im Oktober 1930 bezog die »Gedok« eigene »Klubräume« in der Karl-Ludwig-Straße 7 in Mannheim; Neue Mannheimer Zeitung, 15.10.1930 und 17.10.1930
Im November 1930 stelle das Mitglied Helen von Heyden in diesen Räumen aus. Neue Mannheimer Zeitung, 19.11.1930

85
Juni 1932, »Porza«-Ausstellung im Mannheimer Kunstverein; Helene von Heyden war mit dem Bild »Netzflicker« vertreten. Hakenkreuzbanner, 04.06.1932
Juli 1932, »Porza«-Ausstellung in der Augustaanlage 3 in Mannheim; Helene von Heyden war mit einem Seestück vertreten.
»Die Porza wirbt. Selbsthilfe der Mannheimer Künstlergruppe«, Neue Mannheimer Zeitung, 18.07.1932 Namensgeber für die Künstlervereinigung »Porza« war deren Gründungsort Porza in der Südschweiz. Noch im Gründungjahr 1927 verlegte der Initiator, Werner Alvo von Alvensleben, den Sitz der Organisation nach Berlin. In der Folge entstanden »Porza«-Gruppen in verschiedenen Städten, die sich als Selbsthilfeorganisation von Künstlern verstanden und vor allem Verkaufsausstellungen für ihre Mitglieder veranstalteten. »Die Geschäftsführung, die Wartung, die pekuniären Momente sind auf der Basis gemeinschaftlicher Selbsthilfe aufgebaut; gleichzeitig wird ein möglichst hohes künstlerisches Niveau erstrebt.«
Neue Mannheimer Zeitung, 18.07.1932

86
Neue Mannheimer Zeitung, 19.11.1930

87
Hakenkreuzbanner, 09.06.1932.

Auf der zweiten »Porza«-Ausstellung im Juli 1932 zeigte sie ein Seestück.[88] Im November 1932 stellte sie im Mannheimer Kaufhaus Hirschland aus und präsentierte eine »Komposition mit Muscheln«.[89]

1933 wurde die Künstlerin wieder zur Zielscheibe nationalsozialistischer Verunglimpfung. In der schon angesprochenen und als »Schreckenskabinett« apostrophierten Ausstellung »Kulturbolschewistische Bilder« im April 1933 in der Mannheimer Kunsthalle wurde ihr Bild »Netzeflicker« in diffamierender Weise zur Schau gestellt.[90] Trotz dieser vernichtenden Herabwürdigung reichte Helene von Heyden im Juni 1933 mehrere Arbeiten für die Folgeausstellung »Mannheimer Künstler« ein.[91] Was ihre Beweggründe dafür waren, lässt sich aus heutiger Sicht schwer nachvollziehen. Versprach sie sich von dieser Ausstellung – naiverweise – eine gewisse Rehabilitierung? War ihr nicht bewusst, dass ihre Malerei – im Nazijargon als »bolschewistische Farbklexerei« gebrandmarkt – unter der Herrschaft des braunen Kunstbanausentums kompromittiert war?
Mit der Einreichung ihrer Werke zu dieser Ausstellung lief sie den Naziideologen ins offene Messer. In einem Artikel des »Hakenkreuzbanners«, der die Künstler einteilte in »Könner und Nichtkönner, in Talente und Schmeißfliegen«, wurde Helene von Heyden, in letztere Kategorie eingeordnet, mit Hohn und Spott überzogen.

> Ohne Lebensglanz und inneres Leuchten malt Helene von Heyden. Ihr Pinselstrich ist destigniert matt. Ein Spiel mit stumpfen Farben, ohne Durchzeichnung, mehr dilettantische Unterhaltung als Höhenweg zur Kunst. Körperloses Farbengeschmiere die Früchte, die Pflanzen, die Hintergründe.[92]

Kurz nach Eröffnung der Ausstellung und wohl in Kenntnis der vernichtenden Kritik an ihrer Arbeit reiste Helene von Heiden nach Italien in den kleinen Küstenort Sottomarina-Chioggia, an der Lagune von Venedig gelegen. Der genaue Grund für ihre Reise ist nicht bekannt. Vielleicht wollte sie einfach Abstand gewinnen zu Mannheim und den dort erfahrenen Demütigungen, vielleicht wollte sie einfach nur malen in dem Land, in dem sie früher schon öfter glückliche Zeiten verbracht hatte. Aus einem späteren Brief geht hervor, dass sie zu dieser Zeit psychisch in keiner guten Verfassung war.[93] Im Sommer 1937 wurden im Zuge der »Säuberungsaktion Entartete Kunst« neben den bereits erwähnten drei Werken von Albert Henselmann auch zwei Gemälde von Helene von Heyden aus der Mannheimer Kunsthalle beschlagnahmt und vernichtet. Darunter das in der Nazipresse bereits 1932 als »Farbklexerei« verspottete Bild »Netzflicker«.[94]

88
»Porza«-Ausstellung in der Augustaanlage 3 in Mannheim,
Neue Mannheimer Zeitung, 18.07.1932

89
»Ausstellung des Reichsverbands der Künstler. Das Kaufhaus Hirschland ist an den Reichsverband bildender Künstler, Ortsgruppe Mannheim herangetreten, um den in letzter Zeit sehr um ihre Existenz ringenden Malern und Bildhauern zu helfen, hat ihnen die Wände des Erfrischungsraumes, tadellos neu bespannt, ohne jedes Entgelt zur Verfügung gestellt […].«
Helene von Heyden war vertreten mit einer »interessanten Komposition mit Muscheln«;
Neue Mannheimer Zeitung, 30.11.1932

90
Vgl. Zuschlag, Christoph:
»Entartete Kunst«,
Ausstellungsstrategien in Deutschland,
Heidelberger Kunstgeschichtliche Abhandlungen,
Neue Folge, Band 21, Worms 1995, S. 60, Dok.1, Verzeichnis der Ausstellung »Kulturbolschewistische Bilder« in der Städtischen Kunsthalle [Städtische Kunsthalle Mannheim]; vgl. Blümm, S. 25

91
Handgeschriebene Liste zur Anmeldung für die Ausstellung. Eingereicht wurden drei Ölgemälde »Stilleben mit Blumentopf u. Körbchen«, »Stilleben mit Früchten u. Pfeife« und »südl. Fischerboote« sowie Kohlezeichnung »Fischerkähne [Komposition], »Fischerhafen bei E[? – unleserlich]« und ein Aquarell. Kunsthalle Mannheim, Ordner »Mannheimer Künstler, 1933«, Marchivum, 2_2012_00133; ausgestellt wurden die drei Gemälde. Liste der Ausstellung, ebd.

92
Hakenkreuzbanner,
21.06.1933 und 22.06.1933.
Im Juli 1933 griff ein langer Kommentar im »Hakenkreuzbanner« diese Ausstellung nochmals auf. Unter der Überschrift »Grundsätzliches zur Kunst und Kunstbetrachtung« offenbart dieser Artikel – am Beispiel von Helene von Heyden und Rudi Baerwind – die hinter der formalen Verunglimpfung der Künstler verborgene eigentliche ideologische Stoßrichtung nationalsozialistischer Kunstvorstellungen. »Es ist als sänge aus ihren Bildern der Schwanengesang einer sterbenden Epoche. Es zeigt ein sehr weises Verständnis, daß die Ausstellungsleitung auch diejenige Gruppe zuließ, die von außen gesehen leichtfertig ‚Bolschewisten' genannt werden können. Was sagt hier dieser Name? Und was sagt der ganz am Problem vorbeigehende Einwand, diese Leute – z.B. Helene von Heyden und Rudi Bärwind sollten erst mal malen lernen? Malen können sie wie jeder andere. Aber Glauben schenken müssen wir ihnen. Es sind Symbole wehester Verzweiflung, Aufschreie und Klagerufe. Und wenn Vorwürfe gemacht werden dürfen, so nur wegen der inaktiven Verzagtheit und des fatalistischen Sich-gehen-lassens. Hier an diesen Malern muß sich der Sinn der gläubigen und tätigen Gemeinschaft verwirklichen. Sie müssen lernen, Glauben gewinnen, aus der Art ihres Führers und Betreuers Kurt Lauber, der in souveräner Meisterung des Stoffes immer zur Idee durchstößt und reif aus dem Geistigen schafft. […] Sie müssen aus dem Glauben Otto Scheffels lernen, der aus einer ergreifenden Liebe zur Kreatur gestaltet. Und sie müssen sich Glauben schöpfen aus den Bildern Herrmann Kunzes. Bärwind und Kunze: es sind die Grenzpfähle zweier Seelenräume. Dort die Welt als Chaos, der Verzichtleistung und der Auflösung, aber hier ein gotisches Aufwachen und Überwinden, ein Einordnen des Menschen in das Überdimensionale. […] Er gibt den Idealraum des deutschen Menschen, eine Welt der Würde und männlichen Stolzes; er malt die schwere deutsche Erde, die durch das Lebendige des Werdens mit dem Himmel verbunden ist. Kunze ist der deutscheste der Mannheimer Maler.«
Hakenkreuzbanner, 09.07.1933

93
Marchivum KE 01013; vgl. auchBlümm, S. 24

94
»Entartete Kunst«, Gesamtverzeichnis, Liste des Reichsministeriums für Volksaufklärung und Propaganda um 1941/1942,
bereitgestellt vom Victoria & Albert Museum London, digitalisiert abrufbar unter:
http://vam.ac.uk./entartetekunst, unter der Creative-Commons-Lizenz [CC-BY-NC4.0 international]
Für Helene von Heyden sind aufgeführt:
Fischerhafen, Öl, Invent.
Nr.: 6068; Segel und Netze, Öl, Invent.
Nr.: 6071; beide Arbeiten sind mit »x« gekennzeichnet, was für Vernichtung steht. Vgl. auch:
Forschungsstelle »Entartete Kunst«, Kunsthistorisches Institut der Freien Universität Berlin.
[https//www.geschkult.fu-berlin.de/e/db_entart_kunst]. Beschlagnahmt wurden von Albert Henselmann die Gemälde »Zwei Mädchen« [1929], »Kanal in Venedig« [vor 1932] und »Stierkampf« [vor 1924];
von Helene von Heyden »Netzflicker« und »Fischerhafen«.

Helene von Heyden hatte von dieser jüngsten Demütigung vermutlich nichts mehr mitbekommen. Im Spätjahr 1933 [der genau Zeitpunkt ist nicht bekannt] wurde sie »gegen ihren Willen aus Italien, wo sie sich aufhielt, abgeholt und in eine Nervenanstalt eingewiesen. Einmal interniert, war aus dem System der NS-Heilanstalten kein Entkommen mehr.«[95]

In einem langen Brief aus Emmendingen vom 10. April 1938, verfasst anlässlich des Todes ihrer Schwester Clementine und gerichtet an Elisabeth Zechbauer, einer Bekannten der Familie von Heyden, beschrieb Helene von Heyden die Umstände ihrer Internierung und das grausame, entwürdigende Dahinvegetieren in der »Irrenanstalt«:[96]

> Ach liebes Fräulein Zechbauer, Sie können mir glauben, [...] dass ich meine ganze Entrechtung und Gefangenschaft im Irrenhaus als Verbrechen empfinde. [...] Ich bin wie unter Kannibalen [...]. Ich war nur in der ital. Julisonne 33 verwirrt [...] so kam ich erst mal wenige Wochen in das Ospedale Psychiatrico Isola San Clemente bei Venezia [...] u. war also viele Monate schon vollkommen gesund – nur ziemlich unterernährt – als mir Mama den Nervenarzt Dr. Claus aus Mannheim schickte, der sich, wie Mama schrieb, von selbst zur Abholung angeboten hatte u. mich wie eine Entmündigte nach der Illenau anlieferte! Dies war schon gegen jedes Gesetz, um so mehr aber, dass man mich weiterhin internierte mit dem Hinweis auf das Hitler-Erbkrankengesetz [...] im Frühjahr 35 die Zuschrift schickte, dass ich auch gegen meinen Willen sterilisiert werden müsste. [...] Nur weil ich mich der Operation weigerte, hat man mich nicht entlassen u. zweifellos auch deshalb, weil ich überall gegen die Ungerechtigkeiten, gegen die Lügen, Torheiten u. hier in Emmendingen gegen die Misshandlungen, die ich am eigenen Leib erlitt, einsetzte. Ich bin jetzt 44 Jahre, u. wenn man kein Kind hat und in seinem Lebensziel so gestört wurde wie ich durch den Frevel meiner Internierung unter einem unbeschreiblichen Gesindel [...] da geht aller Menschenglauben unter. [...] Was sprachen nur die Menschen über mein Verschwundensein aus Mannheim? Ich leide so sehr, dass ich »Ex-Malerin« bin.

Die Rolle der Mutter Theodora im Zusammenhang der Internierung von Helene von Heyden mutet etwas zwiespältig an und wurde in dem Brief nicht näher angesprochen. War es ein Akt mütterlicher Fürsorge, die vielleicht psychisch etwas labile Tochter aus Italien nach Hause zu holen? War es mit dem Nervenarzt Dr. Claus abgesprochen, Helene in die »Nervenheilanstalt« Illenau einzuweisen? Oder handelte der Arzt nach eigenem Gutdünken? Die Mutter starb bereits 1934[97] und hatte von dem weiteren Schicksal ihrer Tochter nichts mehr mitbekommen. Hella Zechbauer, Nichte von Elisabeth Zechbauer, an die der Brief adressiert war, vermutete hinter der ganzen Aktion eine »abgekartete Sache«, um die als »entartet« geltende Künstlerin, die selbstbewusste, emanzipierte Frau, die so gar nicht in das devote Frauenbild der Nazis passte und die überdies »sympathisierte mit der damaligen ›Liga für Menschenrechte‹«, also um sie, Helene, »wie es damals hieß, unschädlich zu machen«.[98]

Helene von Heyden wurde zunächst in die »Heilanstalt« Illenau [bei Achern in Baden] eingewiesen, später in die »Nervenheilanstalt« Emmendingen [bei Freiburg] überführt. Von Emmendingen aus wurde Helene von Heyden am 26. Juli 1940 in die Tötungsanstalt Grafeneck gebracht und direkt nach der Ankunft ermordet.[99]

3.1.3 Karl Stohner

Karl Stohner wurde am 2. Januar 1894 in Mannheim geboren. Schon früh wurde sein malerisches Talent erkannt und gefördert; nicht zuletzt durch den Direktor der Mannheimer Kunsthalle, Fritz Wichert.[100] Bereits im Alter von 17 Jahren

95
Blümm, S. 24

96
Marchivum KE01013;
vgl. auch Blümm, S. 24

97
Theodora von Heyden starb am 20.10.1934 im Alter von 69 Jahren im Mannheimer Diakonissenkrankenhaus. Sterberegister der Stadt Mannheim, Marchivum

98
Hella Zechbauer, Erläuterungen zu dem Brief Helene von Heydens an Elisabeth Zechbauer, verfasst nach dem Krieg, ohne Datum, Marchivum, KE01013

99
Vgl. Blümm, S. 24, mit Verweis auf: Dokumentationszentrum Gedenkstätte Grafeneck

100
Der Kunsthallendirektor Fritz Wichert ermöglichte dem gerade mal 17jährigen Karl Stohner einen längeren Studienaufenthalt in Frankreich. Die dort gesammelten Erfahrungen, vor allem mit den französischen Impressionisten, prägten Stohners Werk maßgeblich bis in die 1930er Jahre.

war Stohner mit Bildern in einer Mannheimer Ausstellung vertreten.[101] Im März 1914 widmete der renommierte Mannheimer Kunstsalon Buck dem nun Zwanzigjährigen eine Einzelausstellung – eine Retrospektive auf geradeмal vier Schaffensjahre.[102] Ein Selbstporträt des Zwanzigjährigen aus diesem Jahr zeigt zum einen Stohners souveränen Umgang mit der Farbe und seine Fähigkeit, mit groben Pinselstrichen in Hell-Dunkel-Manier perfekt Volumen zu modellieren. Zum anderen offenbart dieses Bild Stohners Selbstverständnis als Künstler. In leichter Untersicht gegeben, heroenhaft, stilisiert er sich zum Mitglied der künstlerischen »Boheme«, blickt etwas arrogant, fast geringschätzig herab auf die »verbürgerlichten« Betrachter. Zweifellos sieht er sich als Künstler auf gleicher Höhe mit den Großen der Zeit und zitiert selbstbewusst nicht nur stilistisch, sondern auch motivisch – mit dem Bild im Hintergrund – seine Eindrücke und Erfahrungen aus der vorangegangenen Frankreichreise mit den Impressionisten, die in vielen Motiven ihr Faible für japanische Kunst zum Ausdruck brachten; man denke hier an Van Goghs »Kurtisane« aus dem Jahr 1887.
Als Karl Stohner 1924 zusammen mit Helene von Heyden und Albert Henselmann die »Freie Akademie für bildende Kunst« mitbegründete, war er in Mannheim ein vielbeachteter und auf dem Kunstmarkt begehrter Maler. Die Jahre zuvor war er auf zahlreichen Ausstellungen in Mannheim, Baden-Baden und Karlsruhe vertreten, der Kunstsalon Gebr. Buck stellte ihn regelmäßig aus und verkaufte seine Bilder; auch befanden sich Ankäufe seiner Bilder bereits in der Kunsthalle Mannheim[103] und der Kunsthalle Karlsruhe.[104]
Stohners Rolle im Zusammenhang der Gründung der »Freien Akademie« ist nicht eindeutig zu klären. Sicher dürfte sein großes Renommee in der Stadt, besonders sein guter Draht zur Kunsthalle und zum Kunstverein dazu beigetragen haben, das Projekt auf den Weg zu bringen. Ansonsten schien er sich wenig um die Belange der Kunstschule gekümmert zu haben.

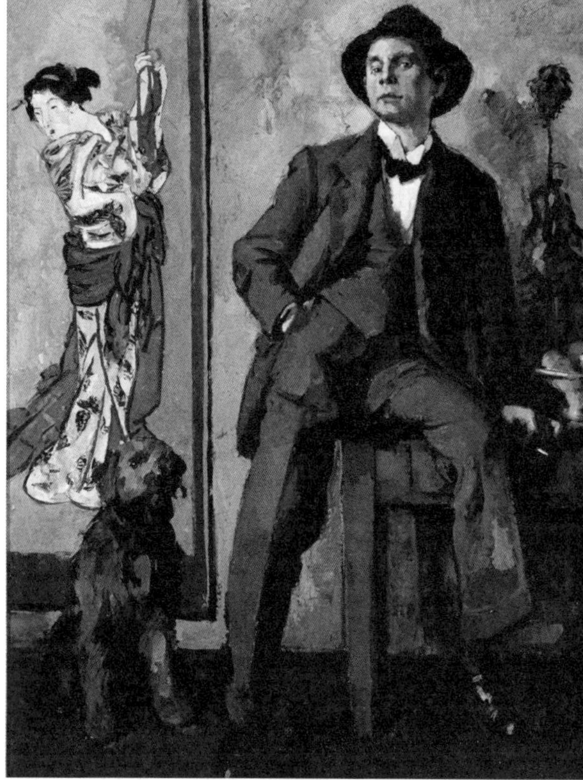

B5 Karl Stohner
Selbstbildnis mit Hund
1914
Ölfarbe textiler, Bildträger
Kunsthalle Mannheim

Eine aktive Mitarbeit in der Lehre lässt sich anhand der vorhandenen Datenlage nicht belegen. Wichtiger als die »Freie Akademie« schien ihm wohl seine Karriere als Maler. Und die steuerte 1925, ein Jahr nach der Akademiegründung, auf einen neuen Höhepunkt zu: einer großen Retrospektive im Mannheimer Kunstverein.[105]
Die »Neue Mannheimer Zeitung« berichtete:

> Es ist sicher nichts Alltägliches, daß ein Dreiß'ger in der Lage ist, sich mit einer Ausstellung der Öffentlichkeit vorzustellen gleich bemerkenswert durch Umfang wie Güte. [...]

101
Städteausstellungen, die vierte Jahresausstellung der Mannheimer Künstler und Kunstfreunde. »[...] Karl Stohner mit Blumenstücken, die dekorativ, resolut farbig und sicher in der Zusammenstellung sind [...].«
General-Anzeiger der Stadt Mannheim und Umgebung, 14.11.1911

102
General-Anzeiger der Stadt Mannheim und Umgebung, 05.03.1914

103
»Neuerwerbungen der Kunsthalle. [...] In ganz anderem Sinne fesselt wieder der Mannheimer Karl Stohner mit einem besonders gelungenen ›Blumenstück‹«,
Generalanzeiger der Stadt Mannheim und Umgebung, 03.07.1915

104
»Ständige Kunstausstellung Baden-Baden. [...] Auf der Ausstellung wurde durch Seine Königliche Hoheit den Großherzog für die Karlsruher Galerie ferner erworben:
Karl Stohner [Mannheim] ›Bildnis‹«,
Mannheimer General-Anzeiger, 23.04.1919

105
»Mannheimer Kunstverein, Gesamtausstellung Karl Stohner«,
Mannheimer Neue Zeitung, 17.10.1925

Die Mehrzahl der ausgestellten Bilder stammt aus Mannheimer Privatbesitz, auch Mannheimer und Karlsruher Kunsthalle haben Bilder gegeben. So gibt sich ein lückenloses Bild von Stohners Art. Etwa um 1911 wird man auf den kaum dem Knabenalter entwachsenen Jüngling aufmerksam. Bald erfährt er von Fritz Wichert, dem damaligen Leiter der Kunsthalle, entscheidende Förderung. Wichert hatte mit sicherem Blick die außergewöhnliche Begabung dieses jungen Menschen erkannt. Und ein erstaunlich jäher Aufstieg des technischen Könnens rechtfertigt in den Jahren nach 1913 die Erwartungen. [...] Ohne weiteres sind an den Bildern die Einflüsse abzulesen, denen der junge Maler in dieser Entwicklungszeit erlegen ist. Van Gogh, Cézanne, Pizarro, Renoir, Degas ... man sieht, es sind in erster Linie Franzosen, die ihm teilweise auf seiner Reise in Frankreich zum Erlebnis geworden sind. Natürlich sind auch die deutschen Impressionisten nicht ohne Bedeutung gewesen. Eines aber ist erstaunlich: Karl Stohner hat weder den geregelten Unterricht einer Akademie noch eines Lehrers genossen: er ist also, was er ist, durch sich selbst geworden. Und es ist schon der Beweis einer fabelhaften manuellen Fertigkeit, wie und wie rasch er sich die Malweise seiner Vorbilder angeeignet und mit viel Geschick und Geschmack er sie zu handhaben weiß. Aber – und auch das muß bei aller Bewunderung des imponierenden Könnens gesagt werden – eines vermißt man in der weiteren Entwicklung Stohners: die Synthese des Gelernten, die Überwindung des Übernommenen, den Durchbruch einer Persönlichkeit. [...] Auf alle Fälle scheidet man von dieser Ausstellung in aufrichtiger Bewunderung eines großen Könners, dem man in Fortführung und Weiterentwicklung dessen, was der Zwanzigjährige geleistet hat, eine neue Blüte wünscht. Denn die ursprünglich stärkste Begabung unter den Mannheimer Malern ist Karl Stohner. Gereift und zu eigener Art vorstoßend, müßte er nun Werke von hohem Rang schaffen.[106]

Kurz vor dieser Ausstellung, im August 1925, heiratete Karl Stohner in zweiter Ehe die Malerin Gertrude [Trudel] Prinz.[107] Trudel Stohner-Prinz stellte häufig, auch zusammen mit ihrem Mann, in Mannheim aus, genauso wie seine erste Ehefrau, Lu Stohner-Darmstaedter [in zweiter Ehe Wolf-Darmstaedter, in dritter Ehe Kayser-Darmstaedter]. Ebenfalls finden sich noch bis 1932 Ausstellungsbeteiligungen von Karl Stohner zusammen mit Albert Henselmann oder Helene von Heyden. Doch spätesten Anfang 1933, als sich Karl Stohner auf die Seite der neuen Machthaber schlug, gingen die Lebenswege der drei Künstler, ehedem gemeinsam Gründer der »Freien Akademie«, unwiderruflich auseinander.
Kurz nachdem Gustav Hartlaub im März 1933 als Direktor der Kunsthalle entlassen wurde,[108] übernahm Otto Gebele von Waldstein, Leiter der NSDAP-Ortsgruppe von Mannheim und im Stadtrat Mitglied der Kunsthallenkommission, als »Hilfsreferent« die Aufsicht über die Kunsthalle, wo er bis April 1933, auf Anordnung des neuen Stadtoberhauptes Renninger, die diffamierende Ausstellung »Kulturbolschewistische Bilder«[109] organisierte. Zur Auswahl der Exponate hatte Gebele von Waldstein einen »Sachverständigenausschuss« berufen. Deren Mitglieder waren der Kunsthistoriker Josef August Beringer, der spätere Leiter des Schlossmuseums Gustav Jakob und – der Maler Karl Stohner.[110]
Präsentiert wurden 86 Werke aus dem Bestand der Kunsthalle, die Ölbilder aus den Rahmen genommen, versehen mit Beschriftungen, die Kaufpreis und teilweise -Quelle anführten, um somit die vermeintliche Verschwendung öffentlicher Gelder durch die frühere Leitung der Kunsthalle und deren angebliche Abhängigkeit von jüdischen Kunsthändlern an den Pranger zu stellen. Unter den Exponaten befanden sich Werke von Beck-

106
Ebd. Auch in diesem langen Bericht zu Leben und Werk Karl Stohners wird eine Tätigkeit für die »Freie Akademie« nicht erwähnt.

107
Heiratsanzeige in: Neue Mannheimer Zeitung, 29.08.1925;
davor war Stohner in erster Ehe mit der Malerin Lu Darmstädter verheiratet. Aus der Ehe ging ein Sohn hervor. Lu Stohner-Darmstädter heiratete danach den Maler Wolf, später den Kunsthistoriker Stefan Kayser.
Die Familie Kayser-Darmstädter emigrierte Mitte der 1930er Jahre in die Tschechoslowakei;
1938 in die USA. Vgl. Weckel, Petra: »Lights from our past« Rückbesinnung auf jüdische Traditionen im amerikanischen Exil am Beispiel der Künstlerin Lulu Kayser-Darmstädter, in: Ästhetiken des Exils, Amsterdamer Beiträge zur neueren Germanistik, Band 54, Amsterdam / New York 2003, S. 198–207

108
Das Hakenkreuzbanner kommentierte: »Schluß mit der Juderei in Mannheim! nach dem Intendanten Maisch und dem Generalmusikdirektor Rosenstock vom Nationaltheater, deren Beurlaubung bereits berichtet wurde, hat es nun auch einen anderen Träger kulturbolschewistischer Tendenzen erfaßt: Herr Direktor Hartlaub von der Kunsthalle und seine Assistentin, die Jüdin Cronberger-Frenßen, sowie die Angestellte Dr. Barnaß, wurden von den Kommissaren bis auf weiteres beurlaubt. Mit diesen neuerlichen Beurlaubungen findet eine neue Epoche der übelsten Unterdrückung der deutschen Kunst und Künstler ihren vorläufigen Abschluß [...].«, Hakenkreuzbanner, 20.03.1933

109
»Kampf dem Kulturbolschewismus. Eine Ausstellung in der Städt. Kunsthalle. Die kommissarische Leitung der Kunsthalle eröffnet am 4. 4. 33 eine unter Begutachtung eines Sachverständigen-Ausschusses zusammengestellte Ausstellung von Bildern und Graphiken mit ausgesprochen kultur-

mann, Chagall, Delaunay, Dix, Grosz, Heckel, Klee und anderen bekannten Vertretern der Moderne sowie auch wenige Arbeiten von Mannheimer Künstlern, darunter das Gemälde »Netzeflicker« von Helen von Heyden und [nicht ohne Pikanterie] eine Grafik von Lu Kayser-Darmstaedter, Stohners erster Ehefrau.[111]
Mit seiner Beratertätigkeit im »Sachverständigenausschuss« war Stohner also unmittelbar persönlich beteiligt an der Diffamierung und Demütigung seiner ehemaligen Mitstreiterin und Akademiegründerin Helene von Heyden, die kurz darauf, wie oben dargestellt, gegen ihren Willen in die Nervenheilanstalt Illenau eingeliefert wurde.
Karl Stohners Karriere hingegen entwickelte sich unter der Nazidiktatur ungebrochen weiter. 1937 war er als einziger Mannheimer Künstler auf der ersten »Großen Deutschen Kunstausstellung« in München vertreten,[112] zu der zeitgleich die Feme-Ausstellung »Entartete Kunst« stattfand, zu der die Mannheimer Ausstellung von 1933 [in kleinerem Maßstab] quasi die Blaupause abgab. Gezeigt wurde auf der Münchner Propagandaschau für Nazikunst sein Bild »Vor der Stadt«, ein Landschaftsidyll vor den Toren Mannheims, während kurz zuvor mit der »Säuberungsaktion« in den deutschen Museen auch die Gemälde von Albert Henselmann und Helene von Heyden als »entartet« stigmatisiert aus der Mannheimer Kunsthalle beschlagnahmt wurden.
Die in der »Mannheimer Neuen Zeitung« anlässlich Stohners Gesamtschau 1925 geäußerte Erwartung, »die ursprünglich stärkste Begabung unter den Mannheimer Malern [müsse] nun gereift und zu eigener Art vorstoßend, Werke von hohem Rang schaffen«, sollte sich nicht bewahrheiten. In der Malerei des Vierzigjährigen ging

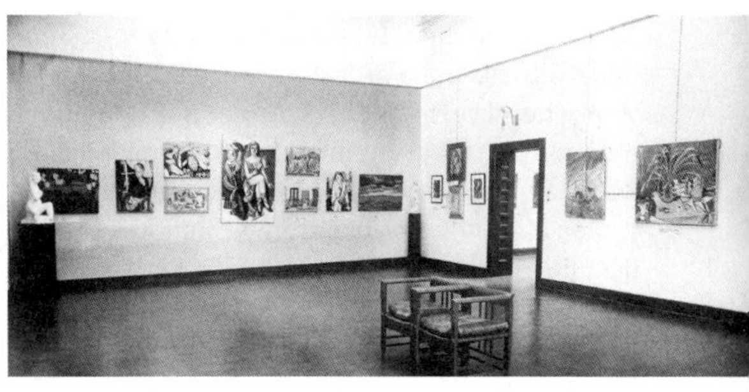

B6 Blick in die Ausstellung »Kulturbolschewistische Bilder« in der Kunsthalle Mannheim 1933

der kraftvolle, bisweilen aufmüpfige Duktus der frühen Jahre zusehends verloren. Stohner Malerei, immer noch technisch auf höchstem Niveau, regredierte ins »Gefällige«. Motivisch bewegte er sich schon immer im weitgehend ideologiefreien Raum: Blumenstücke, Obstschalen, Landschaften und Ballettszenen gehörten zu seinem Repertoire – alles problemlos integrierbar in das tolerierte Motivspektrum der Zeit. Dazu kamen nun noch nazikompatible »Blut und Boden«-Stücke wie die »Ährenleserin« 1937[113] sowie schlichte Propagandamalerei wie das Bild »Straße am 30. Januar« das eine zur Feier des Jahrestages der Machtergreifung hakenkreuzbeflaggte Mannheimer Straße zeigte. Mit dieser Huldigung an die Nazi Herrschaft war Karl Stohner nun auch auf der zweiten »Großen Deutschen Kunstausstellung« 1938 in München vertreten.[114]
Ende der 1930er Jahre war Karl Stohner im Mannheimer Ausstellungsbetrieb omnipräsent; 1939 waren drei seiner Werke auch auf der großen Ausstellung »Kunstschaffen der Westmark« in Wien zu sehen.[115]

bolschewistischem Charakter. Die Schau enthält Werke, die im letzten Jahrzehnt von der Kunsthalle angekauft wurden. [...] Die Ausstellung bezweckt dem Volke gegenüber die Augen zu öffnen, wie mit seinen seelischen Werten Schindluder getrieben wurde. Die Bevölkerung hat hier Gelegenheit, selbst ein Urteil zu fällen. Der Eintritt ist frei. Es ist bezeichnend, daß Jugendlichen unter 20 Jahren das Betreten der Schau nicht gestattet werden kann. [...] Zum ersten Mal hatte man hier an Hand dieser Sonderschau die Gelegenheit, die innere Verderbtheit eines gewissen »Kunst«-Schaffens kennenzulernen und darüber hinaus aber auch zu sehen, wie mit dem Gelde der Steuerzahler umgegangen wurde. Angefangen bei der übelsten Rinnstein-Erotik eines George Grosz bis zum Kubismus eines Klee fand man so ziemlich alle Nuancen des Kulturbolschewismus vertreten, der es verdient, daß er mit aller nur denkbaren Brutalität ausgerottet wird. Für ausgesprochenen Mist wurden Tausende von Mark bezahlt. [...] Beim Durchgehen der Schau wird dem deutschen Menschen erst so recht bewußt, daß es Juden und jüdische Kunsthandlungen [Flechtheim, Cassier, Dr. Tannenbaum] waren, die einem nach solchen Leistungen für die Kunsthalle als ungeeignet zu bezeichnenden Dr. Hartlaub ›Werke‹ aufschwatzen, die Afterkunst darstellen und die Ästhetik eines gesunden Menschen in Harnisch bringen müssen.« Hakenkreuzbanner, 03.04.1933
Weitere Berichte und Kommentare zu dieser Ausstellung: Hakenkreuzbanner, 20.04.1933, 10.05.1933, 24.05.1933 und 08.07.1933, sowie Neue Mannheimer Zeitung 01.04.1933, 05.04.1933, 09.04.1933, 13.04.1933 und 09.05.1933

110
Vgl. Zuschlag, 1999, S. 225ff.

111
Vgl. Zuschlag, 1995, S. 60

112
Zur Eröffnung des »Hauses der Deutschen Kunst« in München schreibt das Hakenkreuzbanner: »Deutsche Kunst wird herrlicher den je erblühen. Der erste Tag in München / Ein gewaltiges Geschehen, das jeden in innerster Seele packt. [...] Um 8 Uhr lud man die Presse zu einer kurzen Vorbesichtigung der großen Ausstellung – unter Leitung von Professor Ziegler – ins ›Haus der Deutschen Kunst‹, in dem 884 Werke deutscher Künstler gezeigt werden unter denen wir auch das Ölbild unseres Mannheimer Malers Karl Stohner: ›Vor der Stadt‹ erblicken konnten.«, Hakenkreuzbanner, 17.07.1937

113
Weihnachtsausstellung in der Kunsthalle, Hakenkreuzbanner, 11.12.1937

114
Neben der »Straße am 30. Januar« wurde 1938, wie im Jahr zuvor, das Bild »Vor der Stadt« gezeigt. Vgl. Große Deutsche Kunstausstellung 1937–1944, www. gdk-research.de
1938 war noch ein zweiter Mannheimer Maler, Walter John, auf der GDK vertreten. Hakenkreuzbanner, 11.07.1938. Für die GDK 1939 kam ein Bild Stohners in die engere Auswahl, wurde aber nicht ausgestellt. Hakenkreuzbanner, 13.08.1939

115
»Auf einer großen Ausstellung ›Kunstschaffen der Westmak‹ ist auch der Mannheimer Maler Karl Stohner mit drei Werken vertreten. Die Tatsache, daß drei Bildwerke ausgewählt werden konnten, beweist die besondere Wertschätzung die man auch in der Ostmark der gepflegten Malweise Stohners entgegenbringt.« Hakenkreuzbanner, 23.07.1939

1940 – die ehedem lebendige Mannheimer Kunst- und Kulturszene war inzwischen durch die Nazis weitgehend vernichtet – war Stohner Gründungsmitglied der »Werkgemeinschaft der bildenden Künstler, Mannheim«[116]. Diese Vereinigung linientreuer Mannheimer Maler und Bildhauer, gefördert durch die Kreisleitung der NSDAP, präsentierte in ständigen Wechselausstellungen Werke ihrer Mitglieder – zunächst in einem Raum des Kunsthauses Dr. Fritz Nagel, O5, 14, ab April 1940 in eigenen, größeren Räumen in der »Kunststraße« O2, 9.[117] Karl Stohner war auf der Gründungsausstellung im Februar 1940 mit drei Gemälden vertreten.[118]

Die Werkgemeinschaft entwickelte in der Folge eine rege Ausstellungstätigkeit und avancierte mit tatkräftiger Unterstützung durch die NSDAP zu einem anerkannten gesellschaftlichen Treffpunkt der lokalen Kunstszene.[119]

Die Jubiläumsausstellung zur Feier des einjährigen Bestehens der Werkgemeinschaft im Februar 1941 war bereits die zehnte Werkschau des Mannheimer Künstlervereins. Karl Stohner, schon in mehreren vorausgegangenen Ausstellungen präsent, zeigte auf der Jubiläumsschau wieder sein bekanntes Propagandabild »Straße am 30. Januar«, mit dem er schon auf der Großen Deutschen Kunstausstellung 1938 in München vertreten war.[120]

Ab dem Jahr 1941 wurde es um Karl Stohner seltsam ruhig. In der Werkgemeinschaft stellte er nach der Jubiläumsausstellung vom Februar 1941 nicht mehr aus. Von dem bislang so umtriebigen, jährlich auf mehreren Ausstellungen präsenten Künstler ist in der Mannheimer Presse nur noch von drei Ausstellungen zu lesen: eine im September 1941 im Mannheimer Kunstverein,[121] sein letztes Auftreten in Mannheim, dann 1942 zwei Ausstellungsbeteiligungen in Saarbrücken.[122] Danach sind anhand der vorhandenen Daten keine Ausstellungen mehr nachzuweisen.

Nach dem Ende des Krieges schien Karl Stohner in der Bedeutungslosigkeit zu versinken. »Nach 1945 bringt er keine bedeutenden Bilder mehr hervor. Und als er 1957 in Mannheim stirbt, hat er fast 20 Jahre nicht mehr ausgestellt.«[123] Karl Stohner starb am 5. April 1957 in Mannheim.

116
Gegründet am 18. Februar 1940. Erster Vorsitzender des Vereins war der Maler Hans Barchfeld. Das Hakenkreuzbanner berichtete: »In Absicht, Künstler und Kunstfreunde zu einem ständigen und regen Gedankenaustausch zusammenzuführen, wurde am Sonntag die Werkgemeinschaft der freischaffenden bildenden Künstler Mannheims gegründet und aus diesem Anlass im Kunsthaus Dr. Fritz Nagel, O5, 14, eine ständige Ausstellung in kleinem Rahmen eröffnet. Die Werkgemeinschaft erfreut sich, wie Hans Maria Barchfeld in seiner Ansprache ausführte, der Förderung durch die Kreisleitung der NSDAP. In dem von Dr. Fritz Nagel kameradschaftlicherweise zur Verfügung gestellten Raum werden in Zukunft ununterbrochen Plasiken, Gemälde und Zeichnungen der der Werkgemeinschaft angehörenden Künstler ausgestellt sein.« Hakenkreuzbanner, 19.02.1940

117
Hakenkreuzbanner, 26.04.1940

118
»Stohner mit einem stillen aber sehr reizvollen Dorfstraßen-Idyll in zarten, verhalten leuchtenden Farben, ferner mit einem virtuos gemalten Ernte-Bild und einer funkelnden, leuchtenden und schimmernden Mandelblüte.« Neue Mannheimer Zeitung, 06.03.1940

119
»Anordnungen der NSDAP. Das Kreispropagandaamt weist darauf hin, daß die Werkgemeinschaft bildender Künstler, Mannheim, O2, 9, am Samstag, 23. Nov., 16 Uhr, eine große Weihnachtsausstellung eröffnen wird. PG. Dr. Karl Burkart wird durch die Ausstellung führen.« Hakenkreuzbanner, 21.11.1940
»Lebendige Beziehung zum Kunstschaffen. Veranstaltung der Kreisleitung mit Mannheimer Künstlern. Der Kreisleiter hatte am Samstag in Verbindung mit der Kameradschaft der Künstler innerhalb der Werkgemeinschaft Künstlerverein e. V. zu einer Abendveranstaltung im Mannheimer Hof geladen. Unter den Erschienenen, die sich aus allen Berufen zusammensetzten, sah man Persönlichkeiten des öffentlichen Lebens unserer Stadt, vor allem namhafte Vertreter von Partei, Wehrmacht und Stadt. Der Sinn der Veranstaltung war, den freischaffenden Künstlern Mannheims kameradschaftliche Verbindung mit den breitesten Volkskreisen zu verschaffen, damit aus ihr ihrer Kunst lebendige Anregung und Würdigung erfahren möge. Die Werkgemeinschaft der bildenden Künstler, die es sich in der kurzen Zeit ihres Bestehens immer zur Aufgabe gemacht hat, alle kunstinteressierten Volksgenossen zu regem Gedankenaustausch heranzuziehen, hat hierdurch auch offiziell die verdiente Anerkennung und Förderung durch die Partei erfahren.« Hakenkreuzbanner, 03.12.1940

120
Jubiläumsausstellung eröffnet am 22. Februar 1941. Berichte in: Hakenkreuzbanner, 21.02.1941, 23.02.1941, 24.02.1941, 25.02.1941, 07.03.1941, 08.03.1941 und Neue Mannheimer Zeitung 08.03.1941

121
Ausstellung Saarpfälzische Maler unserer Zeit im Mannheimer Kunstverein, Hakenkreuzbanner, 11.09.1941

122
Kunstschaffen der Westmark, Saarbrücken, Neue Mannheimer Zeitung, 08.03.1942; Weihnachtsausstellung in Saarbrücken, Neue Mannheimer Zeitung, 17.12.1942

123
Wind, Anika: Mit Zigarette, Hut und Hund, Mannheimer Morgen, 02.12.2009

4— Die Ära Albert Henselmann und die programmatische Entwicklung der »Freien Akademie« bis 1936

Warum »Freie« Akademie? Hätte einfach »Akademie für Bildende Kunst« nicht auch genügt? Sollte das Attribut »frei« im Namen der Kunstschule vielleicht im Sinne von »unabhängig« verstanden werden. Unabhängig von städtischer oder staatlicher Bevormundung und Einflussnahme? Ein solcher Anspruch klingt angesichts der Größenordnung der privaten Unternehmung jedoch etwas euphemistisch. Denn faktisch hing die Kunstschule – zumindest finanziell – am Tropf der Kommune. Im ersten Jahr besuchten gerade mal sieben Schüler die Akademie.[124] Aus den eingenommenen Studiengebühren einer solch kleinen Gruppe wäre eine Eigenfinanzierung von Unterrichts- und Atelierräumen in der Größe der Schlosswache nicht möglich gewesen.

Überzeugend scheint Maiers Gedanke, die Kunstschule habe die Bezeichnung »Freie Akademie« deshalb gewählt, um sich damit an den seinerzeit etablierten »Freien Bund zur Einbürgerung der Kunst in Mannheim« anzulehnen.[125] Der »Freie Bund«, 1911 von Kunsthallendirektor Fritz Wichert gegründet und von dessen Nachfolger Gustav Hartlaub mit gleicher Intensität weitergeführt, versuchte mit aufklärerischer Emphase durch zahlreiche Aktivitäten wie Führungen, Vorträge und der Organisation eigener Ausstellungen ein aufgeschlossenes Kunstverständnis in breiten Schichten der Mannheimer Bevölkerung zu verankern. Die »Freie Akademie« bot zu diesem Programm die ideale Ergänzung. Während sich der »Freie Bund« um Erwachsenenbildung kümmerte, war das [ursprüngliche] Ziel der »Freien Akademie«, Kinder und Jugendliche durch praktische Tätigkeit an künstlerisches Schaffen heranzuführen.

Das im »Mannheimer General-Anzeiger« abgedruckte »Gründungsprogramm«[126] unterstreicht ausdrücklich das Ziel, »die in Mannheim aufstrebenden Talente, die heranwachsende Jugend hier studieren zu lassen«. Von »angewandter Kunst«, von einer Hinwendung zu einer berufsqualifizierenden Ausbildung, was später für die Lehre an der Akademie charakteristisch werden sollte, war in diesem Gründungsprogramm noch mit keinem Wort die Rede:

> Der methodische Weg
>
> 1— Die Aufgabe, die wir an Kinder stellen,
> 2— und der, die wir an Malschüler stellen
>
> In der Grundstufe:
>
> Befreiung des Kindes von Hemmungen unter Benützung des kindlichen Gestaltungswillens, als Erziehung zur Freude an der Arbeit, in Form von Gestalten aus der Phantasie. Erziehung zum Sehen und Beobachten durch planmäßige Darstellung von einfachen Gegenständen. Ausdrucksmittel muß die kindliche Sprache bleiben.
>
> 1— Bildung des Formgefühls durch Modellieren;
> 2— Ornamentbildung: Gefühl für Anordnung, Gliederung von Flächen, verschieden in Form und Farbe.
>
> In der Mittelstufe:
>
> Ein jedes Kind kann und will niederschreiben. Die Motive der Begeisterung sind bei ihm nicht beschränkt, aber es hütet sie im Anfang wie Geheimnisse. Die ermunternde Hilfe liegt beim Lehrer. Das Kind hat Fläche, Raum und Körper, die Sonne, die Erde, das Licht und den Schatten.

124
Vgl. Präger, S. 124

125
Vgl. Maier, S. 75ff.
Die Initiatoren weisen auf diesen Bezug nicht explizit hin. Sie äußern sich zur Bezeichnung »Freie Akademie«:
»Wir wollen dieses Institut zum Allgemeingut der Stadt werden lassen, wie es ja schon lange die Musikschule ist und die Erziehung zum Sehen wie es die Malerakademie will in eigener Stadt ermöglichen.«

Mannheimer General-Anzeiger, 11.09.1924

126
Mannheimer General-Anzeiger, 11.09.1924

Es »kann alles«, und das durch den Lehrer angespornte Gefühl befreit seine Persönlichkeit umso mehr, wenn es sieht und fühlt, daß es ernst genommen wird. Es steht nur innerlich reich gegen innerlich arm. Da liegt die Aufgabe des Lehrers, das kindliche Sehen und Malen, die Freiheit des Gestaltens über die Pubertät hinaus zu führen. Wie jeder Junge heute um die Technik weiß ohne die bevorzugte Begabung zu haben, Ingenieur zu werden, so muß zum Allgemeingut der heranwachsenden Jugend gehören, das Kunstwerk betrachten zu können und über die Technik des Malens Erfahrungen gesammelt zu haben. Es werden ja nicht Musiker, die Klavierunterricht hatten, so ist es auch beim Maler. Der Reichbegabte wird es wohl oder übel werden müssen. Unter Hinweis auf Märchen in freier Erfindung, nach Fabeln und Gedichten sollen die Kinder ihre Vorstellungen durch Malen und Kritzeln, wie es ihnen entwächst, niederschreiben. Alles verlaufe naturgemäß!
In der Oberstufe:
Ihre Aufgaben erfordern mehr den Künstler selbst, aus Erziehung zur Beobachtung und Betrachtung entspringt die Gesinnungsbildung des künstlerischen Menschen. Diesem ist der Weg gewiesen, voll von dem Empfangenen Kunst zu erkennen, die Fähigkeiten des geistigen Erlebens auszubauen zur Bildung eines künstlerischen Weltbildes! In jeder Zeit, wo die menschliche Seele stärkeres Leben fühlt, wird die Kunst lebendig sein. Es kann jeder dazu gebracht werden, daß er Achtung und Ehrfurcht vor dem Kunstwerk hat. Die Kunst ist kein zweckloses Schaffen, sondern Offenbarung der Seele und tiefster Erkenntnis.

Impulse für dieses Plädoyer für Kunst als Akt der Befreiung aus gesellschaftlich geformten Zwängen [Enthemmung], für Kunst als Synthese aus Offenbarung und Erkenntnis sowie die pädagogischen Methoden zur Bildung und Förderung einer individuellen [Künstler-]Persönlichkeit dürfte Helene von Heyden aus ihrer Erfahrung am Bauhaus mitgebracht haben. Dass sie es war, die an der Formulierung dieses »Gründungsprogramms« maßgeblich beteiligt gewesen sein dürfte, verdeutlich ein zweiter programmatischer Text aus ihrer Hand, veröffentlicht einen Monat nach der Akademiegründung in der »Neuen Mannheimer Zeitung«.[127] Unter der Überschrift »Der schöpferische Trieb im Kinde« führt Helene von Heyden aus:

Vor wenigen Jahren beglückte uns die Mannheimer Kunsthalle mit der Ausstellung »Der Genius im Kinde«, und wir sahen mit Entzücken und Andacht, welch eine Fülle von schöpferischer Tätigkeit das Kind zu entfalten vermag. [...] Man weiß nun wie wichtig es ist, auf den schöpferischen Trieb im Kinde zu achten. [...] Das Kind arbeitet ja so viel leichter und intensiver, wenn es ernst genommen wird und Echo seiner Ideen findet. [...] Um die Konzentration zu üben, zur Sachlichkeit zu erziehen, kommen Aufgaben nach einem festgelegten Thema in Betracht, z. B. die Illustration eines Märchens. [...] Das Vertrauen in den ehrlichen Ausdruck des eigenen Gefühls, in die selbständige Arbeit, soll erhalten und gestärkt werden. [...] Daß aus diesen Kindern Künstler werden, kann nicht das Hauptziel sein, da dies erst ein bewußteres strengeres Studieren und Schaffen in den Jahren nach der Schule enthüllen muß. Aber den Kindern die Basis zu künstlerischer Einfühlung zu geben, das strebt die Schulung der Beobachtung und des Gefühls an, vor allem aber auch die Erziehung zur Freude. Es sollen die Bausteine zu Menschen gelegt werden, denen das Gegengewicht zum Alltag mitgegeben wird in den Erkenntnissen aus Form und Farbe jeden Dings und allen Seins, als unerschöpfliche Quelle innerlichen Reichtums, als Wegweiser zu lebendigen, harmonischen Menschen.

Aus diesem als »Gegengewicht zum Alltag« auf der Basis »künstlerischer Einfühlung« gewonnen »Wegweiser zu lebendigen, harmonischen Men-

127
»Der schöpferische Trieb im Kinde. Von Helene von Heyden [Mannheim]. Die Malerin Helene von Heyden, eine gebürtige Münchnerin[?] und nun in Mannheim ansässig, wo sie im Rahmen der neugegründeten Freien Akademie die Kurse für freies Kinderzeichnen leitet, legt in dieser interessanten Arbeit ihre erzieherischen Grundsätze nieder.«
Neue Mannheimer Zeitung, 29.10.1924

schen« entwickelte sich im Laufe der Jahre an der »Freien Akademie« eine Ausbildung, die eine »nützliche Verbindung mit den Anforderungen und den Aufgaben des praktischen Lebens« zum Ziel hatte und »ihm [dem Schüler d.V.] die Fähigkeit geben soll, sich später in der Praxis ein ausreichendes Auskommen zu ermöglichen.«
So ist es zu lesen in dem 1933, also neun Jahre nach Akademiegründung erschienen Werbefaltblatt[128] der »Freien Akademie« – und eklatanter könnte der vollzogene Kurswechsel im Selbstverständnis der Akademie kaum zu Tage treten. Aus der von Ideen der Reformpädagogik der 1920er Jahre gespeisten Rhetorik des »Gründungsprogramms« wurde 1933 ein Manifest formuliert entlang der Notwendigkeit des Berufsalltags. »Sie [die Akademie d.V.] will auf dem Gebiet der freien und vor allem auch der angewandten Kunst jedem Schüler, unter Berücksichtigung seiner persönlichen Eigenart und Begabung, den Weg weisen, sich selbst eine zeitgemäße Formensprache zu schaffen, [...] und doch Wert darauf zu legen, daß alle Entwürfe und Modelle ihren praktischen Sinn und Zweck erfüllen.«

Unter der Überschrift Lehrplan ist in dem Faltblatt von 1933 aufgeführt:

> Freie u. angewandte Kunst, Kunstgewerbe u. Gebrauchsgraphik, Handweberei. Künstl. Leitung: Albert Henselmann. / Für Handweberei: E. Fritschi-Wartner.

Als Unterrichtsfächer werden angeboten:
Zeichnen [Flächen-Zeichnen, Körperzeichnen, perspektivisches Zeichnen, Kopf- und Aktzeichnen, Bewegungsskizzen]
Malen [Stilleben, Portrait, Akt, Landschaft, Komposition]
Plastik [Modellieren in Ton – Kopf, Akt, Komposition, Plastische Modelle für Industrie, Handel und Ausstellungen]
Graphik [Frei Graphik – Holzschnitt, Radierung, Litho, Linoleumschnitt, Federzeichnung, Illustration – Buch- und Zeitungsillustration, Schriftzeichnen, Ornamentzeichnen]
Reklame [Plakate für Handel und Industrie, Veranstaltungen, Ausstellungen, Feste, Vereine, Inserate, Kalender, Prospekte, Packungen für Zigaretten, Schokolade, Kekse usw., Etiketten, Marken, Schilder, Photomontage]
Dekorative Raumkunst [Raumgestaltung, Schaufensterdekoration, Ausstattung von Ausstellungs- und Messeständen, Fest- und Faschings-Dekorationen, Wand- und Deckenmalerei]
Mode [Figurinen-, Kostüm-, Konfektionszeichnen]
Textilmalerei [Stoffmusterentwürfe für Kleider- und Dekorationsstoffe, Tapetenmuster, Lampenschirme, Paravents, Bemalung von Wandbehängen]
Handweberei [Stoffe, Teppiche, Muster / Materiallehre / Bindungslehre / Fachrechnen / Musterzeichenen, Farblehre / Aktzeichnen und Umsetzen / Innendekoration / Mode. Vollständige Berufsausbildung.]

An potenzielle Kunden gerichtet war das Angebot:

> Das Entwurfsatelier der Freien Akademie führt aus: Plakate, Inserate, Prospekte, Packungen, Etiketten, Marken, Schilder, Schaufenster-Raumkunst, Dekorationen, Ausstellungsmodelle, Statistiken, Schriften und Entwürfe jeder Art. In Handweberei: Teppiche u. Stoffe für Möbel, Kleider, Kissen, Vorhänge.

Albert Henselmann führte die »Freie Akademie« weg von der ursprünglichen Intention einer künstlerischen, nicht an berufspraktischen Maximen ausgerichteten »Talentschmiede« für Kinder und Jugendliche hin zu einer Ausbildungsstätte mit Fokus auf angewandte Kunst. Dieser Kurswechsel vollzog sich über Jahre hinweg, langsam und schrittweise und ist nachzuvollziehen in den Akzentverschiebungen innerhalb der Pressemitteilungen zu Semesterbeginn und den in diesem Zusammenhang geschalteten Anzeigen der »Freien Akademie« in der Mannheimer Presse –

128 Dieses undatierte Faltblatt ist von Präger zeitlich falsch eingeordnet in die Jahre 1924/1925, was in seiner Darstellung der Akademiegeschichte bisweilen zu falschen Schlussfolgerungen führt. Das undatierte Faltblatt kann erst im Sommer 1933 erschienen sein, im Zusammenhang der Kooperation mit der Handweberei von Elsbet Fritschi-Wartner.

Freie Akademie

Wiederbeginn des Zeichenkurses
für Kinder

17. Oktober

Schriftliche Anmeldungen an **Helene von Heyden, B 7, 17**
evtl. Auskunft **Schloßwache.**

*6357

B7 Anzeige,
Neue Mannheimer Zeitung,
03.10.1925
[Mittag-Ausgabe]

und geht ebenso einher mit den öffentlichkeitswirksamen Projekten, die Henselmann mit seiner Akademie realisierte.

1925

Die erste Anzeige der »Freien Akademie«, ein Jahr nach deren Gründung, bezog sich lediglich auf den Zeichenkurs für Kinder von Helene von Heyden[129] und richtete sich somit an die Hauptzielgruppe in der Gründungsphase der Kunstschule. Weitere öffentliche Verlautbarungen sind aus diesem Jahr nicht zu verzeichnen.

1926

Im Januar 1926 war in einer Pressemitteilung neben den freien künstlerischen Aktivitäten zum ersten Mal, wenn auch eher beiläufig, von angewandter Kunst die Rede. »Die Kunstschule, Freie Akademie' beginnt ihr zweites Wintersemester am 15. Januar. Der Lehrplan ermöglicht jedermann die Teilnahme auch ohne Vorkenntnisse. Ihre künstlerischen Lehrbestrebungen umfassen neben Malerei, Graphik, Landschaft Komposition, Porträt und Akt auch angewandte Kunst.«[130]

In der gleichen Ausgabe der »Neuen Mannheimer Zeitung« findet sich auch eine Kleinanzeige der Akademie, die ohne Programmaussage lediglich auf den Semesterbeginn hinweist.

In diesem Jahr war Albert Henselmann mit seiner »Freien Akademie« auch zum ersten Malöffentlich präsent; und zwar im Rahmen zweier vielbeachteter Projekte in Mannheim und Berlin.

Auf dem »Fest für kleine und große Leute« am 12. und 13. Juni 1926 im Mannheimer Rosengarten, ausgerichtet von der »Arbeitsgemeinschaft für Kindererholung Mannheim«, zeichnete die »Freie Akademie« für die Ausgestaltung der »Kinderstadt« verantwortlich.

> Die »Freie Akademie«, zugleich Baumeisterin der ganzen Kinderstadt, hatte sich dabei schöpferisch betätigt und ebenso viel Geist und Witz wie Formensinn und Farbenfreude entfaltet. Die Bilder wie die plastischen Arbeiten und die handgemalten Bilderbücher verdienen rückhaltlose Anerkennung.[131]

Auch in den Folgejahren 1927 und 1928 war die »Freie Akademie« für dieses Mannheimer Fest gestalterisch tätig.

An der »Internationalen Polizeiausstellung« vom 25. September bis 17. Oktober 1926 in Berlin beteiligte sich die Stadt Mannheim mit der Präsentation moderner Lösungen zur Verkehrsregelung in der Stadt.[132] Die Polizeidirektion Mannheim beauftragte die »Freie Akademie« mit der Visualisierung dieser Konzepte. »Die graphischen Darstellungen und Modelle sind von Künstlerhand geschaffen in der Hauptsache von der Freien Akademie unter Leitung von Kunstmaler Henselmann.«[133]

Der Erfolg dieser beiden Projekte auf dem Feld der »angewandten Kunst« sorgte für eine gestiegene Wahrnehmung und Anerkennung der Akademie in der Mannheimer Öffentlichkeit – und schlug sich auch in der Formulierung der nächsten Pressemitteilung zur Semestereröffnung nieder.

> Die Kunstschule Freie Akademie unter der Leitung des Malers A. Henselmann begann ihr 6. Wintersemester am 15. September 1926. Wie weit der Lehrer es versteht, seine Schüler auch

129
Neue Mannheimer Zeitung, 03.10.1925

130
Neue Mannheimer Zeitung, 16.01.1926

131
Neue Mannheimer Zeitung, 14.06.1926

132
»Die Polizeidirektion wird sich in großem Umfange an der Polizeiausstellung Berlin1926 beteiligen. In Betracht kommen insbesondere Modelle über die allgemeine Verkehrsregelung in Mannheim, über die Ausgestaltung des Tattersallplatzes, die polizeiliche Regelung des Betriebs auf dem Flugplatz und im Hafengebiet.«, Neue Mannheimer Zeitung, 03.07.1926

133
»Mannheimer Beteiligung an der Berliner Polizeiausstellung«, Neue Mannheimer Zeitung, 24.08.1926

> auf die Forderungen des Tages heranzuziehen, beweisen die künstlerischen schlagkräftigen Plakate der Mannheimer Festwoche des Festes für kleine und große Leute, außerdem, wie bereits mitgeteilt, die Anfertigungen der Modelle für die Berliner Polizeiausstellung.[134]

In der zusammen mit dieser Pressemitteilung geschalteten Anzeige war die »Freie Akademie« zwar noch deutlich als Kunstschule betitelt, das »Kunstgewerbe« rückte jedoch in der Auflistung des Lehrangebots bereits an erste Stelle vor.

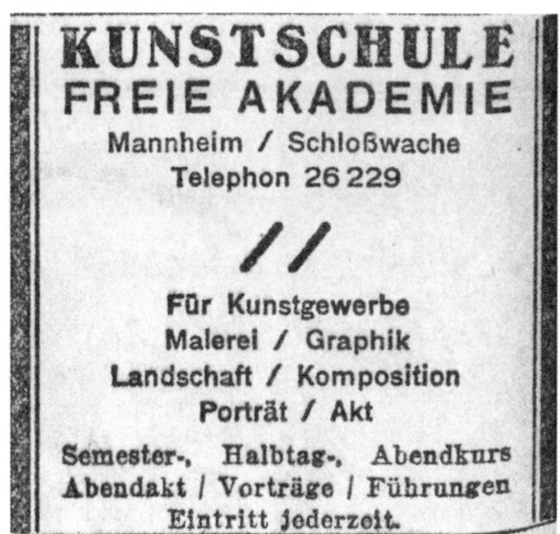
KUNSTSCHULE
FREIE AKADEMIE
Mannheim / Schloßwache
Telephon 26 229
//
Für Kunstgewerbe
Malerei / Graphik
Landschaft / Komposition
Porträt / Akt
Semester-, Halbtag-, Abendkurs
Abendakt / Vorträge / Führungen
Eintritt jederzeit.

B8 Anzeige, Neue Mannheimer Zeitung, 29.09.1926 [Abend-Ausgabe]

1927

Im April 1927 wagte sich die »Freie Akademie« mit einer umfangreichen Werkschau in die Mannheimer Öffentlichkeit. Im renommierten Kunsthaus Tannenbaum wurden Schülerarbeiten aus allen Bereichen des breiten Lehrangebots ausgestellt. In einem Pressebericht zu dieser Ausstellung wurde die programmatische Ausrichtung und das Selbstverständnis der Akademie zu dieser Zeit deutlich: Angestrebt wurde eine solide, freie künstlerische Ausbildung als Voraussetzung für eine erfolgreiche Tätigkeit auf dem Feld der angewandten Kunst.

> Das erste, was an dieser Ausstellung auffiel, war die durchweg gewahrte Individualität der einzelnen künstlerischen Erscheinungen. Nichts deutet auf einen nivellierenden Schematismus hin. [...] Damit im Zusammenhang steht das Bestreben, die Lernenden in alle Zweige künstlerisch-bildender Betätigung einzuführen. Malerei, Graphik, Plastik werden mit gleicher Intensität von den gleichen Kräften gepflegt. Dabei zeigen die Werke durchweg, daß die freie künstlerische Gestaltung das oberste Gebot dieser Akademie bildet. [...] Die unverkennbaren und höchst begrüßenswerten Grundsätze, die sich in all dem bewähren, bilden das Fundament für die mit besonderer Sorgfalt gepflegte angewandte Kunst, deren Beispiele auf die Akademie als Vorbereitung für einen praktischen Beruf hinweisen. Aus dem öffentlichen Leben unserer Stadt sind ja zahlreiche Entwürfe bereits bekannt, die durch ihre Farbenfreudigkeit im Verein mit werbekräftigen, humorvollen Einfällen stets das Entzücken der Beschauer bilden. [...] Unstreitbar ist so diese Kunstschule zu einem bedeutenden Faktor im Leben unserer Stadt geworden.[135]

1928

Einen vielbeachteten Erfolg verzeichnete die Freie Akademie im Sommer 1928 mit einem großen Projekt wieder in der Reichshauptstadt. Für die geschichtlich-ethnographische Abteilung der Ausstellung »Die Ernährung«, veranstaltet vom Reichsernährungsamt gemeinsam mit dem Deutschen Hygiene Museum Dresden [5. Mai bis 12. August 1928 in Berlin] erhielt die Mannheimer Kunstschule den Auftrag, »Bilder, Karten, Modelle, Dioramen, Friese zu formen, zu malen, zu bauen und zu basteln.«[136]
Es handelte sich um den größten Auftrag, den die Akademie bislang ausgeführt hatte.

134
Neue Mannheimer Zeitung, 29.09.1926

135
Neue Mannheimer Zeitung, 09.04.1927

136
Neue Mannheimer Zeitung, 04.04.1928; Vorbericht zur Ausstellung in: Neue Mannheimer Zeitung, 04.02.1928

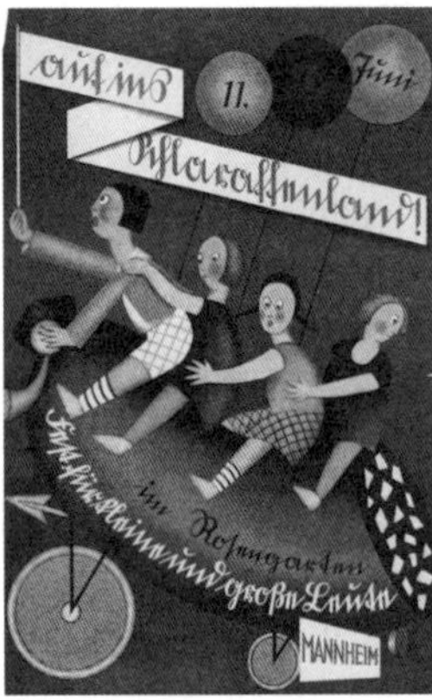

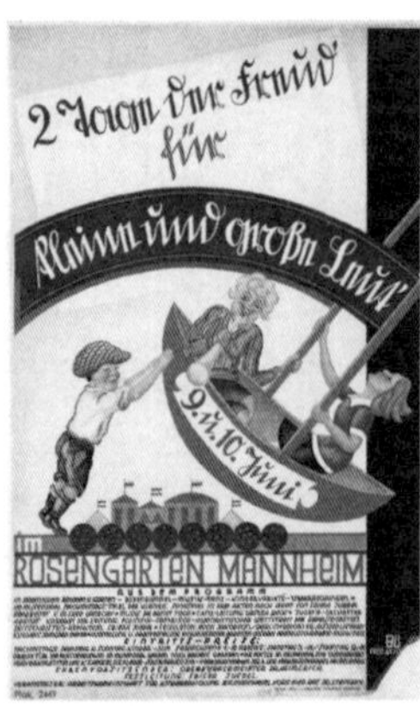

B9 Freie Akademie
Plakat
Fest für kleine und große Leute
1927

B10 Freie Akademie
Plakat
Fest für kleine und große Leute
1928

Besondere Beachtung fanden die Darstellungen der Geschichte des Mahles, »wo in sechs Kojen dioramenartig das Mahl der Ägypter, aus der römischen Kaiserzeit, [...] aus dem Mittelalter, der Renaissance und dem Rokoko, außerdem das Mahl der Japaner, in den charakteristischen Formen naturgetreu veranschaulicht [wurde].«[137] Im April 1928 wurde ein Teil dieser für Berlin bestimmten Exponate in einer Sonderausstellung im Kunsthaus Tannenbaum dem Mannheimer Publikum vorab zur Schau gestellt.[138] Parallel zu diesem Großprojekt für Berlin beteiligte sich die »Freie Akademie« im Juni 1928 auch wieder an dem »Fest für kleine und große Leute« im Mannheimer Rosengarten.[139]

1929

Die öffentlichen Erfolge der vergangenen Jahre forcierten den konzeptionellen Kurswechsel der Kunstschule. In der Pressemitteilung zur Eröffnung des Wintersemesters 1929 wurde nun in erster Linie auf eine Ausbildung in »allen Arten des Kunstgewerbes« hingewiesen.

> Die Kunstschule Freie Akademie, Mannheim, Schloßwache beginnt ihren Semesterkurs für Ausbildung in allen Arten des Kunstgewerbes, der Reklame, der Malerei, Graphik, Landschaft, Porträt und Akt am 16. September.[140]

Die der Pressemitteilung zugehörige Anzeige argumentierte allerdings seltsam unentschlossen. Einerseits stellte sich die »Freie Akademie« als »Kunstschule für Kunstgewerbe, Reklame, Mode, [ins zweite Glied gerückt] Malerei, Graphik und Plastik« vor, andererseits tauchte jetzt ein Logo auf, das angesichts der vollzogenen konzeptionellen Entwicklung merkwürdig anachronistisch anmutet. Die Bildmarke zeigt drei Personen unterschiedlichen Alters [ein Kind, ein jugendliches Mädchen, einen Erwachsenen] vor einer Staffelei; sie nimmt damit den Grundgedanken der dreigliedrigen Ausbildung aus dem ursprünglichen Programm der Akademie von 1924 wieder auf, obwohl sich die Kunstschule von diesem Konzept – strukturell wie inhaltlich – weitgehend verabschiedet hatte. Ob es überhaupt noch Zeichenkurse für Kinder gab, wie ehedem von Helene von Heyden angeboten, ob Helene von Heyden zu dieser Zeit überhaupt noch mit an Bord war, kann bezweifelt werden, lässt sich aber anhand der Datenlage nicht belegen. Jedenfalls lag der Fokus der Akademieausbildung fortan deutlich auf der praktischen Verwertbarkeit von Kunst in Form von angewandter Kunst und damit diametral verschieden zur Ursprungsidee – einer künstlerischen Betätigung als »Gegengewicht zum Alltag«, wie Helene von Heyden 1924 formulierte.

1930

Im Februar 1930 hatte die Freie Akademie wieder mit Raumdekorationen für zwei Großveranstaltungen in Mannheim auf sich aufmerksam gemacht. Anlässlich des Faschingsballs im Rosengarten zeichnete sie verantwortlich für die »närrische Ausschmückung des Nibelungensaals [...], die die Stadtverwaltung nach Entwürfen der

137
Berliner Ausstellung »Die Ernährung«. Ein wissenschaftliches, soziales und wirtschaftliches Kulturwerk, Neue Mannheimer Zeitung, 23.06.1928

138
Neue Mannheimer Zeitung, 04.04.1928

139
Neue Mannheimer Zeitung, 11.06.1928

140
Neue Mannheimer Zeitung, 11.09.1929

Freien Akademie ausführen ließ.«[141] Ebenfalls oblag ihr die künstlerische Ausgestaltung des Tanzturniers um die Wintermeisterschaft von Mannheim 1930 im Palasthotel.

> Kunstmaler Henselmann hatte die Räume in eine diskrete, sowohl stimmungs- als auch geistvolle Dekoration gehüllt, die in gedämpften Farben gehalten, durch originelle Formgestaltung und Blinkeffekte aufgehellt wurde. Ist der Aufenthalt in den geschmackvollen Räumen des Palasthotels an sich schon eine Annehmlichkeit, so steigerten die phantasiereichen Erzeugnisse der Feien Akademie die Freude der Behaglichkeit.[142]

Im Juni 1930 gab Albert Henselmann dem Journalisten Gustav Richter von der »Neuen Badischen Zeitung« ein Interview, in dem er das Ausbildungsprogramm der »Freien Akademie« zu diesem Zeitpunkt beschrieb. Deutlich wird hier aus seinen Aussagen zum einen, dass der Fokus mittlerweile eindeutig auf einer kunstgewerblichen Ausbildung lag, zum anderen Kinderzeichenkurse keine Rolle mehr spielten. Das Angebot richtete sich ausschließlich an Jugendliche und junge Erwachsene.

> Angefangen wurde mit 7 Schülern. Heute – nach fünf Jahren – beträgt die Zahl 35. Insgesamt wurde die freie Akademie bis jetzt von 160 Schülern besucht. Der Leiter, Albert Henselmann, gab mir einige Auskünfte, die mir wissenswert erschienen. Die meisten der Schüler, die verhältnismäßig früh eintreten – vierzehnjährig oder nach dem Abitur – stammen aus Mannheim und den umliegenden Orten Badens und der Pfalz. Wenige davon sehen ihre Zukunft im freien Kunstschaffen und immer nur die, denen eine finanzielle Sicherstellung garantiert ist. Fast alle Schüler wollen nach ihrer Ausbildung einen praktischen Beruf ergreifen – Mode- und Reklamezeichner, Innenarchitekten, Dekorateure und Zeichenlehrer. Viele wollen sich auch nur vorbilden und später anderswo studieren.

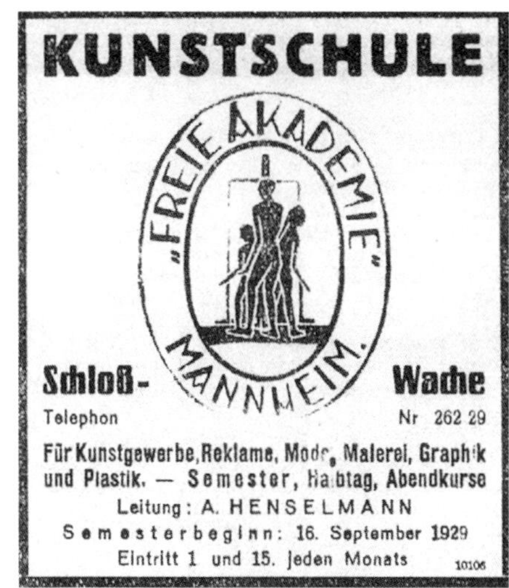

B11 Anzeige
Neue Mannheimer Zeitung
11.09.1929
[Mittag-Ausgabe]

Zuerst werden gestalterische Grundlagen und Techniken gelehrt,

> und erst wenn die Mittel gründlich beherrscht werden, geht es an die eigentliche, die praktische Arbeit. Aufträge für Firmen werden erledigt, Plakate, Packungen, Briefköpfe, Dekorationen usw. 1928 wurde die gesamte Ausstellung »Die Ernährung« in Berlin von der freien Akademie aufgebaut.
> Dekorationen für Maskenbälle wurden von Henselmann und seinen Schülern gemalt.[143]

Die Pressemitteilungen sowie die Anzeigen der Akademie aus diesem Jahr[144] gleichen denen von 1929.
Mit einer Ausnahme: in der Anzeige vom September 1930 wird zum ersten Mal unter Leitung neben Albert Henselmann auch seine Ehefrau

141
Neue Mannheimer Zeitung, 03.02.1930

142
Neue Mannheimer Zeitung, 17.02.1930

143
Neue Badische Landeszeitung, 07.06.1930; zitiert nach Präger, S. 124

144
Neue Mannheimer Zeitung, 05.04.1930 und 06.09.1930

Nibelungensaal im Rosengarten

Samstag, den 5. Dezember 1931
Zum 1. Male:
Im weißen Rössl
Revue-Operette in 3 Akten (frei nach dem Lustspiel von Blumenthal und Kadelburg)
von Hans Müller — Musik v. Ralph Benatzky
Musikalische Leitung: Karl Klauß
Inszenierung: Alfred Landory
Tanzleitung: Gertrud Steinweg
Dekorationen: A. Henselmann mit der Freien Akademie Mannheim
Kostüme: Entwurf und Ausführung durch Verch' Kostümhaus für Theater u Film, Berlin-Charlottenb.
Technische Leitung: Walther Unruh
Anfang 19.30 Uhr Ende 22.30 Uhr

B12 Anzeige
Nationaltheater Mannheim
05.12.1931
[Mittag-Ausgabe]

Dr. Feist angeführt. Ist das vielleicht ein Indiz dafür, dass sich Helene von Heyden inzwischen aus der Kunstschule zurückgezogen hatte?

1931
Große öffentliche Aufmerksamkeit erreichte die »Freie Akademie« 1931 mit einem Projekt für das Mannheimer Nationaltheater. Einer Pressemitteilung zufolge wollte das Nationaltheater mit »Volksvorstellungen« neue Besucherschichten erschließen – als erstes Stück zu diesem Zweck auf dem Spielplan: die Operette »Im weißen Rößl«. Die »Freie Akademie« steuerte die gesamte Ausstattung für diese Aufführung bei.

> Das Nationaltheater teilt mit: Der schon wiederholt erörterte Gedanke, im Nibelungensaal Volksvorstellungen zu besonders niedrigen Preisen zu veranstalten, soll in diesem Jahr durch die Aufführung der neuen Operettenbearbeitung des bekannten Volksstücks »Im weißen Rößl« von Blumenthal und Kadelburg mit Musik von Ralf Benatzky, des Berliner Saisonerfolgs im vergangenen Jahr, verwirklicht werden. Die Vorbereitungen zu dieser Aufführung haben begonnen.

> Die Ausstattung der Bühne und des Saals für diese Aufführung hat Albert Henselmann mit der von ihm geleiteten Freien Akademie übernommen.[145]

Der Rezensent der »Neuen Mannheimer Zeitung« war voll des Lobes über die Erstaufführung am 5. Dezember 1931. »Die vielen bunten Farben hat die Freie Akademie über die riesigen Leinwände ausgegossen. Dabei verfuhr sie nach den Entwürfen ihres Meisters Alber Henselmann, der in der ganzen schwierigen Aufteilung des Raumes und in der Wahl der frischen Farben eine sehr geschickte Hand zeigte.«[146]

Zur Produktion des »Weißen Rößl« erschien auch ein Sonder-Programmheft, das von Albert Henselmann gestaltet wurde.[147] Die Inszenierung des Stücks wurde zu einem riesigen Publikumserfolg in Mannheim und stand bis Mai 1932 auf dem Spielplan des Nationaltheaters.

Des Weiteren war die »Freie Akademie« im Oktober 1931 an einer Raumdekoration für die neu eingerichtete »Pfalzstube« im Mannheimer Palasthotel beteiligt. »In erster Linie hat zu der Urgemütlichkeit des Raumes Kunstmaler Henselmann beigetragen, der mit der Feien Akademie einen reizenden dekorativen Rahmen schuf.«[148]

1932
Der Mannheimer Faschingsball 1932 im Rosengarten fand im Nibelungensaal in der Dekoration des »Weißen Rößl« statt. Zusätzlich wurde der Versammlungssaal von der »Freien Akademie« karnevalistisch ausgestattet.

> Zur Zeit werden die Säle des Rosengartens in ihrem Schmuck vervollständigt. Die »Freie Akademie« unter Leitung von A. Henselmann wird den Versammlungssaal in eine echte Skihütte verwandeln und so einen Raum für lustige und gemütliche Stimmung schaffen.[149]

145
Neue Mannheimer Zeitung, 07.10.1931 und 14.11.1931

146
»Im weißen Rößl am Wolfgangsee« Die große Operettenrevue im Nibelungensaal, Neue Mannheimer Zeitung, 07.12.1931

147
Neue Mannheimer Zeitung, 02.12.1931

148
Neue Mannheimer Zeitung, 17.10.1931

149
»Fasching im ›Weißen Rößl‹«, Neue Mannheimer Zeitung, 28.01.1932 und 01.02.1932

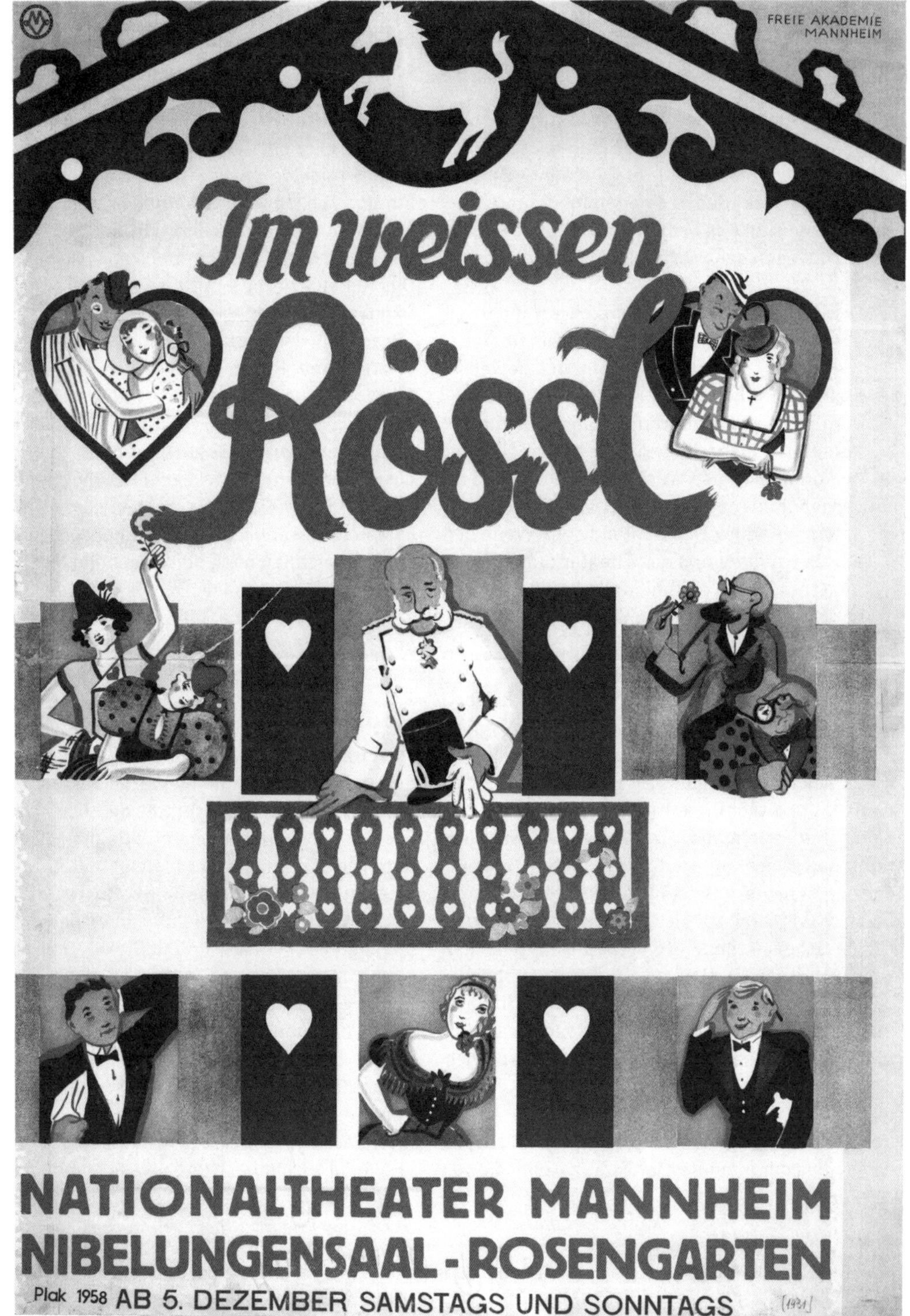

B13 Freie Akademie
Plakat
Im weissen Rössl
1931

Im Sommer 1932 war die »Freie Akademie« im Rahmen einer »Werbeausstellung« auch wieder für das Nationaltheater tätig.[150] Die Akademie übernahm die gesamte Gestaltung der Ausstellung »Zwei Jahre Arbeit des Nationaltheaters« in der Mannheimer Kunsthalle. Diese Ausstellung stand im Zusammenhang verschiedener Bemühungen der Stadt und des neuen Intendanten, Herbert Maisch, das Mannheimer Publikum stärker an die heimische Schillerbühne zu binden.

> Die jetzige Ausstellung hat nichts mit den sonstigen Ausstellungen in der Kunsthalle zu tun, sie will dem Publikum Einblick gewähren in die Arbeit hinter den Kulissen. Das Publikum soll so zu größerem Verständnis für die künstlerische und technische Arbeit der Bühne kommen. Diese Werbeausstellung und der vorgenommene Preisabbau werden beispielgebend für ganz Deutschland sein. Wenn der Versuch gelingt und das Theater durch Dauermieter in größerer Zahl im Volk verankert wird, dann werden diese Werbemaßnahmen ihren schönsten Erfolg haben.[151]

Diese Ausstellung stand im Kontext einer hitzigen politischen Debatte um die Zukunft der Mannheimer Bühne. Heftige Anfeindungen wurden laut in der zu dieser Zeit bereits einflussreichen Nazipresse, die dem Nationaltheater vorwarf, als Sprachrohr »jüdischer Propaganda« zu dienen. Und wie der Kunsthallendirektor Gustav Hartlaub wurde auch der neue Theaterintendant Herbert Maisch, seit Ende 1931 im Amt, zur Zielscheibe nationalsozialistischer Schmähkritik.[152] In diesem Zusammenhang kann man diese Ausstellung als einen der letzten Versuche von liberalen Kräften im Mannheimer Stadtrat verstehen, gemeinsam mit der Theaterleitung einen unabhängigen, modernen Kulturbetrieb gegen die heraufziehende Gefahr eines braunen Banausentums zu verteidigen – ohne Erfolg.
Kein Jahr später gehörte Herbert Maisch zu den ersten aus der Mannheimer Kulturszene, die von den neuen Machthabern entlassen wurden. Die nationalsozialistische Unterjochung der beiden wichtigsten Kulturinstitutionen, Kunsthalle und Nationaltheater, zeitigte ab Mitte der 1930er Jahre auch negative Auswirkungen auf die Entwicklung der »Freien Akademie«, die über die Jahre an vielen Projekten dieser Institutionen beteiligt war.
Für das konzeptionelle Selbstverständnis der »Freien Akademie« markierte das Jahr 1932 einen Einschnitt in der Kommunikation nach außen. Das Kunstgewerbe – mittlerweile im Zentrum der Akademieausbildung – schlug sich nun auch im »Branding« der Kunstschule nieder, die fortan als »Mannheimer Kunst- und Kunstgewerbeschule – Freie Akademie« firmierte. Und wie es einer Pressemitteilung zur Eröffnung des Sommersemesters im April 1932 zu entnehmen ist, bot nun die »Mannheimer Kunst- und Kunstgewerbeschule – Freie Akademie« neben dem »Unterricht in Malerei, Graphik, Plastik, Landschaft, Porträt und Aktzeichnen nach dem lebenden Modell« auch eine »vollständige Berufsausbildung in Plakat, Schrift, Reklame, Mode, Dekoration usw.« an.[153]

1933
Durch eine Koopertation mit der Handweberei von Elisabeth [Elsbet] Fritschi-Wartner wurde im Sommer 1933 das kunstgewerbliche Angebot der »Freien Akademie« nochmals deutlich erweitert. In einer Pressemitteilung im »Hakenkreuzbanner« vom 26. August 1933 [gleichlautend in der »Neuen Mannheimer Zeitung« vom 3. September 1933] avisierte die Akademie neben der »vollständigen Berufsausbildung Plakat, Schrift, Reklame. Mode, Dekoration; neu angegliedert: Handweberei [Leitung E. Fritschi-Wartner]«. Diese Erweiterung des Lehrangebots nutze die Schule zu einer in diesem Umfang bis dahin nicht bekannten Werbekampagne.
Über einen Monat hinweg wurde in den jeweiligen Wochenendausgaben der Mannheimer Zeitungen »Hakenkreuzbanner« und »Neue Mannheimer

150
»Vorhang auf! Werbeausstellung des Nationaltheaters«, Neue Mannheimer Zeitung, 25.06.1932

151
Neue Mannheimer Zeitung, 27.06.1932

152
Als ein Beispiel unter vielen die Rezension der Aufführung der Operette »Die Blume von Hawai«: »Paul Abraham heißt der ›Verbrecher‹ dieser Operette: Es ist derselbe, der ›Viktoria und der Husar‹ auf dem Gewissen hat. Die hawaiische Blume schlug mit großem Getöse aus und gab einen pestartigen Gestank von sich. Dieser billige Zauber hat uns gerade noch als ›würdige‹ Fortsetzung von Holländers ›Tingel-Tangel‹ gefehlt. Schweinereien und Kitsch waren die Kennzeichen der jüdischen Revue; Lärm und Kitsch sind die Merkmale dieser jüdischen Operette. [...] Mit dieser Erwerbung hat Herr Maisch von Neuem gezeigt, wohin er unser Nationaltheater steuert. Nachdem dieser Schmarren erfolglos über eine größere Anzahl von Bühnen gegangen war, hat der Ehrgeiz Herrn Maisch scheinbar nicht mehr ruhen lassen. Auch er mußte sich doch um Paul Abraham verdient machen! [...] An Stelle des seelischen Moments setzt man ›Triebhaftigkeit‹. Diesem Zwecke, Blut und Sinne erotisch aufzupeitschen, dient auch die ›Blume von Hawai‹. Mit diesen Machwerken entwurzelt man angestammte Kultur und macht ein Volk sturmreif für das Judentum. Das sind keine musikalischen Experimente oder Witze mehr, das ist systematische Pflege des Primitiven und Verhöhnung deutscher Gefühle! Es ist eine Kulturschande, daß man diesen musikalischen Kehricht unter das Volk bringt. Zu alledem kommt, daß diese jüdische ›Kunst‹ so teuer bezahlt werden muß, wie keinem großen deutschen Meister sein Kunstschaffen je bezahlt wurde. Daß die Welt der Bühne eine jüdische Welt geworden ist, daran hat auch der Effekthascher und Intendant Maisch einen großen Anteil.« Hakenkreuzbanner, 09.05.1932.

153
Neue Mannheimer Zeitung, 23./24.04.1932 [Sonntag-Ausgabe]

Zeitung« Anzeigen mit dem Hinweis auf die neu angegliederte Handweberei geschaltet.[154] Und in diesem Zusammenhang entstand auch das oben zitierte Faltblatt [die einzig bekannte Werbedruckschrift der Akademie in der Ära Henselmann], das der Kooperation mit der Handweberei von Elsbet Fritschi-Wartner vergleichsweise großen Stellenwert einräumte und ausdrücklich auf eine komplette Berufsausbildung auf diesem Feld hinwies.

Mannh. Kunst- und Kunstgewerbeschule
FREIE AKADEMIE
SCHLOSS-WACHE
Telephon 262 29
Unterricht in:
MALEREI — PLASTIK — GRAPHIK
Vollständige Berufsausbildung in:
PLAKAT — SCHRIFT — REKLAME
MODE — DEKORATION u. s. w.
Tag- und Abend-Kurse.

B14 Anzeige
Neue Mannheimer Zeitung
23.04.1932
[Sonntag-Ausgabe]

Die Werkstätten für die praktische Lehre von Fritschi-Wartner befanden sich im Mannheimer Stadtteil Lindenhof; ergänzt wurde diese praktische Ausbildung an den Webstühlen durch Zeichenunterricht, der in der Schlosswache der Akademie abgehalten wurde. Mitte Oktober 1933, also kurz nach dem Beginn der Zusammenarbeit mit der »Freien Akademie«, stellte die »Neue Mannheimer Zeitung« die junge Künstlerin und Handwerksmeisterin der Weberei in einem langen Artikel vor.

Mannheimer Kunst- und Kunstgewerbeschule
FREIE AKADEMIE
1030 K Linke Schloßwache : Telef. 26229
Unterricht in Malerei, Plastik, Graphik. Vollst. Berufsausbildung in Plakat, Schrift, Reklame, Mode, Dekoration, neu angegliedert: Handweberei (Hoch- und Flachwebstühle)
TAG- UND ABENDKURSE

B15 Anzeige
Hakenkreuzbanner
26.08.1933

> In diesem Frühjahr machte sie als erste Frau in ganz Baden und Württemberg ihre Meisterprüfung. Da die Badische Handwerkskammer in ihrem Fach bis dahin noch keine Prüfungen abnahm, mußte sie nach Stuttgart gehen. Jetzt hat sie in Mannheim eine Werkstatt mit vier Webstühlen und ist auf dem besten Wege, auch durch Ausbildung von Schülerinnen an der Erschließung ihrer, gerade im Sinne unserer Zeit so schönen und wichtigen Kunst mitzuarbeiten. [...] Die Lehrmädchen müssen natürlich mehr als nur das Weben lernen.
> Sie erhalten auch theoretischen Unterricht in Bindungslehre, in Gewebelehre, in Farbenlehre; sie bekommen ihre künstlerische Unterweisung im Zeichnen und Entwerfen, weshalb Frau Fritschi eine Arbeitsgemeinschaft mit der Freien Akademie eingegangen ist und Herrn Kunstmaler Henselmann für diese Lehrfächer gewonnen hat.[155]

Elsbet Fritschi-Wartner war zu dieser Zeit keine Unbekannte in Mannheim. Seit 1929 war sie mit ihren Arbeiten auf mehreren Ausstellungen vertreten,[156] und bereits 1931 widmete ihr die renommierte Kunstzeitschrift »Deutsche Kunst und Dekoration« einen langen Bericht illustriert mit Fotos ihrer Webarbeiten.[157]
Die Kooperation mit der »Freien Akademie« war allerdings nur von kurzer Dauer.
Bereits in einer Anzeige der »Freien Akademie« aus dem März 1934[158] gibt es keinen Hinweis mehr auf die zuvor so intensiv beworbene kunsthandwerkliche Zusammenarbeit mit Fritschi-Wartners Handweberei.

Auch finden sich in den Mannheimer Zeitungen ab dieser Zeit keine Berichte mehr über Ausstellungen der Künstlerin. Der Grund warum die Koope-

154
Hakenkreuzbanner,
26.08.1933, 03.09.1933, 17.09.1933,
24.09.1933 und 01.10.1933;
Neue Mannheimer Zeitung,
03.09.1933, 10.09.1933, 24.09.1933
und 01.10.1933

155
»Die Frau im deutschen Handwerk / Mannheimer Meisterinnen. Die Meisterin am Webstuhl«,
Neue Mannheimer Zeitung,
18.10.1933

156
Z.B.: »Ausstellung: Handweberei und Raumkunst. Eine noch junge , aber sehr vielseitig begabte Künstlerin, Frau Elsbeth Fritschi-Wartner, stellt z. Zt. im Palasthotel Mannheimer Hof im blauen Saal eine entzückende Auswahl handgewebter Stoffe, Teppiche usw. aus Wolle, Baumwolle, Jute und Bast aus. Feine Wollstoffe in zarten Pastellfarben für Übergangskleider wechseln mit derben Strapazierstoffen für Sportkostüme ab. Divandecken aus Seide und Metallgarnen, die nicht schwarz werden, erwecken weihnachtliche Wünsche.«,
Neue Mannheimer Zeitung,
28.11.1931

157
Deutsche Kunst und Dekoration,
34. Jg., 1931,
Heft 10, S. 186a–186c

158
Hakenkreuzbanner,
28.03.1934

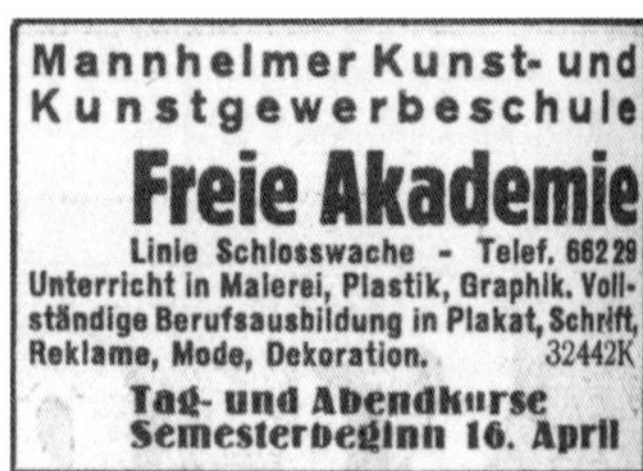

B16 Anzeige
Hakenkreuzbanner
28.03.1934
[Frühausgabe]

Mannheimer Kunst- und
Kunstgewerbeschule
FREIE AKADEMIE
LINKE SCHLOSSWACHE
FERNSPRECHER 26229
Unterricht in Malerei, Graphik, Plastik, Kunstgewerbe, Reklame und Mode Vollst. Berufsausbildung. Vorbereitung bis zur Akademie-Reife. Tag- und Abendkurse.

B17 Anzeige
Neue Mannheimer Zeitung
22.03.1936
[Sonntag-Ausgabe]

ration mit der Akademie so abrupt endete, ist nicht bekannt.[159]
Das Jahr 1933 markierte den vorläufigen Höhepunkt in der Geschichte der »Freien Akademie«. Dem Leiter Albert Henselmann war es gelungen, in den neun Jahren seit Gründung die Kunstschule schrittweise und konsequent zu einer angesehenen Kunstgewerbeschule mit einem für die Zeit typischen Lehrangebot zu entwickeln. Aufgrund zahlreicher öffentlichkeitswirksamer Projekte genoss die »Freie Akademie« große Anerkennung in der Mannheimer Stadtgesellschaft.
Nach der Machtergreifung der Nationalsozialisten verlor die Akademie dann in den Folgejahren ihre öffentliche Präsenz. Die wichtigsten Kooperationspartner wie der Oberbürgermeister Heimerich, der Kunsthallendirektor Hartlaub und der Theaterintendant Maisch wurden von den Nazis vertrieben.

Die Nähe zu diesen Protagonisten einer liberalen Mannheimer Kulturpolitik einerseits, wie die zunehmende Diskriminierung der Person Henselmanns anderseits – erinnert sei an die Ausstellung im Juli 1933 – stellte die »Freie Akademie« zunehmend ins gesellschaftliche Abseits.

1934 bis 1936

Nach 1933 trat die »Freie Akademie« nur noch ein einziges Mal öffentlich in Erscheinung. Zu einer Puppenausstellung im Dezember 1934 in der Mannheimer Kunsthalle steuerte sie vier Kulissenmalereien bei.[160] Albert Henselmann war in den Jahren 1934/1935 zwar weiterhin noch vereinzelt als Künstler präsent und beteiligte sich wie oben dargestellt an verschiedenen Wettbewerben, für seine Akademie sind unter seiner Leitung jedoch keine öffentlichen Aufträge mehr zu verzeichnen.
Die letzten Werbeanzeigen für die Akademie in der Ära Henselmann aus dem Jahre 1936 schienen dieser Entwicklung insofern Rechnung zu tragen, als dass nun die freie künstlerische Ausbildung wieder stärker betont wurde: »Unterricht in Malerei, Graphik, Plastik, Kunstgewerbe, Reklame und Mode. Vollst. Berufsausbildung« und neu: »Vorbereitung bis zur Akademiereife«.[161]

Wenige Monate nach diesen Anzeigen wurde Albert Henselmann aus dem Fröbel-Seminar entlassen und aus der Reichskammer der bildenden Künste ausgeschlossen. Mit dem Umzug der »Freien Akademie« aus der Schlosswache in die Sternwarte im Oktober 1936 verlor Henselmann auch die Leitung der Kunstschule.

159
Im Mannheimer Adressbuch 1933/34 ist Fritschi-Wartners Handweberei unter der Adresse Waldparkdamm 2 [Erdgeschos] aufgeführt. Im Adressbuch 1934/35 findet sich kein Eintrag mehr zu Elsbet Fritschi-Wartner.

160
»Künstlerische Vorweihnachtsgenüsse. Was das Christkind den großen und kleinen Leuten als Adventsfreude schickt«,
Neue Mannheimer Zeitung,
03.12.1934

161
Anzeige in:
Mannheimer Neue Zeitung,
22./23.03.1936 [Sonntag-Ausgabe]
und Hakenkreuzbanner,
15.03.1936 und 22.03.1936

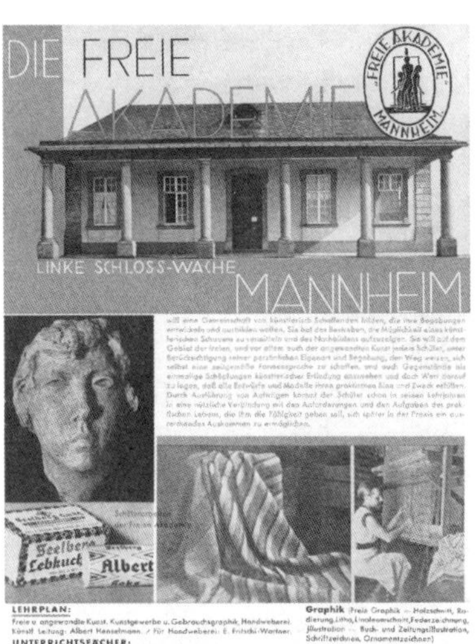

LEHRPLAN:
Freie u. angewandte Kunst, Kunstgewerbe u. Gebrauchsgraphik, Handweberei. Künstl. Leitung: Albert Henselmann. / Für Handweberei: E. Fritsch-Wartner.

UNTERRICHTSFÄCHER:

Zeichnen (Flächen-Zeichnen, Körperzeichnen, perspektivisches Zeichnen, Kopf- und Aktzeichnen, Bewegungsskizzen)
Malen (Stilleben, Portrait, Akt, Landschaft, Komposition)
Plastik (Modellieren in Ton – Kopf, Akt, Komposition, Plastische Modelle für Industrie, Handel und Ausstellungen)

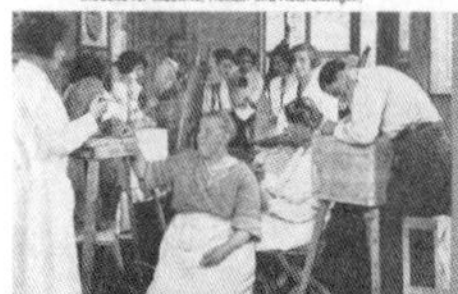

Graphik (Freie Graphik – Holzschnitt, Radierung, Litho, Linoleumschnitt, Federzeichnung, Illustration – Buch- und Zeitungsillustration, Schriftzeichnen, Ornamentzeichnen)
Reklame (Plakate für Handel und Industrie, Veranstaltungen, Ausstellungen, Feste, Vereine, Inserate, Kalender, Prospekte, Packungen für Zigarren, Schokolade, Keks usw., Etiketten, Marken, Schilder, Photomontage)
Dekorative Raumkunst (Raumgestaltung, Schaufensterdekoration, Ausstattung von Ausstellungs- und Messeständen, Fest- und Faschings-Dekorationen, Wand- und Decken-Malerei)
Mode (Figurinen-, Kostüm-, Konfektionszeichnen)
Textilmalerei (Stoffmusterentwürfe für Kleider- und Dekorationsstoffe, Tapetenmuster, Lampenschirme, Paravents, Bemalung von Wandbehängen)
Handweberei (Stoffe, Teppiche, Muster / Materiallehre / Bindungslehre / Fachrechnen. Entwerfen, Musterzeichnen, Farblehre / Komposition / Aktzeichnen und Umsetzen / Innendekoration / Mode. Vollständige Berufsausbildung.)

Das Entwurfsatelier der Freien Akademie führt aus: Plakate, Inserate, Prospekte, Packungen, Etiketten, Marken, Schilder, Schaufenster-Raumkunst, Dekorationen, Ausstellungsmodelle, Statistiken, Schriften und Entwürfe jeder Art. In Handweberei: Teppiche u. Stoffe für Möbel, Kleider, Kissen, Vorhänge

Aufnahmebedingungen:
Die Aufnahme geschieht nach Rücksprache mit der Leitung der Akademie, wenn möglich auf Grund vorgelegter eigener Arbeiten. Eintritt 1. und 15. jeden Monats. Die Aufnahmegebühr beträgt RM. 5.–. Der Unterricht beginnt nach Unterzeichnung des Aufnahmevertrages, der zur Teilnahme an einem Semester (3 Monate) verpflichtet. Ausnahmsweise kann Hospitanten der Unterricht vorübergehend auch monatsweise erteilt werden. Zeugnisse können erst nach Beendigung des 3. Semesters ausgestellt werden. Das Honorar ist beim Eintritt, im übrigen zu Beginn eines jeden Semester-Monats im voraus zu entrichten. Führungen, vorgesehene Vorträge sowie Kopf- und Aktmodelle sind einbegriffen. Für Licht, Heizung sowie besondere Unkosten bleibt ein minimaler Zuschlag vorbehalten.

Allgemeine Unterrichtsstunden:
Vormittags von 9–12 Uhr, nachmittags von ½3–½6 Uhr
Vollsemester (ganztägig)
Halbtagssemester (Vor- oder Nachmittag)
Samstag nur von 9–12 Uhr, in der Webabtlg. Samstag frei.

Abendkurs (für alle Unterrichtsfächer außer Weben): Montags, Dienstags und Donnerstags von 7–9 Uhr.

Abendakt: Dienstags und Donnerstags von 7–9 Uhr.

Honorare:

Vollsemester monatlich	RM. 45.–
Halbtag (Vor- od. Nachm.) monatl.	RM. 27.–
Abendkurs-Semester monatlich	RM. 17.–
Abendakt-Semester monatlich	RM. 13.50

Alle Anfragen bezüglich Aufnahme und Entgegennahme von Aufträgen sind zu richten an die Leitung der Freien Akademie:
A. HENSELMANN
Für Handweberei: E. FRITSCH-WARTNER
Mannheim, Linke Schloßwache, Tel. 262 29

B18 Freie Akademie Werbefaltblatt 1933

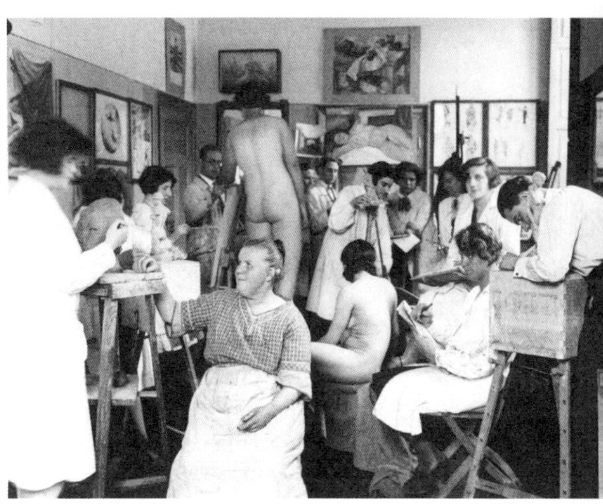

B19 Foto zum Werbefaltblatt 1933 für den Druck retuschiert [Aktmodelle entfernt]

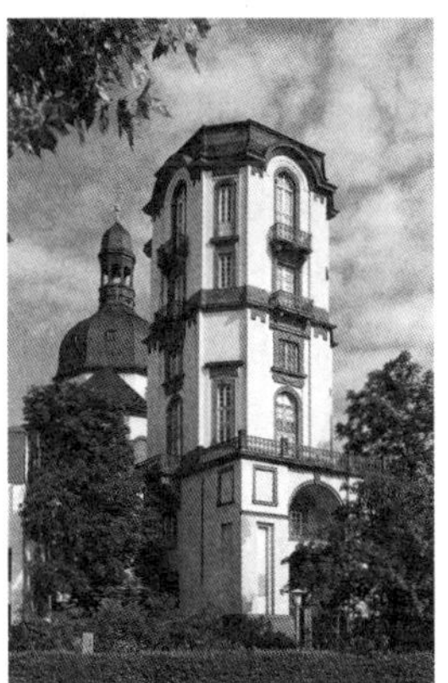

B20 Sternwarte Mannheim Standort der »Freien Akademie« ab 1937

5—Die Ära Karl Trummer 1937 bis 1957
1937—1945

Mit Karl Trummer schien 1937 ein »Phantom« die Leitung der Akademie zu übernehmen – ein angeblicher »Bildhauer«, ein »Künstler« ohne Werk, ohne Referenzen, ohne Ausstellungspräsenz. Wie kam der gerade erst Dreißigjährige zu diesem Posten? Ohne Protektion ist das wohl kaum denkbar. Doch wer setzte sich für ihn ein? Viele Fragen tauchen auf, die im Folgenden benannt werden sollen, aber nicht in Gänze beantwortet werden können. Zu vieles liegt im Nebulösen, zu sehr ist sein Lebenslauf, zumindest bis zu seinem Akademieeintritt 1937, gespeist von den eigenen Angaben Trummers, die zum Teil nicht belegt werden können, zum Teil sich im Zuge der Recherchen als nachweislich falsch erwiesen.
Karl Josef Trummer wurde am 17. Oktober 1906 in Fürstenfeldbruck geboren als Sohn von Maria Trummer, geborene Bitzel, Ehefrau von Schreinermeister Josef Trummer.[162] Maria Trummer stammte aus München und war die Tochter des Schreinermeisters Andreas Bitzel und dessen Ehefrau Benedikta. Maria Trummer, Mutter von Karl Trummer verstarb im Krankenhaus von Fürstenfeldbruck im Alter von 34 Jahren am 3. Juli 1910 und war zum Zeitpunkt ihres Todes Witwe des Schreinermeisters Josef Trummer.[163]
Das bedeutet, dass Karl Trummer schon im Alter von vier Jahren Vollwaise war.
Wo und wie Karl Trummer seine Kindheit und Jugend verbrachte, ist nicht bekannt. Seine Schulzeit beendete er mit dem Volksschulabschluss.[164] Verschiedene Quellen sprechen davon, dass er von 1922 bis 1927 eine Lehre als Holz- und Steinbildhauer absolvierte.[165]

Nach der Berufsausbildung hat Karl Trummer angeblich unter anderem bei Franz von Stuck an der Münchner Akademie studiert, so ist es einem langen Zeitungsbericht aus der »Neuen Mannheimer Zeitung« vom Februar 1938 zu entnehmen, der einige biographische Daten anführt, die offensichtlich auf eigenen Aussagen Trummers beruhen. Dieser Bericht singt eine Eloge auf Karl Trummer, die eher einer Legendenbildung Vorschub leistet als nachweisbare Fakten ins Feld führt.[166] Ein Studium an der Münchner Kunstakademie jedenfalls hat es nie gegeben. Zwar lehrte Franz von Stuck zu dieser Zeit als Professor an der Münchner Kunstakademie, Karl Trummer war dort aber nachweislich nicht eingeschrieben.[167] Andere Quellen sprechen von einem Studium nicht an der Münchner Akademie, sondern an der Münchner Kunstgewerbeschule.[168] Auch dafür fehlen konkrete Daten.
»Später hat er in einer Reihe von Ateliers von Wien bis Amsterdam gearbeitet, war auch ein halbes Jahr in der Provence bei Maillol.«[169] Auch diese Aussage darf in zweifacher Hinsicht in Zweifel gezogen werden – einmal die Zeit betreffend, einmal was den Aufenthalt bei Maillol angeht.
Ein nachweisbares Datum zu Trummers Vita gibt es – nach heutigem Kenntnisstand –erst wieder zum 4. September 1930. Zu diesem Zeitpunkt

162
Geburtseintrag,
Standesamt Brück,
Nr. 112, 19.10.1906,
Stadtarchiv Fürstenfeldbruck

163
Sterberegister,
schriftliche Auskunft,
Stadtarchiv Fürstenfeldbruck

164
So angegeben im Personalbogen der Personalakte Karl Trummer, Staatliche Akademie für Bildende Kunst Karlsruhe, Generallandesarchiv Karlsruhe, 630-3/436.

165
Merkel, Ursula:
Bildhauer an der Kunstakademie Karlsruhe von 1947 bis 1987, in:
Rödiger-Diruf, Erika [Hrsg],
Die Malerei ist tot, es lebe die Malerei: 150 Jahre Kunstakademie Karlsruhe, hrsg. von der Stadt Karlsruhe – Städtische Galerie,
Karlsruhe 2004, S. 85
Köhler, Silvia:
A4, 6 – Künstlerinnen und Künstler in der Alten Sternwarte Mannheim, Mannheim 2015, S. 20
Gilbert, René:
Karl Josef Trummer, www.stadtlexikon.karlsruhe.de, 2016 [zuletzt aufgerufen 20.04.2022]
In der Personalakte der Staatlichen Akademie für Bildende Kunst Karlsruhe ist vermerkt:
»Holz- und Steinbildhauerlehre in München, prakt. Tätigkeit in verschiedenen Ateliers, selbständig seit 1. Jan. 1932«, Generallandesarchiv Karlsruhe, 630–3/436

166
»Trummer ist nun auch selber Künstler von Format. Er war Schüler der Münchner Akademie bei den Professoren Hofer, Rott, Stuck und v. Marr«, in: »Die Kunstschule in der Sternwarte. Ein Besuch bei ihrem Leiter dem Bildhauer Trummer«, Neue Mannheimer Zeitung, 10.02.1938

167
Die Matrikelbücher der Münchner Kunstakademie sind komplett erhalten und heute digital zugänglich. Einen Studenten Karl Trummer hat es dort nie gegeben.

168
Merkel, S. 85; Köhler, S. 20;
Gilbert, Vollmer [Thieme-Becker-Vollmer] erwähnt ein Studium an der Kunstgewebeschule München von 1927 bis 1935. Das deckt sich aber nicht mit den Recherchen von Köhler, wonach Trummer 1930 in Saarbrücken, 1931/32 in Mannheim und 1932 bis 1936 in Sulzbach war.

169
Neue Mannheimer Zeitung,
10.021938; andere Autoren beziehen sich wohl auch auf diesen Artikel:
»Weitere Studien und die Mitarbeit in mehreren Werkstätten führten ihn an verschiedene Orte in Deutschland, Österreich und Frankreich.« Merkel, S. 85; »Danach ist er als Künstler unterwegs in Österreich und Frankreich und arbeitet angeblich auch eine Zeit lang bei Aristide Maillol«,
Köhler, S. 20, mit Bezug auf:
Neue Mannheimer Zeitung,
10.02.1938; »Im Anschluss arbeitete er als freischaffender Künstler in Deutschland, Österreich und Südfrankreich.«, Gilbert

heiratete er, 24 Jahre alt, Elise Wilhelmine Obermann in Sulzbach/Saar und zog mit ihr nach Saarbrücken.[170]
Im Sommer 1930, vor seiner Heirat und dem Zuzug nach Saarbrücken, musste also sein angebliches Studium in München abgeschlossen und die anschließende Tour durch Europa beendet gewesen sein. Und wenn es zutrifft, dass er bis 1927 eine Berufsausbildung als Holz- und Steinbildhauer absolvierte, dann verblieben gerade mal knapp drei Jahre für ein Studium an der Münchner Kunstgewerbeschule, anschließend der Mitarbeit »in einer Reihe von Ateliers von Wien bis Amsterdam« und einem halben Jahr bei Maillol in Südfrankreich. Schwer vorstellbar, ein solches Pensum in so kurzer Zeit zu schaffen. Hier müssten weitere Recherchen mehr Licht ins Dunkel bringen.
Auch darf seine Mitarbeit im Atelier von Maillol bezweifelt werden. Sollte Karl Trummer auch nur kurz in München studiert haben, vielleicht zwei oder drei Semester, dann verbliebe für einen halbjährigen Aufenthalt bei Maillol nur ein Zeitfenster von etwa Frühjahr 1929 bis Sommer 1930. Aristide Maillol lebte und arbeitete zu dieser Zeit in Marly, einem Vorort von Paris, verbrachte die Wintermonate jedoch öfter in Südfrankreich in seiner Geburtsstadt Banyuls-sur-Mere, wo er zeitlebens ein kleines Haus und etwas außerhalb des Ortes ein kleines Atelier unterhielt. [Im Übrigen liegt der kleine Küstenort Banyuls nicht in der Provence, wie in dem Artikel behauptet, sondern in der Region Languedoc-Roussillon nahe der spanischen Grenze.] Wie aus den Tagebuchaufzeichnungen von Harry Graf Kessler, dem Freund und Mäzen Maillols, zu entnehmen ist, verbrachte der Künstler den Winter 1929/1930 in Banyuls, zusammen mit seiner Frau Clotilde und seinem Sohn Lucien. Für drei Monate war auch sein junges Modell Lucile Passavant zu Gast. Von einem jungen deutschen Mittarbeiter ist in den ausführlichen Berichten jedoch nicht die Rede.[171]
Dass in dem Bericht in der »Neuen Mannheimer Zeitung« von 1938 neben Trummers Mitarbeit in »anonymen« Ateliers von »Wien bis Amsterdam« namentlich Maillol angeführt wurde, lässt ein gewisses Kalkül vermuten. In Kunstkreisen der Zeit war sicher bekannt, dass kein geringerer als Arno Breker in seiner Pariser Zeit [1927–1934] engen Kontakt zu Maillol hatte. Wollte sich Karl Trummer als »Maillol-Schüler« etwa in die gleiche Traditionslinie wie der inzwischen zum Nazi-Bildhauer par excellence avancierte Arno Breker einsortieren? Es wäre nicht der einzige Fall, dass dieser lange Artikel von 1938 in der »Neuen Mannheimer Zeitung« versucht Lücken in Trummers Biografie mithilfe »alternativer Fakten« nazikompatibel zu schließen.
Als Trummer 1937 die Leitung der »Freien Akademie« übernahm, war er zuvor in Mannheim nicht künstlerisch in Erscheinung getreten. Der Artikel von 1938 sieht das anders:

> Nun ist Trummer kein Neuer in Mannheim. Vor Jahren, das WHW-Plakat mit den emporgestreckten Händen »Helft uns helfen« – das war von ihm, und an der Dekoration zum »Weißen Röß'l« war er maßgebend beteiligt. Von daher datiert auch die schöne Geschichte mit Willy Birgel. Spät in der Nacht des gemütlichen Nachspiels zur »Weißen Röß'l-Erstaufführung« will Trummer noch etwas zu essen und einen Kaffee haben. Er winkt einen langen Menschen im Frack von ausgezeichnet distinguierten Manieren an den Tisch, der verbeugt sich und bringt alles, was gewünscht wird, mit geschwungener Serviette und wallenden Frackschößen. Beim Bezahlen stellt sich heraus, daß es Willy Birgel ist; natürlich werden sie gute Freunde und verlassen Arm in Arm das Palasthotel.

Über das Plakat für das »Winterhilfswerk« ist nichts Näheres bekannt. Bezeichnend ist aber, dass hier explizit eine Arbeit für eine Nazi-Organisation erwähnt wird.[172]
Die Erstaufführung des »Weißen Röß'l« fand am Abend des 5. Dezember 1931 statt. Karl Trummer

170
Heiratsurkunde in: Karl Trummer, Personalakte, Staatliche Akademie für Bildende Kunst Karlsruhe, Generallandesarchiv Karlsruhe, 630–3/436; vgl. auch Köhler, S. 20

171
Als Harry Graf Kessler den Künstler im April 1930 in Südfrankreich für drei Tage besuchte, erzählte Maillol ausführlich von den zurückliegenden Monaten. Maillol hatte eine Affäre mit seinem jungen Modell Lucile Passavant und sah sich unentwegt Eifersuchtsszenen seiner Frau ausgesetzt. Er schmiedete Pläne, seine Familie zumindest vorrübergehend zu verlassen. Im Mai 1930, zurück in Marly, nahm Maillol das Angebot Kesslers an, zusammen mit Lucile zu ihm nach Weimar zu ziehen. Am 17. Mai wurde in Paris die »Flucht« vorbereitet, am 4. Juni trafen Harry Graf Kessler, Aristide Maillol und Lucile Passavant in Frankfurt ein und reisten nach einem kurzen Aufenthalt in der Mainmetropole nach Weimar weiter.

172
1936 verteilte das »Deutsche Rote Kreuz« Spendenabzeichen mit dem Slogan »HELFT UNS HELFEN!« zugunsten des Winterhilfswerks. Vielleicht bezieht sich das angesprochene Plakat auf eine solche Sammelaktion des inzwischen gleichgeschalteten DRK.

war zu diesem Zeitpunkt 25 Jahre alt. Und dass er »maßgebend« an der Ausstattung dieser Operette beteiligt gewesen sein soll, ist anhand der Quellen nicht nachvollziehbar. In all den zahlreichen Zeitungsberichten zu dieser vielbeachteten Inszenierung, ebenso in allen offiziellen Verlautbarungen des Nationaltheaters zu dieser Produktion ist immer nur von Albert Henselmann und seiner Akademie die Rede – Karl Trummer wird mit keinem Wort erwähnt.

Auch die Anekdote mit Willy Birgel enthält einige Ungereimtheiten. Willy Birgel gehörte zu dieser Zeit dem Mannheimer Schauspielensemble an und stand am 5. Dezember 1931 in einer Nachmittagsvorstellung auf der Bühne des Nationaltheaters.[173] Es wäre also gut möglich gewesen, dass er abends die Premierenfeier zum »Weißen Rößl« im Palasthotel besucht hatte. Aber warum sollte er zu dieser Feier im Frack auftauchen? Und – wenn Karl Trummer tatsächlich »maßgebend« an der Ausstattung des »Weißen Rößl« beteiligt gewesen sein sollte, eine der aufwendigsten Produktion des Nationaltheaters im Jahre 1931, deren Vorbereitungen sich über Monate hinzogen, warum hat er dann den prominentesten Schauspieler des Mannheimer Ensembles, Willy Birgel, nicht erkannt? Willy Birgel war nicht nur in Mannheim ein bekannter Star; er legte eine geradezu Heinz-Rühmann-gleiche Karriere hin, war vor, während und nach der Naziherrschaft als Theater- und Filmschauspieler sehr erfolgreich. Interessant in diesem Zusammenhang ist allerdings – wie Köhlers Recherchen ergeben haben –, dass sich Karl Trummer in dieser Zeit tatsächlich in Mannheim aufhielt.

> Von März 1931 bis Februar 1932 ist Trummer in Mannheim – ob allein oder mit seiner Frau, ist heute nicht mehr eindeutig zu klären, und auch nicht, was er beruflich in Mannheim macht: In den Meldeunterlagen in Saarbrücken findet sich der Eintrag »zum Studium«.[174]

Nimmt man den Saarbrücker Eintrag »zum Studium« beim Wort, ergeben sich ganz neue Aspekte. War Karl Trummer eventuell zwei Semester lang Schüler an Henselmanns »Freier Akademie«? Hatte er vielleicht als Schüler Henselmanns an der Ausstattung des »Weißen Rößl« mitgewirkt? Belege dafür gibt es nicht. Auch der Artikel von 1938 erwähnt ein Studium Trummers an Henselmanns Kunstschule mit keinem Wort. Warum auch sollte der [angebliche] Absolvent der Münchner Kunstakademie und [angeblich] bereits weitgereiste »Bildhauer« danach noch Unterricht an der vergleichsweise kleinen Mannheimer Kunstschule genommen haben? Sollte Karl Trummer 1931/1932 aber tatsächlich Schüler an der Mannheimer Akademie gewesen sein, dann dürfte hinter den Stationen seines bisherigen Lebenslaufs einmal mehr ein großes Fragezeichen auftauchen.
Karl Trummers Vita bleibt bis Anfang der 1930er Jahre in vielen Aspekten rätselhaft. Danach erlaubt eine bessere Datenlage konkretere Aussagen. Doch erst nachdem er mit der Übernahme der Leitung der »Freien Akademie« 1937 zum ersten Mal öffentlich in Erscheinung trat, gewinnt seine Persönlichkeit präzisere Konturen.
Für die Jahre zuvor liegen Aussagen und Daten vor, die nicht vollständig zur Deckung zu bringen sind. Der Zeitungsartikel von 1938 bemerkt:

> Die letzten vier Jahre vor Mannheim [1933 bis 1936 d. V.] lebte er in Saarbrücken, wo ihm Hermann Röchling in seiner Villa, inmitten des wunderschönen Parks ein Atelier zur Verfügung stellte, das ihm auch noch jetzt offensteht. Im BDA und der volksdeutschen Front hat er dann seine werbetechnischen und künstlerischen Fähigkeiten für die Rückkehr zum Reich eingesetzt.[175]

Laut den Recherchen von Köhler »ist er 1932 bis 1936 in Sulzbach gemeldet. Dann zieht er nach Saarbrücken zurück und von August 1936 bis August 1937 ist seine Adresse der Trillerweg 13«.[176]

173
In dem Märchenspiel »Das dumme Englein«,
Anzeige Nationaltheater Mannheim, Neue Mannheimer Zeitung, 05.12.1931

174
Köhler, S. 20

175
Neue Mannheimer Zeitung, 10.02.1938

176
Köhler, S. 20;
»Ab Sommer 1937 ist Trummer dann mit seiner Frau in der Sternwarte Mannheim gemeldet.« Ebd. mit Bezug auf: StadtA MA – ISG, Historische Meldekartei

Diese Adresse liegt in unmittelbarer Nachbarschaft zu Röchlings großem Anwesen im Saarbrücker Trillerweg. Eine Verbindung zu Hermann Röchling, dem Geschäftsführer und Miteigentümer der Völklinger Stahlwerke, einem Vertrauten Hitlers und späteren Mitglied der Führungselite der NS-Kriegswirtschaft, scheint naheliegend. Allerdings wohnte Trummer laut Köhler erst ab August 1936 an diesem Ort. Und sollte er tatsächlich »seine Fähigkeiten für die Rückkehr zum Reich eingesetzt« haben, dann müsste er bereits vor der Saarabstimmung 1935 für die Deutsche Front – die auf eine Initiative Röchlings zurückging – gearbeitet haben. Demnach müsste Trummer schon vor seinem Umzug in den Trillerweg für Röchling tätig gewesen sein.
Der interessanteste Aspekt in diesem Zeitungsartikel ist allerdings, dass mit dem Namen Hermann Röchling zum ersten Mal in der Biografie Trummers ein Mäzen auftaucht, ein über die Maßen finanzkräftiger und gesellschaftlich einflussreicher Gönner, der ihm in seinem Park angeblich »ein Atelier zur Verfügung stellte«. Bis zu diesem Zeitpunkt ist nichts darüber bekannt, wie Trummer seinen Lebensunterhalt bestritt respektive wer dafür finanziell aufkam. Wie oben dargelegt, war er bereits im Alter von vier Jahren Vollwaise, und für die Zeit bis zu seinem Akademieeintritt 1937 gibt es keinen einzigen Arbeitsnachweis des angeblichen »Künstlers«. Es stellt sich somit die naheliegende Frage, in welcher Beziehung stand Hermann Röchling zu Karl Trummer? Rein geschäftlicher Natur kann diese Verbindung kaum gewesen sein. Denn sollte Röchling tatsächlich gestalterische Unterstützung für das Propagandamaterial der »Deutschen Front« benötigt haben, dann hätte er wohl eher auf professionelle Hilfe zurückgegriffen und solche Aufgaben nicht einem völlig unbekannten jungen Mann aus Sulzbach übertragen. Es bleiben nur zwei Möglichkeiten: Entweder die Beziehung zu Röchling ist eine der aufschneiderischen Behauptungen Trummers, die jeder faktischen Grundlage entbehren, wie das schon bei Maillol zu vermuten war, oder es muss andere, bisher nicht bekannte Gründe für diese Verbindung geben, die eher im privaten Bereich zu suchen sind.
Betrachtet man den kommunikativen Kontext dieses Zeitungsartikels von 1938, deutet einiges darauf hin, dass im Gegensatz zu anderen, fragwürdigen Aussagen zu Trummers Biografie eine konkrete Beziehung Karl Trummers zu Hermann Röchling nicht aus der Luft gegriffen sein dürfte. Der Behauptung, Trummer habe an der Münchner Kunstakademie studiert und anschließend bei Maillol hospitiert, wäre von der zeitgenössischen Leserschaft der »Neuen Mannheimer Zeitung« nicht zu falsifizieren gewesen. Der Geschichte rund um das »Weiße Rös'l« konnte 1938 im Mannheimer Umfeld niemand mehr ernsthaft widersprechen: Albert Henselmann war inzwischen Persona non grata und befand sich auf dem Weg ins Exil, der ehedem verantwortliche Theaterintendant Maisch war von den Nazis geschasst, und Willy Birgel verlegte seinen Wohnsitz 1936 nach Berlin, wo er in Folge zu einem gefeierten Star nationalsozialistischer Propagandafilme avancierte. Anders verhält es sich mit der Aussage über Hermann Röchling. Dieser hatte aufgrund persönlicher und geschäftlicher Beziehungen enge Kontakte nach Mannheim.[177] Von Trummer gestreute »Fake News« über Hermann Röchling in der Mannheimer Presse hätten für ihn – inzwischen seit einem Jahr Leiter der »Freien Akademie« – unangenehme Konsequenzen nach sich ziehen können. Es spricht deshalb vieles dafür, dass Hermann Röchling den aus Bayern stammenden und im Saarland lebenden jungen Mann näher kannte, tatkräftig unterstützte und ihm tatsächlich ein Atelier auf seinem Anwesen zur Verfügung stellte.
Womit wir zur Eingangsfrage dieses Kapitel zurückkehren. Wie schaffte es Trummer 1937 an die Spitze der Mannheimer Kunstschule zu gelangen? Karl Trummer, gelernter Holz- und Steinbildhauer – ohne jegliche pädagogische Erfahrung

177
Hermann Röchling studierte in Heidelberg und hatte über die Ludwigshafen-Mannheimer-Linie der Röchling-Familie enge Beziehungen nach Mannheim. Sein [deutlich älterer] Cousin August Röchling war geschäftsführender Gesellschafter eines in Ludwigshafen ansässigen Großhandelsunternehmens für Kohle und Eisen sowie Miteigentümer der Gebr. Röchling Bank. August Röchling war verheiratet mit der Tochter des Mannheimer Großindustriellen Lanz [Lanz Bulldog] und trat in Mannheim als generöser Mäzen für kulturelle und sportliche Einrichtungen auf. August Röchlings Sohn Ernst, Neffe zweiten Grades von Hermann Röchling, wurde 1930 Mitglied der Geschäftsleitung der Völklinger Eisen- und Stahlwerke. Mit Sicherheit kannte Hermann Röchling auch bereits in den frühen 1930er Jahren den aus Mannheim stammenden Architekten und späteren Rüstungsminister Albert Speer, der bereits 1933 Leiter des Amtes »Schönheit der Arbeit« wurde und somit zumindest mittelbar Einfluss hatte auf die kunstgewerbliche Produktion im »Dritten Reich«.

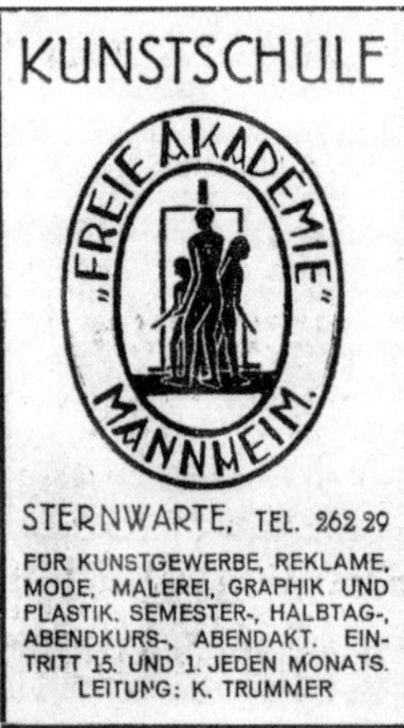

B21 Anzeige
Neue Mannheimer Zeitung
14.02.1937
[Sonntag-Ausgabe]

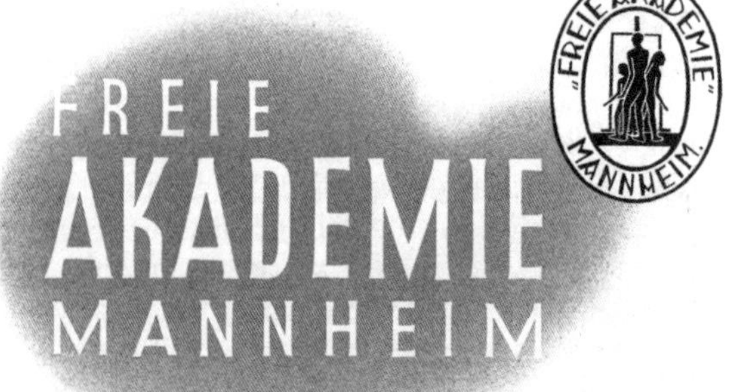

B22 Freie Akademie
Werbefaltblatt
Titelseite 1937/38

und ohne sichtbare künstlerische Reputation – war als Nachfolger Albert Henselmanns als Leiter der »Freien Akademie« objektive betrachtet nicht qualifiziert. Ohne Protektion konnte er diesen Posten nicht erlangen. Verdankt Karl Trummer diese Position vielleicht seinem Gönner Hermann Röchling, der hier seinen Einfluss in die Mannheimer Parteispitze der NSDAP spielen ließ? Belege dafür gibt es nicht.

So bleibt diese Hypothese Spekulation, auch wenn weit und breit kein anderer Förderer Trummers in Sicht ist.

Nachdem Karl Trummer Anfang 1937 die Leitung der Akademie übernommen hatte, drehte er das von Henselmann etablierte öffentliche Erscheinungsbild der Akademie wieder um Jahre zurück. In der ersten Anzeige unter seiner Leitung, im Februar 1937,[178] wurde die Positionierung »Mannheimer Kunst- und Kunstgewerbeschule« aus dem »Branding« gestrichen, die »Freie Akademie« firmierte nun wieder unter dem Begriff »Kunstschule«, und Trummer nutzte wieder die Bildmarke aus dem Jahr 1929. Zwar wurde der Begriff »Kunstgewerbe« noch erwähnt, von einer »vollständigen Berufsausbildung« in angewandter Kunst war aber in dieser Anzeige nicht mehr die Rede.

Gleichwohl legte er das vierseitige Faltblatt aus dem Jahr 1933 wieder neu auf; in verändertem Layout, aber mit nahezu identischem Text. Das deutet darauf hin, dass Trummer durchaus an das von Henselmann entwickelte Lehrkonzept anknüpfen wollte.

Ein knappes Jahr nach der Übernahme der Akademieleitung, im Dezember 1937, stellte Karl Trummer zum ersten Mal in Mannheim aus. Nach vorhandener Datenlage war dies die erste Ausstellungsbeteiligung Trummers überhaupt. Auf der Weihnachtsausstellung Mannheimer Künstler in der städtischen Kunsthalle zeigte er einen Torso aus Holz.[179] 1938 war er in der Ausstellung »Das Bild der Heimat. Weihnachtsausstellung der NSDAP in der Kunsthalle« mit einer Großplastik eines »schreitenden Mädchens« vertreten.[180] In der Weihnachtsausstellung 1939 stellte er einen »Knabenkopf« aus.[181]

Unter der Leitung von Karl Trummer wurde auch die Geschäftsbeziehung der »Freien Akademie« zur Stadt Mannheim wieder reaktiviert, die unter der Leitung Henselmanns nach der Machtergreifung der Nationalsozialisten von den neuen Machthabern weitgehend gekappt worden war.

178
Mannheimer Neue Zeitung, 14.02.1937 und 28.02.1937; Hakenkreuzbanner, 14.02.1937 und 28.02.1937

179
»Ein kleines Schmuckstück der Schau auch: Karl Trummers ›Torso‹ aus Holz, der durch das Ebenmaß der Glieder gefällt und die lebendige, stilvolle Form.«
Hakenkreuzbanner, 03.12.1937

180
»Zwei Großplastiken beherrschen das Bild beim Eintritt. Einmal ist es Karl Trummers Mädchengestalt aus englischem Zement, die in Auffassung und Gestaltung fern an die Griechen erinnert, ein ruhig und feierlich schreitendes Mädchen.«
Hakenkreuzbanner, 27.11.1938

181
»Karl Trummer schließlich, von dem wir letztes Jahr eine Großplastik sahen, zeigt mit seinem Knabenkopf, daß er auch die Gestaltung der kleineren Plastik beherrscht.«
Hakenkreuzbanner, 19.12.1939

Im Januar 1938 entwarf Karl Trummer das Plakat für den großen städtischen Maskenball,[182] und Ende des Jahres war es wieder die »Freie Akademie« unter der Leitung Trummers, die, wie schon unter Henselmann in den Jahren 1930 bis 1932, mit der gesamten Ausstattung für den Maskenball des Jahres 1939 beauftragt wurde.
Die neue Dekoration des Nibelungensaales wurde von der Mannheimer Presse voll des Lobes kommentiert:

> Man muß der Arbeit, die der Maler und Bildhauer Karl Trummer mit seinen Künstlern von der Freien Akademie in den letzten Wochen geleistet hat, ehrliche Bewunderung zollen.[183] Um eine geschlossene Raumwirkung zu erzielen, wird jeder der buntumkleideten mächtigen Beleuchtungskörper von vier libellenartigen Flügeln gekrönt. [So] wird eine Zwischendecke geschaffen, die eine weit bessere Wirkung verspricht als die bisher üblichen Papierbaldachine. Vom Parkett aus wachsen an den Pfeilern zu beiden Seiten weitausladende blumenartige Gebilde empor, die stark stilisierte riesige Masken tragen. [...] Über der Mitte des Saales wird ein 24 Meter langer Lindwurm mit sechs silbernen Flügeln hängen.[184]

Gut ein Jahr nach Beginn des Zweiten Weltkriegs wurde Karl Trummer zur Wehrmacht eingezogen. »Laut Meldeunterlagen meldet er sich am 29.11.1940 zum Militär ab und kehrt 14 Tage später, am 13.12.1940, schon wieder zurück.«[185] Der Grund für die Entlassung, bzw. wer letztlich die Freistellung vom Dienst an der Waffe veranlasst haben könnte, ist nicht bekannt. Trummer diente in Folge an der Heimatfront und war ab 1941 in Verbrechen nationalsozialistischen Kunstraubs verstrickt. Neben dem Direktor der Kunsthalle, Walter Passarge,[186] und dem stellvertretenden Leiter des Schlossmuseums, Ludwig Böhm, war Karl Trummer Mitglied einer Kommission, die sogenannte »Lifts« –hauptsächlich aus Rotterdam nach Mannheim verschiffte Container mit konfisziertem Umzugsgut jüdischer Emigranten – nach Kunstgegenständen durchsuchte, bewertete und an die zuständige Nazi-Behörde meldete.[187]
1941 trat Karl Trummer der von der Mannheimer Nazi-Führung protegierten »Werkgemeinschaft bildender Künstler« bei.[188] Die erste Ausstellungsbeteiligung Trummers in der Werkgemeinschaft im Mai 1941 ließ den Rezensenten der »Neuen Mannheimer Zeitung« etwas ratlos zurück, wie er konstatierte:

> K. Trummer nimmt mit seinen Steh- und Sitzakten eine Sonderstellung ein. Das sind ausgesprochenermaßen aquarellierte Bildhauerzeichnungen. Sehr interessant, aber vielleicht nicht nach jedermanns Geschmack sind die ausgeführten Arbeiten. Das weibliche ›Porträt‹ in Eichenholz z.B. ist durchaus ent-privatisierend u. ent-individualisierend gehalten, um Grundformen herauszuarbeiten und ein Typisches zu erzielen, frei von persönlichen-allzupersönlichen Besonderheiten. Es mag gewagt sein, aus so wenigen Arbeitsproben weittragende Schlüsse zu ziehen, – aber es scheint doch so, als wäre in diesem Schaffen ein durchgängiger Grundzug unserer Zeit mächtig, der vorerst noch tastend nach Ausdruck und Verwirklichung sucht.[189]

Trummer zeigte danach in mehreren Ausstellungen der Werkgemeinschaft Skulpturen und Bildhauerzeichnungen,[190] bis 1943 infolge der Zerstörung Mannheims in der Bombennacht vom 5. auf den 6. September der Ausstellungsbetrieb der Werkgemeinschaft eingestellt werden musste.[191]
Über die Aktivitäten der »Freien Akademie« während des Krieges ist wenig bekannt. Größere Aufträge – wie die Dekorationen zu den städtischen Maskenbällen – gab es nicht mehr.

182
»An den Plakatsäulen lenkt ein mit der Narrenkappe geschmückter Frauenkopf die Aufmerksamkeit der Passanten auf sich. Beim Nähertreten stellt man fest, daß die Schöne zum ersten städtischen Maskenball am Samstag, dem 5. Februar, im Rosengarten einladet. Karl Trummer, der Inhaber der Freien Akademie, hat dieses augenfällige Plakat entworfen.« Neue Mannheimer Zeitung, 27.01.1938

183 Hakenkreuzbanner, 04.02.1939

184
Neue Mannheimer Zeitung, 29.01.1939. Weitere Berichte zum Maskenball 1939: Neue Mannheimer Zeitung, 04.02.1939, 06.02.1939; und Hakenkreuzbanner, 30.01.1939.

185
Köhler, S. 20, Anm. 4

186
Seit 1. Juli 1936 Leiter der Städtischen Kunsthalle Mannheim

187
Vgl. Fritsche, Christiane: Ausgeplündert, zurückerstattet und entschädigt. Arisierung und Wiedergutmachung in Mannheim, Ubstadt-Weiher 2013, S. 535. Aus nach Mannheim verschifften »Lifts« wurden zunächst die Kunstgegenstände durch die dafür eingerichtete Kunstkommission ausgesondert, der übrige Hausrat wurde größtenteils über die eigens dafür eingerichtete Verwertungsstelle für Volksfeindliches Vermögen [VVV] und zu einem kleineren Teil über den Mannheimer Einzelhandel an die »Volksgenossen« verkauft.

188
»Karl Trummer – ebenfalls erst kurz in diesem Kreis [...]«, Hakenkreuzbanner, 14.06.1941

189
Neue Mannheimer Zeitung, 24.05.1941; ein weiterer Bericht zu dieser Ausstellung in: Hakenkreuzbanner, 18.05.1941

190
Juni 1941,
Neue Mannheimer Zeitung, 10.06.1941; Hakenkreuzbanner, 14.06.1941
Sommerausstellung, Juni 1941,
Neue Mannheimer Zeitung, 24.06.1941
Februar 1942,
Hakenkreuzbanner, 01.02.1942
Weihnachtsaustellung 1942
Hakenkreuzbanner, 18.11.1942
Neue Mannheimer Zeitung, 20.11.1942

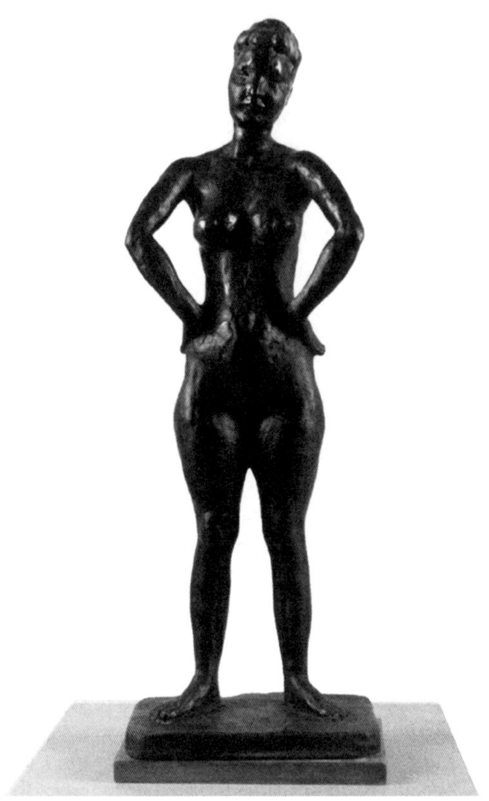

B23 Karl Trummer
Bronze o.T., o.J.
Privatbesitz

Die großen Karnevalsveranstaltungen fanden in Mannheim ab 1940 nicht mehr statt.[192]

Die Entwicklung der Schülerzahlen ist nicht durchgängig nachvollziehbar. 1930 sprach Henselmann von 35 Schülern.[193] Das Maximum der Schülerzahl dürfte 1933 erreicht worden sein, als mit der Kooperation mit der Weberei von Elsbet Fritschi-Wartner das Lehrangebot nochmals deutlich erweitert wurde. Nachdem ab 1934 Albert Henselmann und somit auch die »Freie Akademie« von den neuen Machthabern weitgehend ins gesellschaftliche Abseits gestellt wurde, dürfte auch die Schülerzahl merklich zurückgegangen sein. Konkrete Zahlen dafür fehlen. 1938/39 unterrichtete Karl Trummer noch etwa 20 Abendschüler vornehmlich in dem Bereich Plastik und Malerei.[194] Ob es darüber hinaus noch weitere [Tages-]Kurse gab ist nicht bekannt, ebenso wenig ob neben Karl Trummer seinerzeit noch weitere Lehrkräfte an der Akademie tätig waren. Kriegsbedingt dürfte die Zahl der Schüler Anfang der 1940er Jahre nochmals abgenommen haben. Dass auch noch während der Kriegszeit Unterricht stattfand – wahrscheinlich in eher kleinerem Rahmen –, belegen mehrere Kleinanzeigen in der Mannheimer Presse, mit denen die Akademie weibliche und/ oder männliche Modelle suchte.[195] Eine letzte Kleinanzeige datiert in das Jahr 1943, in der die Akademie ein guterhaltenes Klavier zu kaufen suchte.[196] Die Bombardierung Mannheims im September 1943 überstand die Sternwarte ohne gravierende Schäden. Trummers Wohnung und die Atelierräume der Kunstschule waren weiter nutzbar. Vielleicht erteilte Karl Trummer noch in den letzten Kriegsmonaten eine Art Privatunterricht für einzelne Schüler.[197] Offiziell geschlossen wurde die »Freie Akademie« nicht, ab Kriegsende scheint aber kein Unterricht in der Kunstschule mehr stattgefunden zu haben.

1945–1950

Die kriegsbedingte Unterbrechung des Lehrbetriebs blieb aber nur von kurzer Dauer. Karl Trummer hatte die ominöse »Stunde Null« trotz seiner Nähe zur Führungsebene der Mannheimer Nazi-Herrschaft und trotz seiner Verstrickungen in nationalsozialistisch organisierten Kunstraub unbeschadet überstanden [ebenso wie Walter Passarge als Leiter der Mannheimer Kunsthalle]. Bereits im Juli 1945 erhielt Trummer von der amerikanischen Besatzungsverwaltung die Lizenz, die Kunstschule wieder zu eröffnen.

191
Die letzte Ausstellung der Werkgemeinschaft wurde im Juli 1943 eröffnet. Neue Mannheimer Zeitung, 15.07.1943. Die verheerende Bombardierung in der Nacht vom 5. auf den 6. September 1943, die die Mannheimer Innenstadt fast komplett in Schutt und Asche legte, zog auch die wichtigsten Mannheimer Kulturinstitutionen in Mitleidenschaft. Das Nationaltheater wurde komplett zerstört. Der Kunstverein, im Schloss angesiedelt, musste seine Ausstellungstätigkeit einstellen ebenso vorrübergehend die Mannheimer Kunsthalle. Die Kunsthalle öffnete wieder im Juni 1944 mit einer Ausstellung über Otto Dill. Hakenkreuzbanner, 08.06.1944 und 10.06.1944

192
»Nichts versäumt«, Hakenkreuzbanner, 09.02.1940

193
Neue Badische Landeszeitung, 07.06.1930; zitiert nach Präger, S. 124

194
Neue Mannheimer Zeitung, 10.02.1938

195
Neue Mannheimer Zeitung, 17.07.1940; 12.02.1941; 02.09.1941; 03.09.1941; Hakenkreuzbanner, 09.09.1941; 04.09.1941

196
Neue Mannheimer Zeitung, 10.05.1943; 12.05.1943

197
»[...] z. B. studiert Hans Graeder, dessen Nachlass sich bei den Künstlernachlässen Mannheim befindet, von 1943 bis 1945 bei ihm.« Köhler, S. 20

Wohl zu seiner eigenen Überraschung, wie er in einem Brief an Walter Passarge anmerkte.[198] Wann genau Karl Trummer den Lehrbetrieb wieder aufnahm, ist nicht bekannt. Spätestens ab September 1946 fand wieder geregelter Unterricht statt – zunächst wieder in den Atelierräumen der Sternwarte. Ab diesem Zeitpunkt lehrte Karl Trummer an der »Freien Akademie« zusammen mit dem Maler Albert Cherlè.[199] Ende des Jahres 1946 stellte die Stadt der Akademie zwei notdürftig hergerichtete Räume im Erdgeschoss des Schlosses zur Verfügung. Trotz der unzulänglichen räumlichen Situation schien die Kunstschule schnell wieder Fuß zu fassen in Mannheim. Mitte 1946 besuchten bereits wieder 52 Schüler die »Freie Akademie«.[200]
1947 bezog die »Freie Akademie« mehrere Atelier- und Unterrichtsräume im rechten Flügel des Schlosses. Das Wintersemester 1947/48 begann die Kunstschule bereits mit der beachtlichen Zahl von »80 Vollschülern [20 Bildhauern und 60 Maler und Graphikern].«[201]
Zum Sommersemester 1948 schloss sich der Maler Paul Berger-Bergner der »Freien Akademie« an und übernahm eine Mal- und Zeichenklasse.[202]
Im September 1948 trat die »Freie Akademie« zum ersten Mal seit Kriegsende mit einer Ausstellung von Schülerarbeiten in die Öffentlichkeit.[203]
Die »Freie Akademie« wurde nun in der Rechtsform einer »Gesellschaft bürgerlichen Rechts« geführt. Gleichberechtigte Gesellschafter waren Karl Trummer, Albert Cherlé und Paul Berger-Bergner.[204]
Der Maler Albert Cherlé[205] [Franz Albert Schumacher], 1908 in Köln geboren, verheiratet mit der Innenarchitektin Dora Schumacher [Dora Cherlé] verbrachte – aus Dresden kommend – schon die Jahre 1936 bis 1938 in Mannheim.

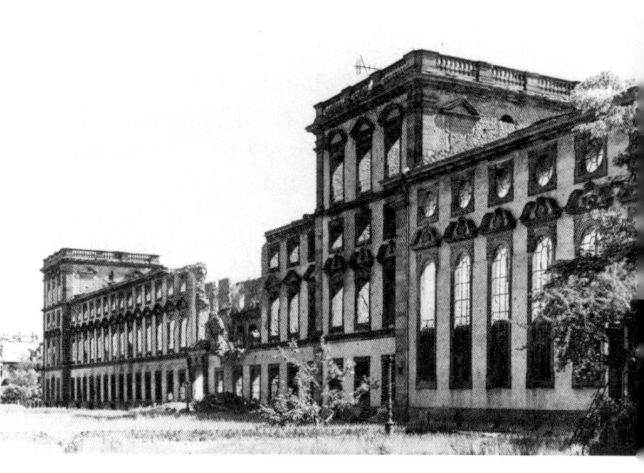

B24 Schloss Mannheim
rechter Flügel
Foto 1946

1946 kehrte er nach einem Aufenthalt in Frankfurt nach Mannheim zurück und übernahm an der »Freien Akademie« die Malklasse. Das Ehepaar Cherlé bewohnte einen Teil der bereits 1937 von Karl Trummer angemieteten Räume im zweiten Stockwerk der Sternwarte. 1951 verließ Cherlé die »Freie Akademie«, nachdem es zu Unstimmigkeiten mit seinen Mitgesellschaftern gekommen war.[206] Ab 1954 kam es zu Rechtsstreitigkeiten mit Trummer und der Stadt, bis nach einer erfolgreichen Räumungsklage 1959 das Ehepaar Cherlé Atelier und Wohnung in der Sternwarte verließ[207] und Mannheim den Rücken kehrte. Cherlé kannte Paul Berger-Bergner bereits aus gemeinsamen Dresdner Zeiten. Und ihm gelang es zusammen mit Trummer, den Künstler Berger-Bergner, der sich zunächst nicht zum Lehrer berufen fühlte, für die Übernahme einer Malklasse an der Mannheimer Akademie zu gewinnen.[208]

198
»Verehrter Herr Passarge, die Sockel, den Lehmbruck und den [unleserlich] kann ich, wenn es Ihnen recht ist, morgen alter übermorgen anschauen. Außerdem bitte ich Sie zur Kenntnis nehmen zu wollen, daß ich wieder die Schule weiter-führen muß; ich habe ausgerechnet jetzt die Lizenz bekommen. Alles andere mündlich [unleserlich] Karl Trummer« Handgeschriebener undatierter Brief Trummers an Walter Passarge. Der Brief ist eine Antwort auf eine Anfrage Passarges, datiert 03.07.1945. Trummers Schreiben muss also kurz danach verfasst worden sein.
Marchivum, 2_2012_00501

199
»Die Freie Akademie in der Sternwarte hat den Unterricht wieder aufgenommen, zu dessen Bereicherung eine neue Lehrkraft beitragen wird: der Maler Albert Ivo Cherlè aus Köln. Er war Schüler von Richard Sebald, Paul Klee und Otto Dix und bekennt sich zum Surrealismus. Seit 1933 hat er nicht mehr ausgestellt, da ihn das Dritte Reich geächtet hatte.«, Mannheimer Morgen, 07.09.1946

200
Brief Trummer an Prof. Langer, Mil.Govt. E&R Office vom 08.05.1946, Marchivum, 9/1978_00091

201
»Die Freie Akademie im Schloß, die in Bälde die Räume der alten Kurpfälzischen Akademie im rechten Schloßflügel beziehen wird, hat am 8. September das Wintersemester mit 80 Vollschülern [20 Bildhauern und 60 Malern und Graphikern] begonnen. Anmeldungen können noch bis 20. September erfolgen.«,
Mannheimer Morgen, 09.09.1947

202
»Der Maler und Graphiker Paul Berger-Bergner übernimmt mit dem 10. April eine Mal- und Graphikklasse der Mannheimer Freien Akademie.«,
Mannheimer Morgen, 08.04.1948

203
»Als erste Leistungsschau der »Freien Akademie« seit Kriegsende will eine Ausstellung von Schülerarbeiten gewertet werden, die in Gegenwart zahlreicher Besucher und Vertreter der badischen Regierung im Schloß eröffnet wurde.«,
Mannheimer Morgen, 29.09.1948

204
Prozessakte, Marchivum 4/1993/2074

205
Eigentlich Franz Albert Schumacher, Albert [Ivo] Cherlè war sein Künstlername. Zu Albert Cherlé vgl.
Köhler, S. 48—51

206
»Als ich 1951 resignierte, verließ ich ca. 50 zahlende Studierende mit der Abmachung, daß meine Nachfolger mir eine Abfindung von DM 2400. zu zahlen hätten. Diese Zahlung ist nie geleistet worden[...].«
Brief Cherlés an Oberbürgermeister Reschke, 13.02.1957,
Marchivum, 4/1993/2074

207
»Die Eheleute Albert Schumacher-Cherlé haben nunmehr ihre Wohnung in der ehem. Sternwarte A4, 6, verlassen.« Gemeinnützige Baugesellschaft Mannheim MBH, Notiz an Stadtverwaltung, 16.06.1959.
Die Prozessakten sind einsehbar unter Marchivum, 4/1993/2074

208
Vgl. Hodin, Josef Paul:
Paul Berger-Bergner, Leben und Werk, Hamburg 1974, S. 44

Paul Berger-Bergner wurde 1904 in Prag geboren. Nach einer Ausbildung zum Porzellanmaler studierte er ab 1921 in Weimar, Berlin und Dresden Malerei und Grafik. Ab 1931 lebte er als freier Künstler in Dresden und wurde Mitglied der 1932 neugegründeten »Dresdner Sezession«. 1940 kehrte er nach Prag zurück; 1941 wurde er eingezogen und verbrachte den Krieg als Sanitäter in einem Marinelazarett in Pommern. 1948 kam Paul Berger-Bergner an die Mannheimer Akademie – und trotz seiner ursprünglichen Bedenken wurde er zu einem leidenschaftlichen Lehrer. Sein bescheidenes, empathisches Auftreten, gepaart mit einer überzeugenden künstlerischen Kompetenz, verlieh ihm eine natürliche Autorität. Von seinen Schülern hochgeschätzt, sollte er in den kommenden zwei Jahrzehnten zur prägenden Künstlerpersönlichkeit an der »Freien Akademie« werden und der Mannheimer Kunstschule auf dem Feld der Malerei zu überregionalem Renommee verhelfen.[209]
Karl Trummer indessen gelang 1947 der nächste, überraschende Karrieresprung: Er wurde zum Leiter der Bildhauerklasse an die sich neu konstituierenden Kunstakademie in Karlsruhe berufen. Im März 1949 erfolgte die Ernennung zum Professor für Bildhauerei. Die »Freie Akademie« in Mannheim durfte er mit Erlaubnis der Karlsruher Akademie [nebenamtlich] weiterführen, denn »die freie Akademie in Mannheim ist für die Akademie der bildenden Künste Karlsruhe keine Konkurrenzanstalt sondern wirkt sich vielmehr als Zubringerschule im günstigen Sinne aus.«[210]

Und wie schon 1937 bei der Übernahme der »Freien Akademie« in Mannheim drängt sich die Frage auf: Wie schaffte es Trummer auf diese Position? Was qualifizierte ihn für diese Professorenstelle an einer traditionsreichen und renommierten Kunstakademie?

> Als der Unterricht im Oktober [1947, d.V.] in notdürftig hergerichteten Räumen wieder aufgenommen werden konnte, standen den Studierenden zunächst vier Klassen offen: eine Malklasse unter der Leitung von Wilhelm Schnarrenberger – die von Anfang an vorgesehene zweite Malklasse unter Erich Heckel kam erst 1949 hinzu – zwei Zeichenklassen mit den Professoren Karl Hubbuch und Otto Laible sowie eine Bildhauerklasse, für deren Leitung Carl Trummer aus Mannheim verpflichtet wurde. Von Trummer abgesehen, hatte man sich bei allen Berufungen für Künstler entschieden, die schon lange vor dem Krieg größtenteils auch an der Karlsruher Akademie – tätig gewesen waren, hohes Ansehen genossen und als politisch unbelastet galten.«[211]

Im Kreis dieser anerkannten Künstler mutet Trummers Name etwas seltsam an. Sein Werk bis dahin war dünn. Er war von 1937 bis 1942 in Mannheim an acht Gemeinschaftsausstellungen beteiligt. Meist zeigte er jeweils nur eine Skulptur und einige Bildhauerzeichnungen, größtenteils in Ausstellungen der von den Nationalsozialisten protegierten »Werkgemeinschaft Mannheimer Künstler« – eine künstlerische Vergangenheit, mit der man nach dem Krieg nicht unbedingt groß auftrumpfen konnte. Eine größere Einzelausstellung hat es nie gegeben, und außerhalb Mannheims war Trummer nicht in Erscheinung getreten. In einem Schreiben vom 23. August 1947 rechtfertigte der Gründungsdirektor der Karlsruher Akademie, Oskar Gehrig, Trummers Berufung vor allem mit dessen pädagogischer Erfahrung, gleichwohl sah er noch Handlungsbedarf für die Bildhauerausbildung an seiner Hochschule:

> Für die Leitung der Bildhauerklasse ist Carl Trummer, aus Bayern stammend, vorgesehen, der seit vielen Jahren als Lehrer an der Freien Akademie in Mannheim wirkt. Dieser in verschiedenen Techniken bewanderte und erfahrene Künstler ist [...] uns darum für die Schulung der jungen Kräfte zur Bewältigung

209
Vgl. Hodin und Köhler, S. 80—87

210
Bescheinigung der Staatlichen Akademie für Bildende Kunst Karlsruhe, in: Karl Trummer, Personalakte, Generallandesarchiv Karlsruhe, 630-3/436

211
Merkel, Ursula, in: Die Malerei ist tot – es lebe die Malerei, 150 Jahre Kunstakademie Karlsruhe – die Professoren von 1947 bis 1987, hrsg. von der Stadt Karlsruhe – Städtische Galerie, Karlsruhe 2004, S. 85

> der nächsten Zukunftsaufgaben besonders wertvoll. [...] Darüber hinaus hoffen wir, in absehbarer Zeit zur Stärkung des bildhauerischen Geistes an unserer Hochschule einen älteren Meister, dessen Geltung in der Kunstgeschichte nicht anzuzweifeln ist, den jetzt aus Dresden wieder in seine badische Heimat zurückgekehrten Prof. Dr. h. c. Karl Albiker der Akademie personell eingliedern zu können.[212]

Hegte Gehrig also selbst Zweifel an Trummers künstlerischer Reputation? Mit Karl Albiker wolle er Trummer einen Bildhauer zur Seite stellen von internationalem Bekanntheitsgrad, gleichwohl mit braunschattierter Vergangenheit.[213] Albiker lehnte das Angebot ab und kam nicht an die Karlsruher Akademie. Aus heutiger Sicht scheint es auch kaum vorstellbar: Karl Albiker und Erich Heckel an einem Tisch. Albiker, der 1937 in der »Großen Deutschen Kunstausstellung« in München ausstellte,[214] während zeitgleich Erich Heckel ein paar Straßen weiter in der Ausstellung »Entartete Kunst« von den Nazis der Lächerlichkeit preisgegeben wurde.
Karl Trummer blieb auch nach seiner Berufung an die Karlsruher Akademie – nominell – Leiter der »Freien Akademie« in Mannheim. Hier betreute er auch weiterhin die Bildhauerklasse. Den Schwerpunkt seiner Arbeit sah er ab 1948 aber in seiner neuen Aufgabe in Karlsruhe. Aus dem organisatorischen Betrieb der Mannheimer Kunstschule schien er sich weitgehend zurückgezogen zu haben. Einem Schreiben Walter Passarges ist zu entnehmen, dass sich Trummer ab 1949 wohl nur noch gelegentlich in Mannheim aufhielt.[215]
Der Schwerpunkt der Ausbildung an der »Freien Akademie« lag in den Nachkriegsjahren deutlich auf der Freien Kunst. Wenngleich die Kunstschule – anknüpfend an die Vorkriegszeit – den Untertitel »Werkschule für freie und angewandte Kunst« im Namen führte. Im »Mannheimer Morgen« war 1949 zu lesen:

> Erstaunlich viele junge Menschen sind es, die da zu den 60 Schülern der Akademie, der Werkschule für freie und angewandte Kunst, Werkkunst und Gebrauchsgraphik, gehören. In den vier Ateliers machen sie die Maler Paul Berger-Bergner und Albert J. Cherle und der Bildhauer Karl Trummer mit den Geheimnissen des Zeichnens, der Malerei, der Plastik, der Graphik, der Schrift, der Raumkunst und Entwurfslehre und der Mode bekannt.[216]

Diese Aufzählung des Lehrangebots in dem Zeitungsartikel stammte aus einem 1949 von der »Freien Akademie« herausgegebenen Prospekt, mit dem die Einrichtung um Schüler warb. Das hier dargestellte breite Angebotsportfolio entsprach aber keineswegs der tatsächlichen Ausbildungspraxis. Diese Schönfärberei stieß auch im Kulturamt der Stadt auf Unverständnis. Einer Aktennotiz ist zu entnehmen: »In dem Prospekt sind Lehrgegenstände aufgeführt, die praktisch nicht gepflegt werden, und zwar handelt es sich insbesondere um Disziplinen der angewandten Kunst, vornehmlich Mode und Gebrauchsgraphik.«[217]
Im Grunde standen die Kompetenzen und Eigeninteressen der drei Lehrenden einer kunstgewerblichen Ausbildung eher im Wege. Trummer sah sich in erster Linie als Bildhauer, und nachdem er 1947 an die Karlsruher Akademie berufen wurde, hatte er sich nicht mehr um kunsthandwerkliche Aufträge für die Mannheimer Kunstschule bemüht. Cherlé bezeichnete sich selbst als »academischer Maler« und betonte damit sein Künstler-Ego. Und Berger-Bergner konnte sich mit angewandter Kunst nie wirklich anfreunden. Er sah in dem kunstgewerblichen Zweig der Akademieausbildung allenfalls eine ungeliebte Notwendigkeit, um sich Spielraum für seine Leidenschaft, die Malerausbildung, zu schaffen.

212
zitiert nach Merkel, S. 85; vgl. auch Anm. 34, S. 39, Schreiben Gehrigs vom 23.08.1947, GLA 235/4001

213
Karl Albiker war seit 1933 Mitglied der NSPAP, steuerte u.a. 1935 Skulpturen für die figurative Ausstattung des »Reichssportfeldes« [Olympiagelände in Berlin] bei, war 1937 Mitglied der Auswahlkommission für die erste »Große Deutsche Kunstausstellung« in München, wo er auch selbst ausstellte und wurde 1944 von Joseph Goebbels in die »Gottbegnadete-Liste« der wichtigsten Künstler aufgenommen.

214
Karl Albiker, »Jüngling« [Statue], GDK 1937, Saal 4, gdk-research.de

215
»Leider besitzen wir hier m.E. keinen Bildhauer, bei dem sich Herr Thiele Anregung und Rat holen könnte, nachdem Herr Trummer Professor in Karlsruhe geworden ist. Doch würde ich raten, dass sich Herr Thiele einmal mit Herrn Professor Trummer [der sich ab und zu in der Freien Akademie, Schloss aufhält, wo er auch zu erreichen ist] in Verbindung setzt.« Aus einem Gutachten Walter Passarges, datiert Mannheim, den 27.08.1949, Marchivum, 2_2012_00501

216
Mannheimer Morgen, 14.10.1949

217
Aktennotiz Kulturamt vom 30.09.1950, Marchivum, 9/1978_00091

1950 bis 1957

Im Juli 1950 sprachen Trummer und Berger-Bergner im Kulturamt der Stadt vor, um Entwicklungsperspektiven für die »Freie Akademie« zu erörtern und um Unterstützung durch die Stadt nachzusuchen.[218] Die beiden Akademievertreter führten aus, dass es tiefe Verwerfungen im Lehrkörper gebe und sie sich von ihrem Mitgesellschafter Cherlé trennen wollten. Dieser sei »persönlich außerordentlich schwierig und soll auch bei den Schülern keinen Anklang finden. Herr Cherlé soll einen übertriebenen Geltungsdrang haben und sich wenig Sympathien erwerben.« Auch sei die finanzielle Situation äußerst schwierig; eine städtische Subvention von jährlich 10 000 DM sei nötig, um die Kunstschule am Leben zu erhalten. Das Kulturamt monierte in diesem Gespräch aus Sicht der Stadt vor allem das Fehlen angewandter Disziplinen im aktuellen Lehrangebot. »Ich habe den Herren Prof. Trummer und Berger gesagt, daß die Aufgabe der Freien Akademie hauptsächlich auf dem Gebiet der ›angewandten‹ Kunst zu sehen sei, damit die Schüler nach Beendigung ihrer Ausbildung auch in der Lage sind, sich den Lebensunterhalt zu verdienen. Mit Arbeiten der ›freien‹ Kunst ist das kaum möglich.«

Im Oktober 1950 legte das Kulturamt ein Konzept vor, wie die »Freie Akademie« durch die Stadt unterstützt werden könnte.[219] Dabei wurde eine mögliche kontinuierliche Förderung an rigide Bedingungen geknüpft, die massiv in die Autonomie der privaten Kunstschule eingriffen.

> Die Freie Akademie hat z. Zt. ca. 45 Schüler. Die finanzielle Basis der Schule ist außerordentlich schwach; jeder Lehrer verdient nicht einmal 100 DM im Monat. [...] Die Schule ist in der jetzigen Form für die Stadt von geringem Interesse. Da die Herren Trummer und Paul Berger künstlerisch und persönlich als Lehrer und Leiter einer Kunstschule geeignet erscheinen, kann die Freie Akademie zu einem wichtigen kulturellen Faktor werden, wenn sie reorganisiert und auf eine angemessene finanzielle Basis gestellt wird. [...] Die Zahlung eines fixen Zuschusses sollte folgendes voraussetzen: a] Ausscheiden des Herrn Cherle; b] Eintritt eines Lehrers für Gebrauchsgraphik und Schrift; c] Übersiedlung des Herrn Trummer nach Mannheim. Herr Prof. Trummer müßte auf seine Lehrtätigkeit in Karlsruhe [...] verzichten. [Diese Forderung wurde später wieder revidiert.] Der Zuschuss von 10 000 DM, von dem auch das Gehalt des neu zu gewinnenden Graphikers gedeckt sein muß, soll kein verlorener Zuschuß sein. Die Freie Akademie soll sich dafür verpflichten, der Stadt die von ihr gewünschten, in die Arbeitsgebiete der Schule fallenden Arbeiten [...] zu liefern. Am wichtigsten ist zunächst die Einrichtung der Klasse für Gebrauchsgraphik; die Erweiterung auf andere Werkschulfächer [Mode, Dekoration, Töpferei, Tapetenentwürfe] kann allmählich entwickelt werden.

Trummer und Berger-Bergner akzeptierten diese Bedingungen; damit war der Weg frei für eine Neuorientierung der Kunstschule Richtung Werkkunstschule. Der entscheidende Impuls für diese Neuausrichtung kam aber nicht aus den Reihen der »Freien Akademie« selbst. Es war die Stadt, die mit ihren Forderungen den Zug auf dieses Gleis setzte. Trummer und Berger-Bergner fügten sich diesen Vorstellungen der Stadt wohl eher äußerer Not gehorchend denn aus innerer Überzeugung.

Im April 1951 schied Albert Cherlé aus dem Lehrkörper der Akademie aus.[220] Im Mai 1951 besetzte Hans Heinrich Palitzsch die vakante Stelle und wurde Leiter der neu eingerichteten Klasse für Gebrauchsgrafik und Bühnenbild. Gleichzeitig wurde er Mitgesellschafter der die Akademie rechtlich tragenden GdbR.

Der »Mannheimer Morgen« kommentierte die Reorganisation der Mannheimer Kunstschule im Mai 1951 unter der Überschrift »Erweiterung der

218
Aktennotiz Kulturamt vom 18.07.1950, Marchivum, 9/1978_00091

219
Aktennotiz Kulturamt vom 03.10.1950, Marchivum, 9/1978_00091

220
»Herr Paul Berger-Bergner sprach inzwischen nochmals vor und teilte mit, daß Herr Cherle sich damit einverstanden erklärt habe, sofort aus der Akademie auszuscheiden. Er hat damit allerdings den Wunsch verknüpft, daß er sein Atelier [in der Sternwarte d.V.] noch einige Zeit weiterbenutzen könne, was ihm Prof. Trummer in Aussicht gestellt habe.« Aktenotiz Kulturamt vom 21.04.1951, Marchivum, 9/1978_00091

›Freien Akademie‹ Mannheim«:

> Die »Freie Akademie« [...] widmete sich bisher ausschließlich der Schulung in den Sparten der freien Bildenden Kunst. Nun werde die Ausbildung auf Fächer der angewandten Kunst ausgedehnt. Die neugebildete Abteilung sieht Unterricht in Schriftzeichnen, Typographik und Fotographik sowie Werbegraphik vor, ferner die Unterweisung im Herstellen von Plakat-, Prospekt- und Dekorationsentwürfen, außerdem Bühnenbild- und Kostümentwurf und Modezeichnen. Als Lehrkraft für angewandte Kunst wurde Hans Palitzsch, der früher in Dresden und nach dem Krieg als Bühnenbildner in Stuttgart und Bremerhaven wirkte, gewonnen. Neben ihm gehören dem Lehrkörper der »Freien Akademie« Paul Berger-Bergner für die Zeichen- und Malklassen und Professor Karl Trummer für die Bildhauerklasse an. [...] Im Rahmen der neueröffneten Abteilung bildet Elisabeth Veith in Töpferkunst aus. Der Lehrplan der »Freien Akademie« sieht für sämtliche Schüler und Schülerinnen zwei Semester »Grundschule« vor, in denen jeder Neueintretende mit allen Zweigen der freien und angewandten Kunst vertraut gemacht werden soll. Nach dieser ersten Ausbildungsetappe, die die grundsätzliche Eignung des Schülers und seine Neigung für ein spezielles Gebiet einer Gattung der Bildenden Kunst erweisen soll, sind in jedem Fach vier weitere Semester vorgesehen. Eine Gesamtausbildung wird sich im allgemeinen also auf mindestens sechs Semester belaufen.[221]

Mit dieser Neukonzeption des Curriculums wurde nun der feien Kunst Disziplinen der angewandten Kunst zur Seite gestellt und durch neue Lehrkräfte besetzt. Der Kontakt zu Hans Heinrich Palitzsch dürfte wahrscheinlich über Paul Berger-Bergner zustande gekommen sein. Beide, Berger-Bergner und Palitzsch, kannten sich wohl aus gemeinsamen Zeiten in Dresden.

Hans Heinrich Palitzsch wurde am 7. Dezember 1912 in Dresden geboren und arbeitete nach einem Studium in Dresden und Berlin von 1934 bis 1939 als freischaffender Gebrauchsgrafiker und Bühnenbildner in der Elbmetropole. Zur gleichen Zeit, 1931 bis 1940, lebte und arbeitete dort auch Paul Berger-Bergner als freischaffender Künstler. Nach Stationen als Bühnenbildner in Stuttgart und Bremerhaven kam Palitzsch 1951 nach Mannheim und übernahm dann an der »Freien Akademie« den Bereich Gebrauchsgrafik und Bühnenbild.

Mit der Angliederung des Keramikateliers der jungen Mannheimer Künstlerin Elisabeth Tutti Veith[222], zu diesem Zeitpunkt gerade 29 Jahre alt, erweiterte die »Freie Akademie« ihr Lehrangebot um ein klassisches Feld des Kunsthandwerks. Die Keramikwerkstatt von Elisabeth Veith lag in den Mannheimer Quadraten, in U4, 4; der Brennofen, der allerdings nicht mehr dem neuesten Stand entsprach, befand sich in der Sternwarte.[223] Mit der Keramikwerkstatt konnte die Kunstschule auch den weiblichen Anteil der Schülerschaft erhöhen, denn es waren vor allen die jungen Frauen, die sich von dem neuen Angebot angesprochen fühlten.[224]

Nachdem die Akademieleitung der von der Stadt geforderten Reorganisation der Schule zugestimmt hatte, beschloss der Kulturausschuss der Stadt im Januar 1951, der »Freien Akademie« einen jährlichen Zuschuss von 15 000 DM zu gewähren. Allerdings unter der Maßgabe, wie in dem Papier des Kulturamtes bereits formuliert, dass »die ›Freie Akademie‹ der Stadt die von ihr gewünschten, in das Arbeitsgebiet der Schule fallenden Arbeiten – graphische Gestaltung, Wandmalerei und Dekoration – ganz oder teilweise unentgeltlich zu liefern [hat].«[225]

Mit dieser finanziellen Zuwendung war der Fortbestand der Kunstschule erst einmal gesichert. Im Grunde konnte die »Freie Akademie« Anfang der 1950er Jahre mit leichtem Optimismus in die Zukunft blicken.

221
Mannheimer Morgen, 29.05.1951

222
Elisabeth Tutti Veith wurde am 30.03.1922 in Mannheim geboren. In den 1950er Jahren war sie Schülerin an der »Freien Akademie«. Schon in jungen Jahren war sie mit ihren modernen Formen, die bisweilen an Bauhauskeramik erinnern, erfolgreich. Mehrere ihre Arbeiten befinden sich heute in der Sammlung der Kunsthalle Mannheim.

223
»Durch die Kriegszeit und die materialarmen Nachkriegsjahre ist der Brennofen für die in der Werkstatt geschaffenen Formen, der in der Sternwache aufgestellt wurde, völlig unzulänglich geworden. Er erreicht längst nicht mehr die erforderlichen Hitzegrade, die, um einen werkgerechten Brand ausführen zu können, bei über 1000 Grad Celsius liegen müssen. Ein Ausweg wäre in Mannheim sehr leicht zu finden. Da befindet sich auf dem Waldhof ein heutigen Verhältnissen angepaßter elektrischer Brennofen, für dessen Inbetriebnahme der Freien Akademie die in einem städtischen Etat verschwindend geringe Summe von 500 Mark nötig wäre. Man sollte meinen, daß dieser Betrag für die Mannheimer Kunstschüler vorhanden sein sollte.«,
Rhein-Neckar-Zeitung, 22./23.11.1952

224
»Im Hof eines der Häuser in den U-Quadraten fanden wir die Töpferei und Keramikwerkstatt der Freien Akademie Mannheim. Dort saßen ein gutes halbes Dutzend junger Damen an den Tischen und bearbeiteten die graubraun erdige Masse mit geschickten Händen«.
Rhein-Neckar-Zeitung, 22./23.11.1952

225
Ratsprotokoll der Stadt vom 11.01.1951, Marchivum, 1/190-0_00322

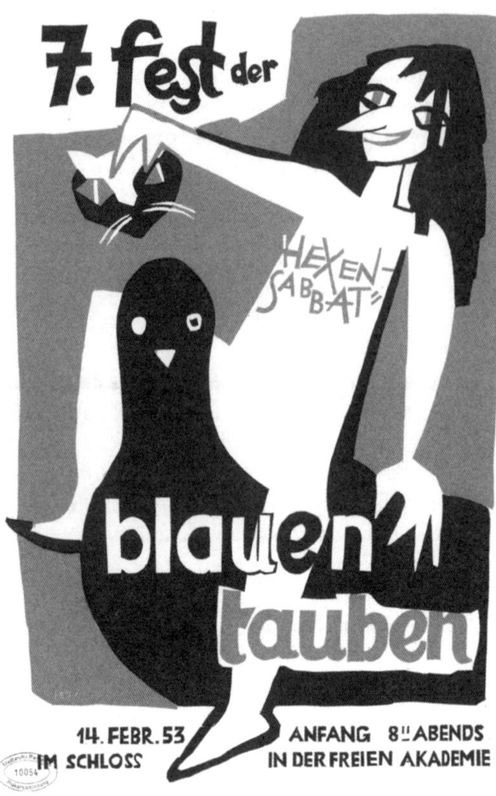

B25 Freie Akademie
Plakat
Faschingsfest der Akademie
1953

Die Schülerzahl hatte sich zwischen vierzig und fünfzig eingependelt.
Die räumliche Ausstattung mit den vier unentgeltlich überlassenen Atelierräumen im Schloss und der angegliederten Keramikwerkstatt in den Quadraten war so gut wie nie zuvor. Doch die günstigen Auspizien währten nur wenige Jahre.
1955 erwog das Kulturamt, die private Kunstschule näher an die Stadt zu binden und als eigenständige Abteilung organisatorisch in die Abend-Akademie und Volkshochschule einzugliedern.
Die Vertreter der »Freien Akademie« zeigten sich nicht abgeneigt. Sie versprachen sich von einem solchen Schritt vor allem Entlastung von Verwaltungsarbeit.[226] Nach mehreren Verhandlungsrunden mit den beiden Einrichtungen lag Anfang Januar 1956 eine unterschriftsreife Vereinbarung über eine Zusammenarbeit zwischen der »Freien Akademie« und der Abend-Akademie und Volkshochschule vor. In der Sitzung des Kulturausschusses Mitte Januar fand dieses Vorhaben nach einer kontroversen Debatte jedoch keine Mehrheit.[227]
Die Kritiker wähnten hinter dieser Maßnahme eine versteckte, zusätzliche Subventionierung der Kunstschule auf Kosten eines unverhältnismäßig hohen Mehraufwands für die Abend-Akademie und Volkshochschule. Stimmen wurden laut, Subventionen für die private Einrichtung angesichts leerer Haushaltskassen grundsätzlich auf den Prüfstand zu stellen.
Wie sehr die »Freie Akademie« vom Goodwill der Stadt abhängig war, zeigte sich noch im gleichen Jahr, als dann restriktive Maßnahmen der Verwaltung die Kunstschule in eine existenzielle Krise stürzten. Zunächst musste die »Freie Akademie« im Frühjahr 1956 – im Zuge der Erweiterung des Finanzamtes – ihre Atelierräume im Schloss verlassen. Die Kunstschule wurde von der Stadt in eine alte Baracke hinter dem Nordflügel des Schlosses einquartiert. Dann wurde im Kulturhaushalt der Stadt der bislang gewährte Zuschuss von jährlich 15 000 DM ersatzlos gestrichen.[228] Beide Maßnahmen hatten gravierende Folgen für die »Freie Akademie«. Die Zahl der Schüler ging zurück, und finanziell manövrierte die Kunstschule am Rande des Ruins.
Die »Allgemeine Zeitung«, die immer ein offenes Ohr für die Belange der Akademie hatte, führte in einem langen Artikel vom Juni 1956 ihren Lesern die prekäre Situation der Kunstschule deutlich vor Augen:

226
»Grundsätzlich ist die Freie Akademie gerne bereit, mit der Abend-Akademie und Volkshochschule zusammenzuarbeiten und würde es begrüßen, wenn die Verwaltungsgeschäfte von der Volkshochschule mitbesorgt werden könnten.« Besprechung mit den Herren Prof. Trummer, Berger-Bergner, Palitzsch und Fräulein Veith am 20.09.1955, Gesprächsnotiz Kulturamt vom 23.09.1955, Marchivum, 9/1978_00085

227
Sitzungsprotokoll Kulturausschuss vom 17.01.1956

228
»Nachdem, wie uns Herr Oberbürgermeister Dr. Reschke in einem Brief vom 25. d. M. schrieb, für das Haushaltsjahr 1957 für die Freie Akademie kein Zuschuss mehr vorgesehen ist, ist es nicht mehr möglich, die Schule im alten Umfang aufrecht zu erhalten.« Brief von Berger-Bergner an den Kulturamtsleiter Dr. Andrizky vom 30.03.1957, Marchivum, 3/1981:00166; vgl. auch: Allgemeine Zeitung, 08.06.1956

Zur Zeit besuchen 22 Schüler die Freie Akademie [...]. Der Schule stehen vier Lehrer zur Verfügung, davon zwei ständige. Bislang gewährte der Stadtrat der Akademie einen jährlichen Zuschuß von 20 000 DM, allerdings sind darin auch die Honorare der von 300 Kindern besuchten Kindermalstunden enthalten. Übrig bleiben für die Freie Akademie 15 000 DM. Auf der jährlichen Ausgabenseite stehen u. a. 2 000 DM für Kohlen, 1 000 DM für Strom, 500 DM für Telefon und Post, 700 DM für Materialkosten, 800 DM Modellgehälter. Die vier Lehrer erhalten bestenfalls 250 DM[229] monatlich mehr oder weniger eine Art Zuschuß, denn jeder ist noch auf eine andere Verdienstquelle angewiesen. Mit den monatlichen Schulgeldern kann die Freie Akademie auch keine großen Sprünge machen: 30 DM beträgt der monatlich zu entrichtende Beitrag, in den meisten Fällen muß jedoch die Akademie diesen Beitrag reduzieren, denn es handelt sich oft um Gewerbeschüler oder junge Menschen, die sich ihr Geld nebenbei noch verdienen müssen. In diesem Zusammenhang dürften einige Vergleichszahlen interessieren: Die Staatliche Kunstakademie in Karlsruhe erhält in diesem Jahr einen Zuschuß von 421 000 DM, 1955 waren es 317 500 DM [bei 122 Schülern!]. In Ulm wurde die Hochschule für Gestaltung mit einem Aufwand von zwei Millionen DM erstellt. Zu Zeit studieren dort 70 Schüler. Die Summen, die bislang Mannheim für die Freie Akademie aufwandte, sind im Vergleich dazu sehr gering. Kunstmaler Berger-Bergner, der in Malerei unterrichtet, gab übrigens zu verstehen, daß bei einer glücklichen Lösung des Raumproblems die Freie Akademie mehr Schüler aufnehmen könnte. Aber zurück zu den Zuschüssen: Bei der Etatberatung fielen die 15 000 DM einem Federstrich zum Opfer. Bedauerlicherweise! [...] Mit den Schulgeldern alleine kann man die Akademie nicht erhalten.

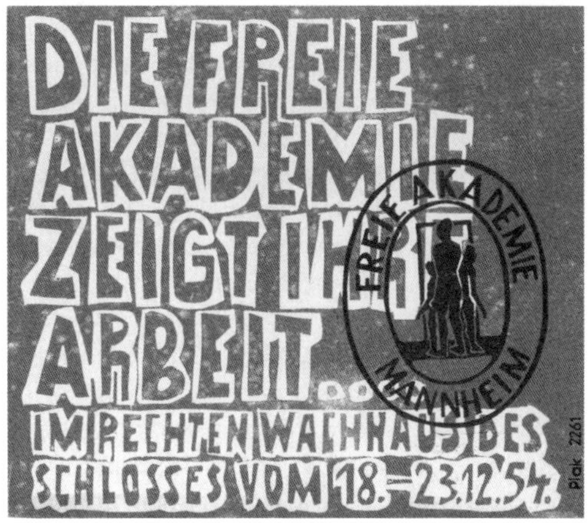

B26 Freie Akademie
Plakat
Ausstellung
1954

Nicht auf Dauer.Vielleicht besinnt man sich in den Werbeabteilungen der Industrie auf die Freie Akademie. Aber besser wäre, man würde bei den nächsten Etatberatungen wieder einen Weg zur Subventionierung finden [da es sich bei den letzten Entschließungen eindeutig um einen Akt der Überrumpelung handelte!].«[230]

Auch der ausgezeichnete Ruf, der die Mannheimer Kunstschule bei staatlichen Akademien genoss, konnte die Stadtoberen nicht beindrucken. Referenzen, die Berger-Bergner geschickt in der Presse lancierte, stießen auf taube Ohren.

Prof. Schnarrenberger [Kunstakademie Karlsruhe] attestierte kürzlich der Freien Akademie: »Ich habe in den Jahren seit 1948 verschiedene Schüler bekommen, die an der Freien Akademie eine vorbereitende Ausbildung erfahren haben, und muß bestätigen, daß diese jungen Leute eine ausgezeichnete Schulung mitbrachten und sich entsprechend weiterentwickelten.« [...]

229
1956 lag das durchschnittliche Bruttoeinkommen vollzeitbeschäftigter Arbeitnehmer in der Bundesrepublik Deutschland bei monatlich 404 DM, statista.com [04.08.2022]

230
Allgemeine Zeitung, 08.06.1956

> Oskar Kokoschka schrieb an Prof. Berger-Bergner: »Ich komme erst so spät nach Beendigung der vorjährigen Semester dazu, Ihnen mein vollendetes Lob auszusprechen für die hohe Befähigung der drei Schüler Frau Ute Petry, Rudolf Kortokraks und Eberhard Doser, die unter Ihrer Leitung weit übertreffen, was aus deutschen Kunstschulen kommt.«[231]

Die ungenügende räumliche Situation und die finanzielle Schieflage führten zu einem rapiden Niedergang der Mannheimer Kunstschule. Als Karl Trummer am 19. Januar 1957 unerwartet an einem Herzinfarkt verstarb, waren gerade noch drei Schüler an der »Freien Akademie« eingeschrieben.[232] Hans Heinrich Palitzsch kehrte der Akademie den Rücken – es gab für ihn schlicht nichts mehr zu tun. Die Kooperation mit der Keramikwerkstatt von Elisabeth Veith wurde eingestellt. Übrig blieb einzig Paul Berger-Bergner. Im Frühjahr 1957 – knapp 33 Jahre nach der Gründung – stand die »Freie Akademie« quasi vor dem Aus.

231
Ebd.

232
Ratsprotokoll vom 24.02.1960, Marchivum, 1/1900_00342; eine andere Quelle spricht von fünf Schülern, Rhein-Neckar-Zeitung, 18.03.1960; Hodin spricht von noch vier Schülern, Hodin, S. 46

6—1957 bis 1967
Neuaufbau und programmatische Neuausrichtung – Paul Berger-Bergner und Joachim Geißler

1957 bis 1963

Allein dem unermüdlichen Engagement von Paul Berger-Bergner war es zu verdanken, dass die »Freie Akademie« diese schwere Zeit überstand. Bekanntlich gilt der Prophet am wenigsten im eigenen Land. Somit war die Unterstützung von außerhalb Mannheims für Berger-Bergner umso wichtiger und motivierender, die Leitung der »Freien Akademie« nach dem Tod Trummers – nach anfänglichem Zögern – in die Hand zu nehmen, auch wenn die Gremien der Stadt am Fortbestand dieser Einrichtung offensichtlich wenig Interesse zeigten.

> Als ihm Oskar Kokoschka und Erich Heckel seine Pflicht der Jugend gegenüber vorhielten und auch Otto Dix sich für seinen Einsatz als Lehrer aussprach, übernahm Berger, dem das Organisatorische nicht lag, diese Bürde.[233]

Paul Berger Bergner nahm zwei junge, engagierte Künstler, die selbst noch kurz zuvor als Schüler die Akademie besuchten, mit in die Verantwortung: Gerd Dehof[234], dreiunddreißig Jahre alt und Schüler Trummers, übernahm die Bildhauerklasse und Wolf Magin[235], dreißig Jahre alt, die Klasse für Gebrauchsgrafik. Mit viel Idealismus – Geld konnte man in dieser Zeit mit der Akademie nicht verdienen – nahmen diese drei Dozenten den Neuaufbau in Angriff. Und es gelang ihnen recht schnell der Kunstschule wieder Leben einzuhauchen: Bereits 1958 hatte die »Freie Akademie« wieder über vierzig Schüler.[236] Im gleichen Jahr schloss sich auch der Künstler Hans Nagel[237] der Akademie an und übernahm die Ausbildung in der Grundlehre. Gleichwohl blieb die Situation – ohne städtische Subventionen – in materieller Hinsicht für die »Freie Akademie« prekär. Die »Allgemeine Zeitung« schrieb 1958:

> So wie heute die Freie Akademie mit etwa 1500 DM Einkünften monatlich vegetiert, mit Honoraren für die Dozenten von monatlich 130 bis 150 DM, in einer jämmerlichen Baracke, ist diese Anstalt kein Schmuckstück für unsere Stadt. [...] Es wäre des Nachdenkens aller zuständigen Stellen wert, ob man die Existenzberechtigung der Freien Akademie bejahen oder verneinen kann. Im positiven Falle sollte man sich der Bereitstellung von würdigen Unterrichtsräumen und der notwendigen Zuschüsse von 30 000 bis 40 000 DM entschließen. Im negativen Falle aber sollte die Stadtverwaltung sich freimütig erklären und nicht in passivem Wohlwollen eine solche Anstalt vegetieren lassen.[238]

Um Einfluss auf die Entscheidungen der Stadt zu nehmen, musste Berger-Bergner öffentlichkeitswirksam nachweisen, dass seine Akademie für Mannheim unverzichtbar sei. Und im November 1958 gelang ihm ein Coup mit einer großangelegten Ausstellung, der die Wende einleiten sollte.[239] Gemäß seinem Credo – »Unser einziges Aushängeschild sind die Arbeitsergebnisse unserer Schüler. Unser Ruf lebt von den Schülern, von denen man sagt, die haben etwas geleistet.«[240] – organisierte Berger-Bergner mit großem Aufwand eine Werkschau der Akademie im Mannheimer Reißmuseum, die zum einen aktuelle Arbeitsergebnisse vor allem der Klasse für Gebrauchsgrafik zeigte und zum anderen mit einer umfangreichen

233
Hodin, S. 46

234
Gerd Dehof wurde am 5. Juli 1924 in Zweibrücken geboren. Nach dem Besuch des Realgymnasiums 1940–1942 Ausbildung als Metallwerker. 1942–1944 Kriegsdienst;
1945–1947 Realgymnasium bis zum Abitur;
1948–1956 Studium der Bildhauerei bei Prof. Carl Trummer, Freie Akademie Mannheim;
ab 1956 freischaffender Bildhauer, ab 1957 Leiter der Bildhauerklasse der Freien Akademie. Selbstverfasster Lebenslauf, Marchivum, S2/638 SF

235
Wolf Magin, geb. am 21. September 1927 in Mutterstadt. Nach der Schulzeit bis zur Mittleren Reife Malerlehre; Studium an der Freien Akademie Mannheim 1951–1956. Seit 1957 Leiter der Fachklasse für Gebrauchsgrafik. Selbstverfasster Lebenslauf, Marchivum, S2/638 SF

236
Die Allgemeine Zeitung spricht 1958 von vierzig Schülern. Allgemeine Zeitung, 25.11.1958;
Hodin spricht von sechzig Schülern. Hodin, S. 46

237
Hans Nagel, geb. am 28. März 1926 in Frankfurt a.M.;
Besuch der Oberrealschule,
1943 Luftwaffenhelfer in Mannheim;
nach schwerer Verwundung ab 1943 weiter Schulbesuch bis zum Abitur 1945. 1941–1945 Malschüler von Will Sohl. 1947 Kunstakademie München;
ab 1948 freier Maler. Ab 1950 hauptsächlich als Bildhauer tätig. 1958 Lehrer der Vorklasse der Feien Akademie. 1960 Geschäftsführer und Leiter der Fachklasse Kunst am Bau der Freien Akademie Mannheim. Selbstverfasster Lebenslauf,
Marchivum, S2/638 SF

238
Allgemeine Zeitung, 25.11.1958

239
Die Ausstellung währte vom 28.11.–14.12.1958.

240
Rhein-Neckar-Zeitung, 18.03.1960

Retrospektive ehemaliger Schüler, die inzwischen auch über die Grenzen Deutschlands hinaus erfolgreich waren, beindruckte.
Der Hilferuf Berger-Bergners an seine Alumni stieß auf ein erstaunliches Echo; viele stellten ihre Arbeiten für diese Ausstellung zur Verfügung. Einsendungen kamen von ehemaligen Schülern aus den USA, Chile, Norwegen, Spanien, Frankreich und Österreich. Unter den in Mannheim ansässigen Ex-Schülern stellten unter anderen Xaver Fuhr, Ute Petry und der junge Walter Stallwitz aus, der seinerzeit noch am Anfang seiner großen Künstlerkarriere stand. Viele der vertretenen Künstler waren bereits mit anerkannten Kunstpreisen ausgezeichnet. Die Ausstellung zeitigte für die »Freie Akademie« die erhoffte Wirkung. Der »Mannheimer Morgen« resümierte:

> Der Rechenschaftsbericht, den die Freie Akademie mit dem Erfolg ihrer früheren und den Leistungsproben ihrer gegenwärtigen Schüler vorzulegen vermag, schließt mit einem erfreulich positiven Fazit. Nun liegt es in der Bürgerschaft, ihr Interesse an der Arbeit der Freien Akademie zu zeigen, und an den zuständigen Gremien der Stadt, die Frage der eventuellen Subventionierung nochmals zu überprüfen.[241]

Danach konnten die Gremien der Stadt nicht mehr umhin, die Causa »Freie Akademie« neu zu bewerten. Zunächst sorgte die Stadt für eine deutliche Verbesserung der Arbeitsbedingungen, indem sie der »Freien Akademie« die durch den Auszug der Galerie Probst frei gewordenen Räume im »Kunstturm«[242] des Schlosses zur Verfügung stellte. Im Juni 1959 erfolgte der Umzug aus der primitiven Baracke in sechs Schlossräume, darunter vier großzügig geschnittene Ateliersäle.[243] Die Baracke wurde von der Kunstschule noch bis zu deren Abriss 1960 als Arbeitsraum für die Bildhauerklasse genutzt. Danach wurden die Bildhauer in Räumen der Sternwarte untergebracht. Des Weiteren entschied der Kulturausschuss ein zwischenzeitlich gewährter Zuschuss von 2 000 DM auf jährlich 12 000 DM aufzustocken, was dann in der Etatdebatte im Stadtrat am 24. Februar 1960 – nach kontroverser Diskussion – auch entsprechend beschlossen wurde.[244]
12 000 DM jährliche Subvention war jetzt noch keine Überlebensgarantie, aber immerhin ein deutliches Zeichen, dass die »Freie Akademie« im Bewusstsein der Stadt wieder angekommen war.
1960 unterrichtete die »Freie Akademie« wieder sechzig Tages- und zwölf Abendschüler in drei Fachklassen und einer allgemeinen, zweisemestrigen Vorklasse. In einem Interview mit der »Rhein-Neckar-Zeitung« vom März 1960 legten die Leiter der Fachklassen für Malerei, Berger-Bergner, für Bildhauerei, Dehof, und für Gebrauchsgrafik, Magin, ihre Vorstellungen zu den Ausbildungszielen dar – und gaben damit Einblick in das Selbstverständnis der Akademie im Spannungsfeld zwischen angewandter und freier Kunst.

> Die meisten Schüler zählt die Klasse für Gebrauchsgraphik. »Die Leute, die wir darin ausbilden, versuchen wir der Industrie zuzuführen«, meint Leiter Magin, »die Industrie sucht Leute, die selbständig entwerfen können.« Sein Kollege Dehof benutzt die Bemerkung, um einige Worte über die Aufgabe der Schule einzuflechten: »Die Schule pflegt in erster Linie die künstlerische Begabung, den künstlerischen Entwurf«, meint er, »eine handwerkliche Ausbildung und Begabung führt viel eher zur bloßen Dekoration, das Künstlerische jedoch ist schöpferisch.«[245]

Neben der künstlerischen Ausbildung sollte nun auch der theoretische Unterricht forciert werden. »›Erst mit diesem Zuschuß können wir uns einen offiziellen Kunsthistoriker leisten‹, meint Berger-Bergner, der die Ergänzung der künstlerischen Arbeit durch theoretischen Unterricht für sehr wichtig hält.«[246]

241
Mannheimer Morgen, 29.11.1958

242
Östlicher Eckrisalit des Schlosses

243
»›Freie Akademie‹ jetzt im Kunstturm. Sie erhielt die bisherigen Räume der Galerie Probst. Die Schüler und Lehrer der Mannheimer Freien Akademie können in dieser Woche endlich in vier lichten Sälen im Schloß, im ersten und zweiten Obergeschoß des ›Kunsturms‹ den Lehrbetrieb aufnehmen; dazu hat man hier noch zwei Zimmer, deren eines für eine kleinere Klasse und das andere für das Sekretariat zur Verfügung steht. Dieser Umzug aus dem bisherigen unwürdigen ›Heim‹, der verfallenen Baracke auf der Nordseite des Schlosses, wurde dadurch möglich, daß die Galerie Probst von Mannheim weggezogen ist, so daß deren bisherige Räume für die Freie Akademie verfügbar wurden.«, Allgemeine Zeitung, 19.06.1059, Marchivum, 9/1978_00094

244
Ratsprotokoll vom 24.02.1960, Marchivum, 1/1900_00342

245
Rhein-Neckar-Zeitung, 18.03.1960

246
Ebd.

1961 wurde dann der Maler und Kunsthistoriker Joachim Geißler als Lehrer für Kunstgeschichte und Ästhetik an die Akademie verpflichtet. Geißler war kein Unbekannter an der Mannheimer Kunstschule. Schon Anfang der 1950er Jahre besuchte er die Malklasse von Berger-Bergner. Danach studierte er bis 1959 Kunstgeschichte, Archäologie und Philosophie an der Universität Heidelberg [Promotion erfolgte im Jahr 1963]. Anfang des Jahres 1960 war den Äußerungen der Protagonisten wieder eine gewisse Aufbruchstimmung zu entnehmen. Gleichwohl hing über der Kunstschule nach wie vor das Damoklesschwert einer unsicheren Finanzierung. Die Abhängigkeit von städtischen Subventionen erlaubte – wie die Vergangenheit zeigte – für eine private Einrichtung keine valide Zukunftsplanung. Folgerichtig galten die Bemühungen der »Freien Akademie« fortan dem Versuch, eine staatliche Anerkennung zu erreichen und – langfristig – die private Schule in die Trägerschaft der Öffentlichen Hand zu überführen. Dabei dürfte allen Beteiligten klar gewesen sein, dass eine staatliche Anerkennung als klassische Kunstakademie nicht in Reichweite lag. Die Landesregierung hatte kein Interesse daran, neben Stuttgart und Karlsruhe eine dritte Kunstakademie in Baden-Württemberg zu etablieren. Der Weg musste also in Richtung Werkkunstschule gehen – und diese Option war unter der Kollegenschaft nicht unumstritten.

Zum Wintersemester 1960 unternahm die »Freie Akademie« mit der Einrichtung einer Klasse für Bühnenbild und Kostüm[247] einen weiteren Schritt, die Schnittstelle zwischen angewandter und freier Kunst zu stärken. Als Leiter dieser Klasse konnte die Kunstschule Paul Walter gewinnen, seit 1952 Ausstattungsleiter am Mannheimer Nationaltheater.

Diese Aktivitäten wurden von den Gremien der Stadt mit Wohlwollen zur Kenntnis genommen und weitere Subventionen in Aussicht gestellt.[248] In der Etatdebatte im Februar 1961 erwiderte der

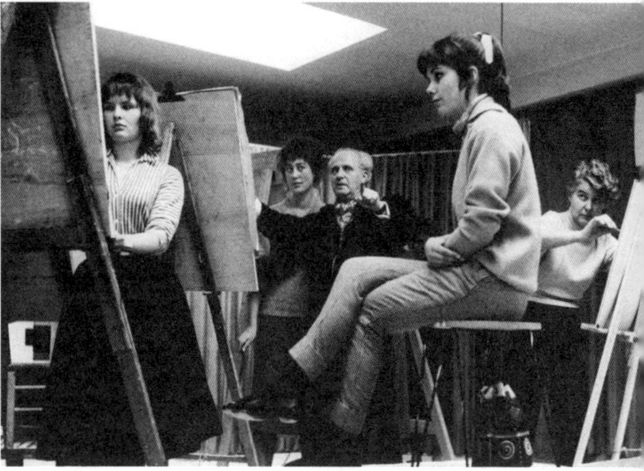

B27 Unterricht bei Paul Berger-Bergner Foto um 1960

Stadtdirektor Dr. Andritzky auf eine Nachfrage:

> Es sei eine Vorlage an den Verwaltungs- und Finanzausschuß fertiggestellt, wonach Mittel des Etats 1961 für die Einrichtung einer Bühnenbildner-Klasse zur Verfügung gestellt werden sollen. Der Antrag auf staatliche Anerkennung laufe in Stuttgart, und soweit man höre, bestehe dort eine gewisse Geneigtheit. Die offizielle Entscheidung liege noch nicht vor.[249]

Und diese Entscheidung ließ auch noch einige Jahre auf sich warten. Im September 1960 wurden erste Gespräche zwischen dem Kulturamt der Stadt Mannheim und dem Stuttgarter Kultusministerium über die staatliche Anerkennung der »Freien Akademie« geführt.[250] Mit Datum vom 18. Oktober 1960 stellte die »Freie Akademie« offiziell den Antrag auf staatliche Anerkennung als »Ergänzungsschule« beim Kultusministerium in Stuttgart.[251] Der Antrag wurde unterzeichnet vom Leiter der Akademie, Paul Berger-Bergner. Ab diesem Zeitpunkt zog sich Berger-Bergner aus dem Verfahren zurück. Alle weiteren Verhandlungen mit der Stadt und dem Ministerium wurden fortan seitens der Akademie von deren Geschäftsführer Hans Nagel geführt.

247
Die Klasse sollte nicht mehr als sieben Schüler für Bühnenbild uns drei Schülerinnen für Kostüm umfassen. Das Mindestalter sollte 18 Jahre betragen. Der Akademieausbildung sollte eine einschlägige abgeschlossene Lehre vorausgehen. Die Länge der Ausbildung sollte sechs bis acht Semester betragen, wobei zwei Semester Praktikum im Nationaltheater absolviert werden sollten. Vgl.: »Exposé zur Errichtung einer Klasse für Bühnenbild und Kostüm an der Freien Akademie« von Paul Walter als Vorlage für die Sitzung des Kulturausschusses am 25.01.1961, Marchivum, 9/1978_00103

248
Beschluss des Kulturausschusses vom 07.02.1961, Marchivum, 9/1978_00103

249
Ratsprotokoll vom 23./24.02.1961, Marchivum,1/1900_00345. Genehmigt wurde ein Sonderzuschuss für die Einrichtung der Bühnenbildnerklasse in Höhe von 4 000 DM, Brief der Stadtverwaltung an Berger-Bergner vom 28.02.1961, Marchivum, 9/1978_00103

250
Besprechung im Kulturamt mit Oberregierungsrat Dr. von Alberti am 14.09.1960, Marchivum, 14/1998_00111

251
Schreiben der »Freien Akademie« an das Kultusministerium Baden-Württemberg vom 18.10.1960: Betr. Bitte um staatliche Anerkennung der Freien Akademie Mannheim als Ergänzungsschule im Sinne des Privatschulgesetzes vom 15.02.56 und der Vorschrift zum Vollzug des Privatschulgesetzes vom 08.05.57; Marchivum, 14/1998_00111

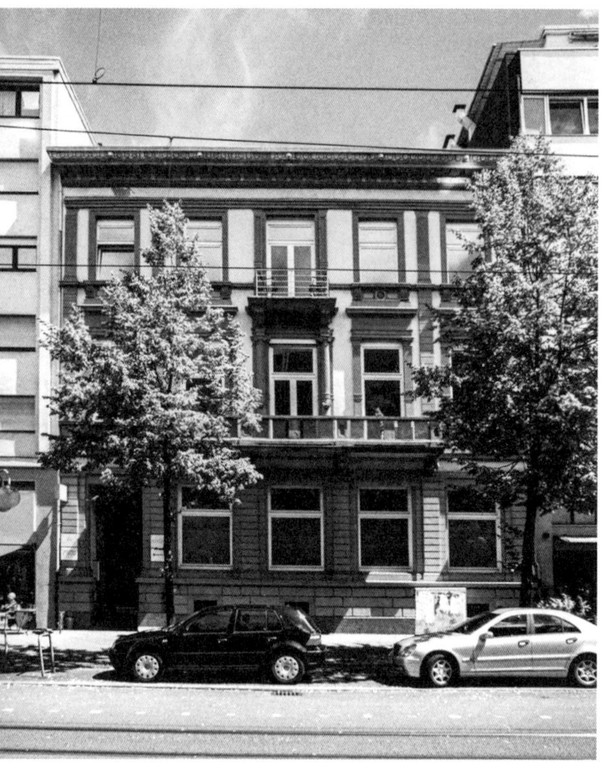

B28 E3,16
Standort der »Freien Akademie«
ab 1964
Foto 2024

Im Zuge der Bemühungen um eine staatliche Anerkennung wurde es für die »Freie Akademie« unumgänglich, sich intern über ihre zukünftige Struktur zu verständigen. Das bisherige gleichberechtigte Nebeneinander »zweckfreier« künstlerischer Ausbildung und ökonomischen Verwertungskriterien unterworfener Gebrauchsgrafik konnte sich eine private Einrichtung zwar leisten, im Spektrum staatlicher Institution gab es aber dafür keinen Platz. Eine staatliche Anerkennung war nur über den Weg einer Werkkunstschule zu erreichen. Dazu mussten jedoch die Gewichte innerhalb der Ausbildung zugunsten der Gebrauchsgrafik verschoben werden. Den Freien Künsten, Malerei und Plastik, drohte eine Marginalisierung. Für Berger-Bergner, dessen Malerklasse wesentlich zur bisherigen Reputation der »Freien Akademie« beigetragen hatte, war dies eine inakzeptable Vorstellung. Auch wenn die ersten Gespräche in Stuttgart über eine staatliche Anerkennung in seine Ägide fielen, den nun sich abzeichnenden Weg in Richtung Werkkunstschule wollte Berger-Bergner – in verantwortlicher Position – nicht mehr mitgehen. Zum 31. März 1964 gab er die Leitung der »Freien Akademie« ab. In einem Brief an Oberbürgermeister Dr. Reschke begründete Berger-Bergner den Schritt damit, dass er sich fortan ausschließlich um den Unterricht in seiner Malklasse kümmern wolle.[252]

Die von Kulturamtsleiter Dr. Erny und Hans Nagel von der Akademie mir großem Engagement betriebenen Bemühungen um eine staatliche Anerkennung zeigten anfangs wenig Aussicht auf Erfolg. Das Kultusministerium leitete den Antrag der Akademie an das Oberschulamt Nordbaden in Karlsruhe zur Begutachtung weiter. Das Urteil des Oberschulamtes fiel zunächst negativ aus. Bemängelt wurde die unzureichende Unterbringung der Schule in den eher als provisorisch anzusehenden Räumlichkeiten im Schloss, die für einen nachhaltigen Unterrichtsbetrieb nicht genügen würden. Am 6. Februar 1962 teilte das Kultusministerium mit, dass eine Anerkennung nur erteilt werden könne, wenn die räumlichen Mängel beseitigt seien. Man werde nach Vollzug der in Aussicht gestellten Verbesserungen auf die Angelegenheit zurückkommen.[253] Im Dezember 1962 verlangte das Oberschulamt die Vorlage einer bislang fehlenden Studien- und Prüfungsordnung.[254] Es dauerte bis Juli 1963, bis eine vom Oberschulamt akzeptierte Prüfungsordnung ausformuliert worden war. Bürokratische Hürden und unklare Kompetenzverteilung zwischen Kultusministerium und Oberschulamt Nordbaden verzögerten in Folge immer wieder das Verfahren. Inzwischen hatte sich die Raumsituation der »Freien Akademie« allerdings entscheidend verbessert.

252
Brief von Berger-Bergner an Oberbürgermeister Dr. Reschke vom 26.03.1964, Marchivum, 9/1987_00082. »Die Amtsperiode des derzeitigen Schulvorstandes läuft am 31. März 1964 ab. Ich habe von meinem Recht Gebrauch gemacht und mich für die nächste Amtszeit nicht wieder zur Wahl aufstellen lassen. [...] Ich habe die Schule nach dem Tod Carl Trummers in der schweren Zeit ihrer Existenz geführt und mich über Jahre hindurch mit unverhältnismäßig hohem persönlichen Einsatz und unter erheblichem Zeitaufwand bemühen müssen, den Bestand der Schule zu erhalten. [...] Jetzt scheint mir die Existenz der Freien Akademie gesichert zu sein. [...] Darum habe ich unmittelbar auch keine Veranlassung mehr, mich in der Weise wie bisher um die Schule zu kümmern. [...] Ich möchte aber meine ganze Kraft für die Leitung der Malklasse einsetzen. [...] Ich glaube zum Nutzen der Freien Akademie zu handeln, wenn ich nun nach sieben Jahren Tätigkeit als Schulvorstand, die Leitung in jüngere Hände gebe und mich wieder meiner eigentlichen Aufgabe zuwende, als Künstler zu wirken. Für die künstlerischen Belange der Schule bleibe ich jedoch weiter verantwortlich wie bisher.«

253
Schreiben Kultusministerium [Ministerialrat Donndorf] an Bürgermeister Krause; Marchivum, 14/1998_00111

254
Aktennotiz Kulturamt vom 07.12.1962; ebd.

Zum ersten Mal in der Geschichte der Kunstschule konnte ein eigenes Gebäude – in E 3, 16 – bezogen werden. Vorausgegangen war die Absicht des Landes, zusätzliche Räume im Schloss für die weitere Ausdehnung der Wirtschaftshochschule zur Verfügung zu stellen.[255] Dazu musste die Kunstschule aus dem Schloss weichen. Auf der Suche nach einer neuen Unterbringung der »Freien Akademie« wurden verschiedene Standorte in Erwägung gezogen;
letztlich einigte man sich 1963 mit den Akademievertretern auf das Gebäude E3, 16.[256] Im April 1963 kaufte die Stadt dieses Gebäude[257]. Nach einigen Umbaumaßnahmen konnte die »Freie Akademie« im Januar 1964 in ihr neues Domizil mit einer Gesamtnutzfläche von 811 qm umziehen.

1964 bis 1967
Das Gremium der »Freien Akademie« wählte im April 1964 Dr. Joachim Geißler als Nachfolger von Berger-Bergner zum Leiter der Schule. Hans Nagel wurde als zweiter Vorsitzender und Geschäftsführer im Amt bestätigt.[258]
Im Dezember 1964 wurde Paul Berger-Bergner »in Würdigung seiner Verdienste um das kulturelle Leben unserer Stadt« mit der Schillerplakette der Stadt Mannheim ausgezeichnet:
»[...] für sein künstlerisches Schaffen als Maler und insbesondere als langjähriger Leiter der Freien Akademie«.[259]
Dr. Joachim Geißler stand als neuer Leiter der »Freien Akademie« ab 1964 vor großen Herausforderungen. Vor allem galt es, die Bemühungen um staatliche Anerkennung voranzutreiben. Räumlich waren die Voraussetzungen dafür inzwischen gegeben. Mit dem von der Stadt zur Verfügung gestellten Gebäude in E3, 16 verfügte die Kunstschule über eine auf Jahre hinaus gesicherte und für eine solche Einrichtung adäquate Unterkunft. Gleichwohl kam das Verfahren um die staatliche Anerkennung nicht von der Stelle. Im März 1964 berichtete Dr. Geißler im Kulturamt, »daß die staatliche Anerkennung, einer Unterredung im Kultusministerium zufolge, auf gegenwärtig nicht durchschaubare Schwierigkeiten stößt.«[260]
Das Kultusministerium schien in dem Anerkennungsverfahren auf der Bremse zu stehen. Vielleicht wegen der bevorstehenden Verstaatlichung der Werkkunstschulen in Schwäbisch Gmünd und Pforzheim? Jedenfalls passt es gut ins Bild, dass das Ministerium vor einer endgültigen Entscheidung im Juni 1964 die Staatliche Akademie der Künste Stuttgart aufforderte, ein neues Gutachten über die Leistungsfähigkeit der »Freien Akademie« in Mannheim zu erstellen.
Am 10. Juni 1964 statteten die Stuttgarter Professoren Yelin und Neuner der »Freien Akademie« einen halbtägigen Besuch ab. Die gleichen Professoren hatten bereits im Jahr 1961 die Schule besucht und die Leistungen der Akademie trotz räumlicher Mängel wohlwollend beurteilt. Umso größer war die Überraschung, dass das neuerliche Gutachten deutlich negativer ausfiel.
Zwar konstatierten die Gutachter, dass »in dem Raum Mannheim, Ludwigshafen und Heidelberg im weiten Umkreis ein dringender Bedarf nach einer solchen Einrichtung besteht. [...] Die Frage nach dem echten Bedürfnis, das die Schule zu erfüllen hat, ist unbedingt zu bejahen.« Allerdings zogen die Gutachter in Zweifel, dass die Schule diesem Bedürfnis in Ausstattung und Lehrqualität auch gerecht werden könne:

> Die finanzielle Lage des Unternehmens ist [...] bis zur Grenze der Katastrophe knapp. Ein Gesamtetat von rd. 40 000 DM enthält die Betriebskosten und die Gehälter der Lehrkräfte. Es muß hervorgehoben werden, daß die Lehrkräfte bei einem monatlichen Gehalt von rd. 500 DM ein Maß an selbstlosem Einsatz zeigen, das große Anerkennung verdient. Allerdings kann nicht verschwiegen werden, daß der Erfolg und die Auswirkung der Lehrkräfte unterschiedlich sind. [...] Die Arbeitsweise und die Ergebnisse der Grundklasse konnten in keiner Weise befriedigen.

255
»Bei der vor kurzem stattgefundenen Besprechung mit Vertretern der Oberfinanzdirektion wegen Überlassung von Räumen an die Stadt im Mannheimer Schloß bestand grundsätzlich Einverständnis darüber, daß die Stadt die Räume der Freien Akademie und des Kunstvereins für die weitere Ausdehnung der Wirtschaftshochschule freimachen soll. Es müssen also Räume für die Freie Akademie gesucht werden.« Aktennotiz vom 23.10.1962, Marchivum, 3/1981_00166

256
»Herr Nagel von der Freien Akademie sprach in obiger Angelegenheit heute im Kulturamt noch einmal vor. Er übergab die Stellungnahme der Freien Akademie vom 29. Januar und das Angebot der Firma Immobilien-Winter, woraus sich ergibt, daß E3, 16 für Zwecke der Freien Akademie bestens geeignet wäre.« Aktnnotiz Kulturamt vom 29.01.1963, Marchivum, 3/1981_00166

257
»Gebäude E3, 16. Das Gebäude wurde im April 1963 zu Lasten der HHSt. 943-1 als Vorratskauf zum Preis von 357 000 DM von der Kohlehandelsfirma Haldy erworben.« Aktennotiz vom 29.05.1963, Marchivum, 9/1981_00166

258
Mitteilung der »Freien Akademie« an Oberbürgermeister Dr. Reschke vom 10.04.1964, Marchivum, 9/1987_00082

259
Ratsprotokoll vom 15.12.1964, Marchivum, 1/1900_00356

260
Aktennotitz Kulturamt Dr. Erny vom 04.03.1964, Marchivum, 14/1998_00111

Sie entsprechen nicht dem Stand einer modernen Schule und könnten eher mit dem Zeichenunterricht einer Oberschule vergangener Jahrzehnte verglichen werden. Auch die Klasse für Gebrauchsgraphik zeigt ein Niveau, das heute von einer graphischen Fachschule gehalten oder überboten wird. [...] Kann die Schule keine Gehälter auswerfen, die den Lebensbedarf der Lehrkräfte decken, so kann sie keine hohen Anforderungen bei der Auswahl der Lehrkräfte stellen. In dieser mißlichen Verstrickung scheint sich die Freie Akademie Mannheim zu befinden. Sie kann ihre für ein großes Gebiet wichtige kulturelle Aufgabe nur erfüllen, wenn ihr von der öffentlichen Hand in dem Maß geholfen wird, daß sie in der Wahl von Lehrkräften und Schülern größere Freiheit erhält.[261]

Mit erheblichem Unverständnis nahmen das Kulturamt, die Schulleitung und auch das Oberschulamt in Karlsruhe, das inzwischen eine staatliche Anerkennung als Ergänzungsschule befürwortete, die Beurteilung der Kommission zur Kenntnis. Dr. Geißler versuchte in einer ausführlichen Erwiderung die vorgebrachten Beanstandungen mit stringenten Argumenten zu entkräften. Er verwies unter anderem auf die an anerkannte Akademien und Werkkunstschulen angelehnte Lehrkonzeption in der Grundklasse und auf die internationale Reputation des Leiters der Klasse für Gebrauchsgrafik, Wolf Magin.[262] Die Stadt stellte eine Aufstockung der Betriebszuschüsse ab 1965 in Aussicht und beauftragte den Direktor der Mannheimer Kunsthalle, Dr. Fuchs, zu dem Gutachten der Stuttgarter Akademie Stellung zu nehmen. Dass sein Urteil über die »Freie Akademie« deutlich positiver ausfiel, darf wohl nicht verwundern.[263] Das Oberschulamt Karlsruhe erwog, ein weiteres Gutachten seitens der Staatlichen Akademie der Künste Karlsruhe einzuholen. All diese Bemühungen zeitigten zunächst keinen Erfolg. Das Gutachten der Stuttgarter Professoren war in der Welt und blockierte das Anerkennungsverfahren für weitere zwei Jahre.

Im Juli 1965 legte Dr. Geißler dem Kulturbürgermeister Walter Krause einen Statusbericht zur aktuellen Lage der »Freien Akademie« vor:

Die Schule hat seit den letzten drei Jahren die bisher höchste Schülerzahl zu verzeichnen. Bezogen auf die Sommer- und Wintersemester waren jeweils im Durchschnitt 110 und 120 ordentliche Studierende immatrikuliert. Etwa zwei Drittel der Schüler sind im Raume Karlsruhe–Darmstadt–Heidelberg–Kaiserslautern beheimatet, ca. ein Sechstel kommt aus dem weiteren Süddeutschen Raum im Umkreis von 300 km und ein Sechstel reist zum Studiensemester aus weiterer Entfernung an. Es studierten Schüler aus Nord- und Südamerika, Syrien, Frankreich, Italien, Schweden und aus der Schweiz an der Freien Akademie. [...] Die Freie Akademie hat die Raummöglichkeiten in E3, 16 ausgenutzt. Sie unterhält insgesamt 11 Ausbildungszweige. Diese sind: sechs Fachklassen [Malerei, Bildhauerei, Bühnenbild und Kostüm, Gebrauchsgrafik, Freie Grafik, Bauplastik], drei allgemeine Unterrichtsgebiete, 2 davon obligatorisch: Akademisches Zeichnen, Kunstgeschichte, Seminar für Ästhetik, vergleichende Stilkunde und Kunsttheorie, sowie drei Werkstätten [Druck, Handdruck, Lichtsatz, Photolabor]. Der Unterricht wird von 9 Fachlehrern betrieben.[264]

Dem Bericht war eine Jahresabrechnung für das Studienjahr 1964 beigefügt. Diese Bilanz wies einen Gesamtetat von knapp 83.000 DM aus. Der Zuschuss der Stadt belief sich auf rund 22.500 DM. Der Rest wurde weitgehend durch Studiengebühren gedeckt. Den größten Posten auf der Ausgabenseite machten die Personalkosten von rund 67.000 DM aus. Insgesamt entstand 1964 ein Verlust von 654,73 DM.

Während nach der Erhöhung des städtischen Zuschusses für 1965 die finanzielle Situation eini-

261
Gutachten, Staatliche Akademie der Bildenden Künste Stuttgart vom 23.06.1964, Marchivum, 14/1998_00111

262
Widerspruch gegen das Gutachten der Staatlichen Akademie der Künste Stuttgart vom 26.08.1964, Marchivum, 14/1998_00111

263
Gutachten über die Freie Akademie von Dr. Fuchs, Direktor der Mannheimer Kunsthalle vom 15.03.1965, Marchivum, 14/1998_00111

264
Brief Dr. Geißler an Bürgermeister Walter Krause vom 15.07.1965, Marchivum, 9/1978_00082

germaßen zufriedenstellend aussah, offenbarte die Aufzählung der Lehrgebiete in diesem Bericht das eigentliche Problem der »Freien Akademie«. Jeder Lehrer hatte quasi seine eigene Spielwiese. Das Curriculum war unübersichtlich, unstrukturiert, und noch überwogen die Disziplinen der freien Kunst. Die Vorstellungen der Stadt, die Akademie möge sich vor allem auf Lehrangebote aus dem Bereich der angewandten Künste konzentrieren, waren nicht realisiert. Im Gegenteil: 1965 hatte sich der Mannheimer Künstler Walter Koch der Kunstschule angeschlossen und übernahm eine neu eingerichtete Fachklasse für Freie Grafik sowie die Leitung der Druckwerkstatt.
Diese strukturellen Schwächen im Lehrangebot waren durch interne Maßnahmen – gegen die Eigeninteressen der Fachlehrer, die größtenteils selbst Mitgesellschafter der die Schule rechtlich tragenden GdbR waren – kaum aufzulösen. So musste die Initiative zur weiteren Reorganisation der Schule wieder von der Stadt, vornehmlich in Person des Kulturamtsleiters Dr. Erny, ausgehen. Dabei kam ein für die Mannheimer Einrichtung glücklicher Umstand zu Hilfe, den der Kulturamtsleiter geschickt zu nutzen wusste.
Zum Ende des Sommersemester 1965 wurde an der Karlsruher Kunstakademie der Lehrbetrieb für sämtliche Bereiche der angewandten Kunst eingestellt. Die Klassen für Gebrauchsgrafik und für Fotografie und Fotografik wurden geschlossen; die Leiter der Klassen vom Dienst freigestellt.
Am 23. Juli 1965 sprach der ehemalige Leiter der Klasse für Fotografie und Fotografik der Karlsruher Akademie, Robert Ruthardt [zusammen mit dem Maler Bundschuh] im Kulturamt der Stadt Mannheim vor, um zu eruieren, ob es möglich sein könnte, die in Karlsruhe aufgelöste Grafik-Klasse in die Mannheimer »Freie Akademie« einzugliedern. Kulturbürgermeister Krause und sein Referent Dr. Erny sahen keine Möglichkeit für eine schnelle Lösung.[265] Hinderlich dürfte sicher auch die noch fehlende staatliche Anerkennung der Mannheimer Schule gewesen sein. Dr. Erny konnte Robert Ruthardt aber dafür interessieren, eventuell nach Mannheim zu kommen, um an der »Freien Akademie« seine Klasse für Fotografie und Fotografik neu aufzubauen. Im Anschluss an das Gespräch besichtigte Ruthardt die neuen Räumlichkeiten der Akademie in E3, 16.
Am 6. Oktober 1965 kam es zu einem weiteren Gespräch im Kulturamt. Anwesend waren diesmal auch Dr. Joachim Geißler und Wolf Magin von der »Freien Akademie«. Robert Ruthardt berichtete, dass er mittlerweile ein gut dotiertes Angebot der Werkkunstschule Darmstadt vorliegen habe [Eingangsbesoldung nach BAT III mit Aussicht auf Verbeamtung]. Dennoch bekundete er Interesse daran, an der »Freien Akademie« in Mannheim zu arbeiten, vorausgesetzt er würde sich finanziell gegenüber dem Darmstädter Angebot nicht schlechter stellen. Dr. Geißler und Magin versicherten, dass sie mit Ruthardt eine für die Entwicklung der »Freien Akademie« wichtige Lehrkraft gewinnen könnten. Auch sollte seine finanzielle Besserstellung gegenüber den übrigen Lehrkräften nach Meinung von Dr. Geißler und Magin das Arbeitsklima bei der »Freien Akademie« nicht tangieren.[266] [Im letzten Punkt sollten sich die beiden jedoch täuschen wie sich später herausstellen wird.]
Tags darauf bedankte sich Dr. Geißler nochmals brieflich bei Kulturamtsleiter Dr. Erny »für Ihre Bereitschaft, Herrn Ruthardt für die Freie Akademie zu gewinnen! Herr Ruthardt versicherte mir gestern abend nochmal, daß er trotz der günstigeren Darmstädter Arbeitsbedingungen nach Mannheim kommen möchte.«[267]
Die Einrichtung einer zusätzlichen Klasse für Fotografie und Fotografik lag im ausdrücklichen Interesse der Stadt, um den Bereich der angewandten Künste zu stärken und die »Freie Akademie« in Richtung Werkkunstschule weiterzuentwickeln. Blieb nur noch die Frage nach der Finanzierung.

265
Gesprächsnotiz Kulturamt vom 23.07.1965, Marchivum, 9/1978_00082

266
Aktennotiz Kulturamt an Bürgermeister Krause vom 08.10.1965, ebd.

267
Brief Dr. Geißler an Dr. Erny vom 07.10.1965, ebd.

Das Kulturamt rechnete bei einer Eingruppierung von Robert Ruthardt in BAT III mit einem jährlichen Finanzbedarf von 25.000 DM.[268] Und Dr. Geißler machte unmissverständlich klar, dass dieser Betrag aus dem laufenden Haushalt der »Freien Akademie« nicht zu finanzieren sei. Kulturamtsleiter Dr. Erny machte sich daraufhin im Kulturausschuss stark für einen Sonderzuschuss zur Finanzierung der Stelle. Der städtische Zuschuss an die »Freie Akademie« betrug 1965 30.000 DM. Zur Finanzierung der Ruthardt-Stelle musste dieser Zuschuss also fast verdoppelt werden. Der Kulturausschuss schloss sich Dr. Ernys Vorschlag trotz einiger Bedenken[269] an und formulierte eine entsprechende Vorlage für den Gemeinderat, der mit Beschluss vom 17.12.1965/ 8.2.1966 dem Zuschuss zur Finanzierung der Stelle zustimmte.[270] Am 1. März 1966 konnte der Anstellungsvertrag mit Robert Ruthardt unterzeichnet werden.

Im Zuge dieser Erweiterung des Lehrangebots im Bereich angewandte Kunst nahm auch das laufende Verfahren zur staatlichen Anerkennung der Mannheimer Schule wieder Fahrt auf. Vielleicht gab es auch eine Art Junktim zwischen der Stadt Mannheim und der Landesregierung. An die Öffentlichkeit drang davon allerdings nichts. Das Kultusministerium stand nach der Schließung der Abteilung für angewandte Kunst an der Karlsruher Kunstakademie unter massiver öffentlicher Kritik. Dass nun die Stadt Mannheim die Ruthardt-Stelle finanzierte und der ehemalige Dozent der Karlsruher Akademie seine Klasse an der »Freien Akademie« in Mannheim weiterführen konnte, kam dem Ministerium sicher sehr gelegen. Vielleicht war es eine Art Gegenleistung des Landes, nun eine staatliche Anerkennung der Mannheimer Kunstschule zeitnah in Betracht zu ziehen, nicht zuletzt auch um ehedem in Karlsruhe gestrichene Studienplätze für angewandte Kunst [mit staatlichen Abschlüssen] in Mannheim wieder zu etablieren.

Dazu musste jedoch der künftige Status der Schule neu überdacht werden.

Das Ministerium kam nun zu der Einschätzung, dass die »Freie Akademie« als höhere Fachschule – damit nicht als Ergänzungsschule, sondern im Sinne des Privatschulgesetzes als Ersatzschule[271] – anzusehen sei. Damit änderte sich auch die Zuständigkeit im Ministerium und das Verfahren wurde an das Resort von Ministerialrat Hochstetter weitergegeben, der für die staatlichen Ingenieurschulen und Werkkunstschulen verantwortlich war. Im Januar 1966 besuchte im Auftrag von Hochstetter eine Kommission, bestehend aus den Direktoren der staatlichen Werkkunstschulen in Schwäbisch Gmünd und Pforzheim, die »Freie Akademie«, um zu einer möglichen Einordnung der Schule als Ersatzschule, also als den staatlichen Werkkunstschulen gleichberechtigte Einrichtung, Stellung zu nehmen. Im März 1966 dämpfte Hochstetter in einem Brief an Dr. Erny zunächst die Erwartungen der Stadt auf eine stattliche Anerkennung als Werkkunstschule: »Die mir vorliegenden Beurteilungen sind sehr schlecht ausgefallen. Da ich selbst Laie bin und die Gutachten von Fachleuten stammen, bin ich nicht davon überzeugt, daß letztlich eine positive Entscheidung zu erwarten ist.«[272] Trotz dieser enttäuschenden Nachricht aus dem Ministerium ließ die Stadt, unterstützt durch die Mannheimer IHK, nicht locker. In einer Besprechung im Kultusministerium im Juni 1966 konnte Ministerialrat Hochstetter dazu bewogen werden, seine negative Einschätzung zu überdenken. Hochstetter verlangte aber vor einer endgültigen Entscheidung von der »Freien Akademie« die Ausarbeitung einer neuen Studien- und Prüfungsordnung, wozu man sich an der studiengangspezifischen Studien- und Prüfungsordnung [StuPo] der Werkkunstschule Pforzheim zu orientieren habe, sowie von der Stadt Mannheim eine Erklärung, wonach der ordnungsgemäße Betrieb der Schule gewährleistet sei.[273]

268
Aktennotiz Kulturamt vom 23.11.1965, ebd.

269
Stadtrat Bergdolt befürchtete, »daß die übrigen Kräfte der Akademie in Jahresfrist mit gleichen Gehaltsforderungen an die Stadt herantreten.«, Protokoll der Sitzung des Kulturausschusses vom 08. und 09.12 1965, ebd.

270
Da die Einstellung von Ruthardt erst für den 1. März 1966 geplant war, reduzierte sich der Zuschuss für das Haushaltsjahr 1966 auf 20 000 DM.

271
Aktennotiz Kulturamt Dr. Erny: »Anruf beim Kultusministerium Baden-Württemberg Abt. U IV Oberregierungsrat Fink am 09.11.1965. Herr Fink hatte die Akten in den Händen. Gegenwärtig wird die Zuständigkeit geprüft. Er neigt dazu, die Sache an die Abteilung In [Ministerialrat Hochstetter] weiterzugeben, da die Freie Akademie zu den höheren Fachschulen gezählt werden müßte. Zuvor muß jedoch die Rechtabteilung zur Klärung einzelner noch offener Fragen gehört werden.«, Marchivum, 14/1998_00111

272
Marchivum, 14/1998_00111

273
Aktennotitz Kulturamt Dr. Erny vom 01.07.1966, ebd.

Begleitend zu den diplomatischen Bemühungen der Stadt und der IHK inszenierte die »Freie Akademie« im Juli 1966 in Verbindung mit dem Kulturamt eine umfangreiche Leistungsschau der Klassen für angewandte Kunst.[274] Die Rhein-Neckar-Zeitung betonte die Bedeutung dieser Ausstellung für das laufende Anerkennungsverfahren in Stuttgart:

> Die letzte Hürde, die staatliche Anerkennung ist noch nicht genommen. Die Vorbereitung dazu ist im Gang. Nach außen besteht sie in der Ausstellung, die jetzt [bis 31. Juli] im Vortragssaal in E 3, 16 gezeigt wird. Sie wurde von Dr. Julius Fehsenbecker, dem Hauptgeschäftsführer der Industrie- und Handelskammer Mannheim eröffnet.[275]

Diese Ausstellung war die erste Werkschau der »Freien Akademie«, die sich ausschließlich auf Arbeiten aus den Klassen für angewandte Kunst konzentrierte. Gezeigt wurden Schülerarbeiten aus den Klassen für Gebrauchsgrafik [Magin], Fotografie [Ruthardt] und Bühnenbild [Walter]. Der zur Ausstellung herausgegebene Flyer war die erste Publikation, mit der die »Freie Akademie« auf der Titelseite als »Werkkunstschule Mannheim« auftrat und in der sie sich eindeutig als Schule für angewandte Kunst positionierte: »Die Freie Akademie ist in Baden-Württemberg eine Schwerpunktschule für Gebrauchsgrafik.«[276]

Mit dieser Positionierung lag die »Freie Akademie« ganz auf dem Kurs von Ministerialrat Hochstetter, der sich eine mögliche Mannheimer Werkkunstschule nur mit dieser Schwerpunktsetzung vorstellen konnte – als Ergänzung zu den beiden staatlichen Einrichtungen in Schwäbisch Gmünd und Pforzheim, die [seinerzeit noch] ihren Schwerpunkt in der Metallbearbeitung beziehungsweise der Schmuckgestaltung sahen. Dieses Bekenntnis zum Vorrang der angewandten Kunst im Ausbildungsziel der Schule barg jedoch erhebliches Konfliktpotenzial innerhalb der Kollegenschaft. Zwar wurden bereits 1966 die Klassen der angewandten Kunst von der Mehrzahl der Schüler frequentiert, gleichwohl waren die Klassen der freien Kunst – Bildhauerei, Kunst am Bau, Malerei, freie Grafik – nach wie vor in der Überzahl. Die seit Jahren schwelenden Spannungen zwischen den Vertretern der freien und der angewandten Kunst – durch das laufende Anerkennungsverfahren vorerst ruhiggestellt – sollten jedoch später, kurz nach der staatlichen Anerkennung als Werkkunstschule, offen zu Tage treten.

Im November 1966 stattete Ministerialrat Hochstetter der »Freien Akademie« einen Besuch ab. Unter Beisein zweier Vertreter der Mannheimer IHK, Dr. Stoll und Müller-Eckardt [letzterer Vorsitzender des Arbeitskreises Verkauf und Werbung], kündigte Hochstetter an, dass nun in Kürze mit der staatlichen Anerkennung zu rechnen sei. Diese werde jedoch mit Auflagen verbunden sein, die vor allem eine deutliche Verbesserung der technischen Ausstattung der Schule einfordern würden und im Laufe der nächsten Jahre erfüllt werden müssten.[277]

Was letztlich zu dem Sinneswandel im Ministerium führte, die »Freie Akademie« nun doch als Werkkunstschule staatlich anzuerkennen, ist der Aktenlage nicht zu entnehmen. Die inzwischen vollzogene Einstellung von Robert Ruthardt sowie die erfolgreiche Werkschau der angewandten Kunst vom Juli 1966, damit verbunden die klare Positionierung als Schwerpunktschule für Gebrauchsgrafik, dürften dazu nicht unerheblich beigetragen haben – ebenso die beharrlichen Bemühungen der Stadt und der Mannheimer IHK, die »Freie Akademie« in diesem Prozess zu unterstützen.

Mit Schreiben des Kultusministeriums vom 23. Januar 1967, adressiert nun an die »Werkkunstschule Mannheim«, wurde die Einrichtung mit Wirkung zum 1. März 1967 staatlich anerkannt.[278]

274 »Die Freie Akademie zeigt in Verbindung mit dem Kulturamt der Stadt Mannheim Schülerarbeiten aus den Klassen Gebrauchsgrafik, Fotografie und Bühnenbild im Vortragssaal der Freien Akademie in E 3, 16 vom 12.07.—31.07.1966«, Flyer zur Ausstellung, ebd.

275 Rhein-Neckar-Zeitung, 14.07.1966

276 Flyer zur Ausstellung im Juli 1966; Marchivum, 14/1998_00111

277 Aktennotiz Kulturamt Dr. Erny vom 14.11.1966, Marchivum, 14/1998_00111

278 »Die Werkkunstschule Mannheim wird als Ersatzschule im Sinne der §§ 3—12 des Privatschulgesetzes vom 15.02.1956 [Amtsblatt »Kultus und Unterricht« S.134/56] in der Fassung vom 14.1.1964 [Amtsblatt »Kultus und Unterricht« S. 420/64] gemäß § 10 des Privatschulgesetzes mit Wirkung vom 1.3.1967 anerkannt.« Bescheid des Kultusministeriums an die Werkkunstschule Mannheim vom 23.01.1967, Marchivum, 14/1998_00111

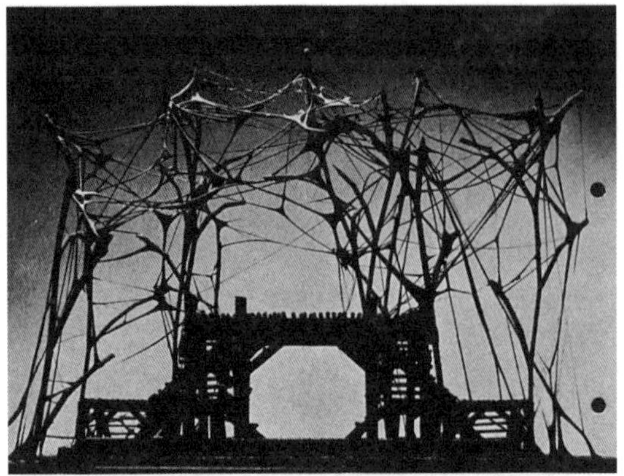

B29 Bühnenbildentwurf
Schülerarbeit Klasse Walter
Broschüre zur Ausstellung
1966

Diese Anerkennung war mit der Auflage verbunden, »innerhalb von drei bis vier Jahren nach der Anerkennung, die in der beigefügten Anschaffungsliste verzeichneten Gegenstände zu beschaffen. [...] Gleichzeitigt wird die mit Schreiben der Freien Akademie vom 1. Dezember 1966 vorgelegte Ausbildungs- und Prüfungsordnung genehmigt.«[279]

Gut sieben Jahre nach dem ersten Antrag in Stuttgart war nach zähen Verhandlungen – mutmachende Ankündigungen wechselten einander ab mit herben Rückschlägen – das Ziel der staatlichen Anerkennung erreicht. Allerdings war der neue Status der Schule seitens des Ministeriums an Bedingungen geknüpft, die den erreichten Erfolg sowohl der Stadt Mannheim wie der Schule selbst bald als eine Art »Pyrrhussieg« erscheinen lassen sollte. Die vom Ministerium als Teil des Anerkennungsbescheides verbindlich geforderten Investitionen in die Ausstattung der Werkkunstschule beliefen sich auf eine Höhe von 216.000 DM. Die Stadt sah sich demnach gezwungen, die Zuschüsse an die nach wie vor private Einrichtung erheblich zu erhöhen. So darf nicht verwundern, dass seitens der Stadtverwaltung gleich nach der staatlichen Anerkennung ein neues Ziel ins Auge gefasst wurde: die Verstaatlichung der Einrichtung. Doch das Stuttgarter Ministerium verwies nach ersten Sondierungsgesprächen solche Überlegungen vorerst ins Reich der Utopie. Das Land hatte kein Interesse daran, die Kosten für die Mannheimer Werkkunstschule zu übernehmen.

Für die Kollegenschaft der neuen Werkkunstschule hatte vor allem die vom Ministerium eingeforderte neue Ausbildungs- und Prüfungsordnung Potenzial zum Spaltpilz, da sie staatlich anerkannte Abschlussprüfungen nur für die Klassen Gebrauchsgrafik, Fotografik und Bühnenbild vorsah. Die Klassen der freien Kunst liefen zwar unverändert weiter, doch faktisch war die Schule nun geteilt in den von den meisten Schülern frequentierten Bereich der angewandten Kunst mit staatlichem Abschluss und den freien Künsten ohne Prüfungsberechtigung. Und es sollte auch nicht lange dauern, bis im Ministerium Stimmen laut wurden die forderten, den Bereich der freien Kunst einzustellen.

279
Ebd.

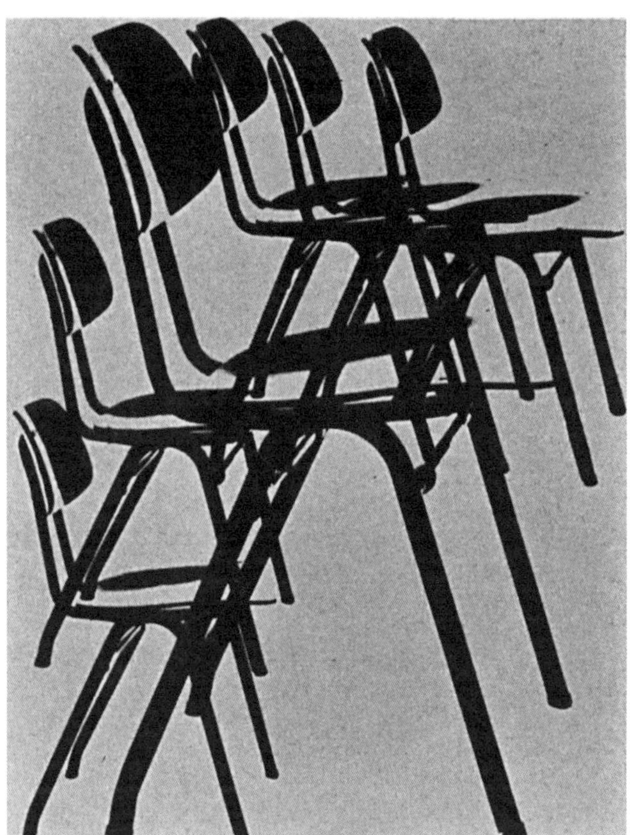

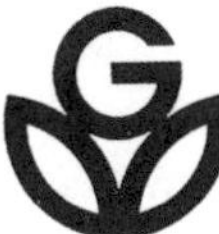

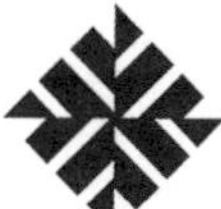

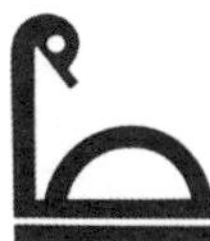

B30 Firmenzeichen
Schülerarbeiten Klasse Magin
Broschüre zur Ausstellung
1966

B31 Fotografik, Schülerarbeit
Klasse Ruthardt
Broschüre zur Ausstellung
1966

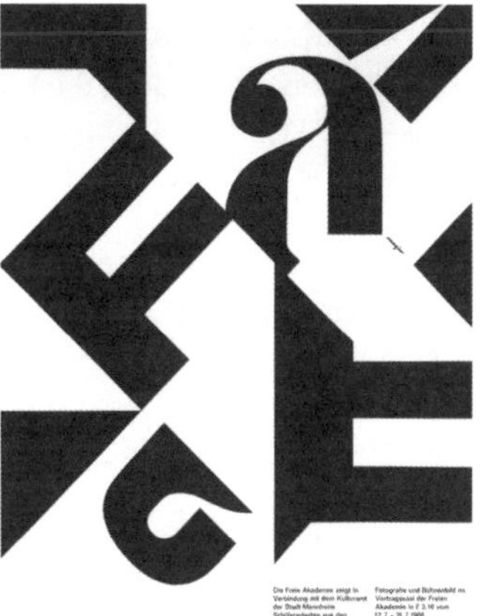

B32 Freie Akademie
Wolf Magin
Plakat zur Ausstellung
1966

7—1967 bis 1974
Die Werkkunstschule Mannheim

Zum 1. März 1967 wurde die »Freie Akademie« als Werkkunstschule staatlich anerkannt. Sie war damit neben den beiden staatlichen Einrichtungen in Pforzheim und Schwäbisch Gmünd die dritte – und einzig privat geführte – Werkkunstschule in Baden-Württemberg. In einer Feierstunde am 10. April 1967 überreichte Ministerialrat Herbert Hochstetter – in Anwesenheit von Oberbürgermeister Dr. Reschke, Vertretern der Städte Ludwigshafen und Heidelberg sowie zahlreichen Vertretern der regionalen Wirtschaft – die Anerkennungsurkunde an den Leiter der Schule, Dr. Geißler. Die staatliche Anerkennung war allerdings, wie bereits erwähnt, an Auflagen gebunden. Erwartet wurde vor allem von der Stadt Mannheim, die neue Werkkunstschule solide finanziell auszustatten.

> Der Ministerialrat betonte in seiner Ansprache, im Laufe der nächsten drei bis vier Jahre möge die neue Werkkunstschule durch ihre Leistungen ebenso wie durch die Fundierung ihrer Einkünfte sich soweit entwickeln, daß die zunächst zögernd erteilte Anerkennung gerechtfertigt werde.[280]

Im Zusammenhang der staatlichen Anerkennung wurde der Schulleitung ein beratendes Gremium [Kuratorium] zur Seite gestellt, das die Entwicklung der Werkkunstschule unterstützen sollte. Der designierte Vorsitzende dieses Kuratoriums, Prof. Dr. Sandig, Dozent für Vertrieb und Werbung an der Mannheimer Wirtschaftshochschule, betonte bei diesem Festakt in seinem Grußwort »das Interesse der Wirtschaft an der Ausbildung von Werbefachleuten [und] wie notwendig die Verbindung von Werbegraphik und Kunst sei.«[281]
Ebenfalls wurde in dieser Feierstunde die baldige Gründung eines »Förderkreises« angekündigt, dessen Leitung Dr. Hans Reuther [Firma Bopp & Reuther, Mannheim] übernehmen sollte.
Die konstituierende Sitzung des Kuratoriums fand dann am 30. Mai 1967 unter der Leitung von Prof. Sandig statt.[282] Laut §1 der Geschäftsordnung hatte sich das Kuratorium zur Aufgabe gemacht, »zusammen mit der Schulleitung über alle Fragen von wesentlicher Bedeutung für die Werkkunstschule zu beraten«. Mitglieder des Kuratoriums waren unter anderen Kulturbürgermeister David, Kulturamtsleiter Dr. Erny, Prof. Schachtschabel, Stadtrat und MdB, Dr. Stoll von der IHK, weitere Vertreter aus Wirtschaft und Verwaltung sowie der Architekt Carlfried Mutschler, der Fotograf Robert Häusser und Wolfgang von Gropper, Chefredakteur des »Mannheimer Morgen«. Dieses Kuratorium, besetzt mit einflussreichen Persönlichkeiten des öffentlichen Lebens, sollte in der Folgezeit die Geschicke der Werkkunstschule maßgeblich mitbestimmen, wobei der Fokus der Bemühungen deutlich auf einer Stärkung der anwendungsorientierten Ausbildung lag[283] sowie dem Ziel, nach der staatlichen Anerkennung nun auch die Verstaatlichung der Werkkunstschule zu erreichen.
Doch so schnell bewegte sich nichts an der jetzt Werkkunstschule benannten »Freien Akademie«. Der Unterrichtsbetrieb lief in althergebrachter Weise weiter. Die alten Strukturen schienen festgefahren. Noch bestimmte im Wesentlichen das sogenannte Gremium, dominiert von Vertretern der freien Künste, den Kurs. Und noch bevor das neukonstituierte Kuratorium seinen Einfluss geltend machen konnte, kam es innerhalb des Kolle-

280
Allgemeine Zeitung, 12.04.1967; weitere Artikel zu diesem Festakt in: Allgemeine Zeitung, 06.04.1967; Mannheimer Morgen, 12.04.1967; Badische Volkszeitung, 13.04.1967 und Rhein-Neckar-Zeitung, 13.04.1967

281
Allgemeine Zeitung, 12.04.1967; weitere Mitglieder des Kuratoriums waren: Rechtanwalt Kimmel [MdL], Bürgermeister David, Prof. Dr. Schachtschnabel [MdB], Wolfgang von Gropper, Dipl. Ing. Carlfied Mutschler und der Fotograf Robert Häusser.

282
Protokoll der konstituierenden Sitzung des Kuratoriums der staatlich anerkannten Werkkunstschule Mannheim vom 30.05.1967, Marchivum, 9/1978_00087

283
»Die Hälfte der Studierenden belegt das Fach Gebrauchsgrafik. Die Schule soll nach Auflösung der entsprechenden Abteilung an der Karlsruher Akademie in dieser Ausbildungsrichtung ihren Schwerpunkt erhalten.«, ebd.

giums der Werkkunstschule zu heftigen Zerwürfnissen.
Aus dem Kreis der Dozenten war es vor allem Robert Ruthardt, nunmehr seit einem Jahr Lehrer an der »Freien Akademie«, der auf eine schnelle Reform der Studienorganisation mit klarer Fokussierung auf die angewandten grafischen Künste drängte, im Kollegium aber größtenteils keinen ernsthaften Veränderungswillen feststellen konnte. Am 17. Juni 1967 schrieb er an den Kulturamtsleiter Dr. Erny: »Bitte um ein Gespräch. Die derzeitige Lage an der Freien Akademie verlangt danach, daß alle Verantwortlichen an einen Tisch zu bringen sind, um der Gelegenheit eines wirklichen Neuanfanges einer Werkkunstschule gerecht zu werden.«[284] Diesem Ansinnen legte Ruthardt die Kopie eines Briefes bei, den er am gleichen Tag an den Leiter der Schule, Dr. Geißler, geschickt hatte.[285] In diesem, an Dr. Geißler adressierten, Brief kritisierte Ruthardt massiv die verkrusteten Strukturen an der Schule, und er ging – bisweilen mit polemischem Unterton – mit den Kollegen und deren Lehrpraxis hart ins Gericht. Dieses Schreiben verdeutlicht, dass die jüngst erfolgte staatliche Anerkennung nicht unbedingt zu einer allgemeinen Euphorie innerhalb der Kollegenschaft führte, sondern seit länger im Hintergrund schwelende Konflikte erst eklatant an die Oberfläche spülte.

> Nach einem vielseitigen Blick in die Unterrichtspraxis an der Freien Akademie und nach einem Jahr Lehrtätigkeit dort meine ich, gibt es Gründe genug, um die längst überfällige Diskussion um den Status der Werkkunstschule Mannheim wieder aufzunehmen.
> Dieses bereits begonnene Gespräch unterbrachen Sie zu Ende des vorigen Jahres, als Sie namens des Gremiums an mich das Ansinnen stellten, freiwillig auf einen Teil meines vertraglich garantierten Gehalts zugunsten von Gremienmitgliedern zu verzichten und im Falle einer Ablehnung schon damals von einer möglichen Kündigung sprachen. Sie wissen selbst, daß ich Ihnen seinerzeit eine klare Antwort gegeben habe und auch die Situation der Freien Akademie in das Licht des beim Kultusministerium vorliegenden Antrags auf staatliche Anerkennung stellte. Diese Anerkennung wurde wider Ihr eigenes Erwarten und das aller Gremienmitglieder dennoch ausgesprochen. [...] Stattdessen sprachen Sie davon, wie sehr Konkurrenz innerhalb einer Schule dieser schade, oder schreiben mir, mein Temperament sei Lehren wie Schülern lästig. Ich meine dagegen, das Stimulans der Konkurrenz sei gerade an einer Schule der angewandten grafischen Künste für Lehrer und Schüler unentbehrlich, geschieht doch die Anwendung des Erlernten später nicht im luftleeren Raume oder gar in einem Naturschutzgebiete. Auch die zu lehrenden Gegenstände haben sich von Zeit zu Zeit einer Untersuchung auf ihre Brauchbarkeit zu stellen und sind durch sorgsam vorbereitete Experimente immer wieder neu zu ordnen. Nichts steht der freien Entwicklung einer Privatschule mehr im Wege als der Mangel an urwüchsigen Temperamenten unter Lehrern wie Schülern. Mir scheint, gerade die bislang betriebene Inzucht im Lehrkörper der Freien Akademie hemme jeden konsequenten Aufbau der Schule. Auf Dauer werden sich die offensichtlichen Mängel nicht mit Mitteln des Show-Geschäfts oder von dessen Praktikern übertünchen lassen. Eine Schule dieser Größe kann nur dadurch einen Rang und damit Anziehungskraft gewinnen, indem sie an ihr Lehrer versammelt, welche ihren Schülern deren ganzes Können abverlangen und freimütig ihr eigenes darbieten, Lehrer, die statt Handlangern ihre eigene Konkurrenz zu erziehen den Mut aufbringen. Äußerungen aus dem Kollegenkreis, das wolle man ja gerade nicht, haben mich tief deprimiert. Es ist aber auf lange Sicht für eine staatlich anerkannte Schule die falsche Politik,

284
Brief Ruthardt an Dr. Erny vom 17.06.1967, Marchivum, 9/1978_00082

285
Brief Ruthardt an Dr. Geißler vom 17.06.1967, ebd.

wenn man mit Seitenblick auf das Produkt von Schülerzahl mal Semestergeld jeden Bewerber aufnimmt oder fachlich ungeeignete Schüler Fähigen den Platz streitig machen läßt. Ich behaupte indessen, Privatschulen [auch teilsubventionierte], welche über keinen höheren Standard verfügen als öffentliche Schulen oder anders und besser sind als solche, werden überflüssig sein.«

Nach diesem Schreiben überschlugen sich an der Schule die Ereignisse. Die Antwort auf Ruthardts Brandbrief ließ nicht lange auf sich warten. Mit Schreiben vom 21. Juni 1967 schickt ihm Dr. Geißler im Namen des Gremiums der Werkkunstschule Mannheim die Kündigung zum Ende des Sommersemesters 1967. Begründet wurde die Kündigung mit angeblich nicht eingehaltenen Lehrverpflichtungen und Illoyalität gegenüber der Schulleitung:

> Sie sind ferner der von Ihnen erwarteten Zusammenarbeit mit den Kollegen, welche zu Ihrer Lehrverpflichtung gehört, nicht nachgekommen. Sie haben sich des Vertrauensbruchs gegenüber dem Gremium schuldig gemacht. Ihre schriftlich und mündlich vorgebrachten diffamierenden Äußerungen über Kollegen und Leitung der Werkkunstschule Mannheim lassen Ihre weitere Mitarbeit nicht zu.[286]

Eine Woche später, am 29. Juni 1967 ließ die Werkkunstschule Mannheim offiziell verlauten, dass

> der Kunsthistoriker Dr. Joachim Geißler, der [...] die Werkkunstschule Mannheim, früher Freie Akademie seit April 1964 leitete, auf eigenen Wunsch aus gesundheitlichen Rücksichten aus dem Lehrkörper der Werkkunstschule Mannheim ausscheiden wird. Er beendet seine Tätigkeit als Schulleiter und Lehrer am 31. Juli 1967, zum Ende des Sommersemesters 1967.[287]

Mit Schreiben vom 1. Juli 1967 legte Ruthardt gegenüber der Schule Widerspruch gegen die Kündigung ein [was rechtlich jedoch keine Relevanz hatte]. Darin verwies Ruthardt nochmals auf seinen Beitrag sowie die Rolle der Stadt Mannheim zur nunmehr erreichten staatlichen Anerkennung der Einrichtung:

> Am 1. 3. 66 bin ich durch die Bereitstellung erheblicher öffentlicher Mittel Mitglied des Lehrkörpers der damaligen Freien Akademie geworden. Zweck dieser Berufung war, eine Klasse für Fotografie und Fotografik aufzubauen, um damit auch die später beantragte staatliche Anerkennung als Werkkunstschule zu erreichen. Entsprechend den Vorschlägen der Gutachter-Kommission des Kultusministeriums sollte das Gesicht der Schule bestimmt sein durch die Konzentration der angewandten grafischen Künste an diesem Institut. Die beträchtliche Mithilfe der Stadt Mannheim für dieses Vorhaben hat mich vom Tage meines Dienstantritts an bewogen, die Entwicklung der Schule und die Berufschancen ihrer Absolventen nicht nur durch die Hausbrille kritisch zu beobachten. [...] Geduldig habe ich auf eine fachliche Konsolidierung der Ausbildung hingearbeitet, Mittel und Wege erschlossen, aus dem Provisorium heraus zu kommen, und das bekenne ich, Dilettantismus Dilettantismus genannt.[288]

Die internen Auseinandersetzungen im Kollegenkreis blieben nicht ohne Wirkung auf die Schülerschaft. Am 3. Juli 1967 wandten sich Schüler der Klasse Ruthardt brieflich an das Kulturamt und zeigten sich mit der Entlassung ihres Lehrers nicht einverstanden.[289] Das hatte für den unterzeichnenden Klassensprecher Karl Ludwig Hoffmann unangenehme Konsequenzen. Dr. Geißler verwies ihn – wohl die letzte Amtshandlung vor seinem Rücktritt – wegen Illoyalität gegenüber der Schulleitung unverzüglich von der Schule.[290] Nach Intervention Ruthardts gegen diesen Schul-

286
Brief Dr. Geißler an Ruthardt vom 21.06.1967, ebd.

287
Offizielle Mitteilung der Werkkunstschule Mannheim vom 29.06.1967, unterschrieben von der Schulsekretärin, Frau Stein, ebd. Die Absicht die Schulleitung niederzulegen, hatte Dr. Geißler in einem internen Gespräch bereits am 19.06.1967 dem Leiter des Kulturamtes, Dr. Erny mitgeteilt. Aktennotiz Kulturamt vom 21.06.1967, ebd.

288
Schreiben Ruthardt an die Werkkunstschule Mannheim vom 01.07.1967, ebd.

289
Brief von Schülern der Werkkunstschule an das Kulturamt vom 03.07.1067, ebd.

290
Brief Dr. Geißler an Karl Ludwig Hofmann vom 24.07.1967, ebd.

verweis bei Kulturbürgermeister David[291] konnte dieser in einer Besprechung mit einem Teil des Lehrerkollegiums erreichen, dass diese Maßnahme zurückgenommen wurde.
Gegen Ende des Sommersemester 1967 – fünf Monate nach der staatlichen Anerkennung – war die Situation an der neuen Werkkunstschule in vielerlei Hinsicht verfahren. Robert Ruthardt war entlassen, und wie seine Klasse mit gleicher Fachkompetenz weitergeführt werden könnte, war ungewiss; der Leiter der Schule, Dr. Geißler, hatte – nach offizieller Lesart: aus gesundheitlichen Gründen – das Handtuch geworfen; das Vertrauen zwischen Schülerschaft und Lehrerkollegium war gestört; und zu alledem fehlte nach wie vor eine tragfähige, einer Werkkunstschule mit Schwerpunkt Gebrauchsgrafik adäquate Studienstruktur.
Das Kuratorium reagierte auf die erratisch anmutenden Zustände an der Schule mit Überlegungen, die Einrichtung rechtlich auf eine neue Basis zu stellen mit dem Ziel, der Stadt Mannheim als Hauptfinanzier mehr Mitspracherecht an Entscheidungen an der Werkkunstschule einzuräumen. Zunächst wurde diskutiert, die bestehende GbdR, rechtlich getragen von dem sogenannten Gremium [also den Dozenten Berger-Berner, Koch, Magin, Dehof und Nagel], in die Rechtsform einer GmbH mit Mehrheitsbeteiligung der Stadt zu überführen.[292] Eine GmbH fand bei Oberbürgermeister Dr. Reschke jedoch keine Zustimmung.[293] Als Alternative wurde die Gründung eines eingetragenen Vereins in Betracht gezogen, in dem der »Stadtverwaltung Mannheim ein gebührendes Gewicht einzuräumen sei«.[294] Nach Rücksprache mit dem Kultusministerium wurde dann in Kuratoriumssitzung am 11. Dezember 1967 beschlossen, diesen Weg zu gehen.[295] Es dauerte aber noch weitere zwei Jahre, bis eine tragfähige Satzung erarbeitet war und die Vereinsgründung vollzogen werden konnte.
Nachfolger von Dr. Joachim Geißler als neuer Leiter der Werkkunstschule – nun mit dem Titel »Direktor« – wurde zum 1. Oktober 1967 der aus Heilbronn stammende Kunsthistoriker Dr. Manfred Tripps.
Dr. Tripps leitete als ausgebildeter Elektromeister und Vollkaufmann den elterlichen elektrotechnischen Betrieb in Heilbronn. Daneben hatte er Kunstgeschichte und Philosophie an der Universität Heidelberg studiert und 1967 bei dem bekannten Kunsthistoriker Prof. Dr. Walter Paatz mit einer vielbeachteten Dissertation über den spätgotischen Künstler Hans Multscher promoviert.
Wie es zu dieser Personalie an der Spitze der Werkkunstschule kam, was das Gremium der nach wie vor privaten Schule dazu bewog, Dr. Tripps als neuen Direktor zu akzeptieren, wer hier im Hintergrund die Strippen zog oder auch Druck ausübte, geht aus der vorliegenden Aktenlage nicht hervor. Dr. Tripps, als Kunsthistoriker mit Managementerfahrung, schien jedenfalls die ideale Besetzung, um einen Neuanfang in die Wege zu leiten. Er kam nicht aus der »Inzucht« [Ruthardt] der »Freien Akademie« und hatte somit einen freien Blick auf die notwendigen strukturellen Veränderungen an der Mannheimer Werkkunstschule.
Zunächst gelang unter seiner Leitung die dringend notwendige Reform der Studienstruktur, am 3. November 1967 veröffentlicht im Amtsblatt der Stadt Mannheim unter der Überschrift: »Neuorganisation der Werkkunstschule«:[296]

> Um den neuen, durch die staatliche Anerkennung erforderlichen Lehraufträgen gerecht werden zu können und um sich – dem Rat des Kultusministeriums folgend – im Hinblick auf eine künftige Verstaatlichung, die bei entsprechender Ausstattungshilfe der Schule durch die Stadt Mannheim frühestens 1970 möglich sein könnte, immer mehr der Struktur der staatlichen Werkkunst- bzw. Fachhochschulen anzugleichen, hat Dr. Tripps im Einvernehmen mit den Fachklassenleitern die Schule nunmehr neu gegliedert.

291
Brief Ruthardt an Kulturbürgermeister David vom 26.07.1067, ebd.

292
Aktennotiz Kulturamt vom 04.08.1967, Marchivum, 9/1978_00087

293
Aktennotiz Dr. Reschke vom 15.08.1967; ebd.

294
Protokollnotiz der Kuratoriumssitzung vom 11.12.1967, ebd.

295
»Soeben habe ich mich mit Oberregierungsrat Brintzinger vom Kultusministerium Baden-Württemberg [...] über die Frage der Rechtsform der Werkkunstschule unterhalten. Das Kultusministerium legt lediglich Wert darauf, die bisherige lose Form einer Gesellschaft des bürgerlichen Rechts ersetzt zu wissen und ist mit einem eingetragenen Verein ebenso einverstanden wie mit einer Körperschaft des privaten Rechts. Herr Oberregierungsrat Brintzinger bestätigte mir, daß es die flexiblere Form sei, einen eingetragenen Verein zu gründen.« Brief des Kuratoriumsvorsitzenden Prof. Sandig an Dr.Merkert, Dr. Erny und Dr. Tripps vom 08.11.1967, ebd.

296
Amtsblatt der Stadt Mannheim, Nr.41, vom 03.11.1967, Marchivum, 9/1978_00094

> Die drei Abteilungen, die sich an die Fakultäten der Hochschulen anlehnen und in einen dreistufigen Ausbildungsgang gliedern, haben das 1. und 2.Semester als Grundstufe; das 3. bis 5. Semester als Mittestufe mit dem Abschluß durch die gesetzlich vorgeschriebene Zwischenprüfung; das 6. bis 8. Semester als Oberstufe, die durch die staatlichen Abschlußprüfungen beendet wird. Die fakultätsartigen Abteilungen der Schule sind: Abteilung für künstlerische Grundausbildung [Abteilungsleiter Dozent Hans Nagel]. Hier werden gelehrt: Akademisches Zeichen, Kompositionslehre, Farblehre, sowie allgemeine Kunstgeschichte [Proseminar], Wirtschaft und Recht sowie Gemeinschaftskunde und Politik. Als zweite folgt die Abteilung für angewandte Künste [Abt.-Leiter Doz. Wolf Magin] mit den Fachklassen für Gebrauchsgrafik, Fotografik, Fotografie sowie Bühnenbild und Kostüm. Parallel dazu läuft der Unterricht in den vorerwähnten Nebenfächern [Mittelseminar und – nach dem 5. Semester – Oberseminar]. Die dritte Abteilung ist diejenige der Freien Künste [Abt.-Leiter Doz. Walter Koch] mit den Fachklassen für freie Grafik, Bildhauerei und Malerei. [...] Sobald die Druckwerkstatt vollständig vorhanden sein wird, wird die Fachklasse für freie Grafik in eine Fachklasse für Druckgrafik umgewandelt und aus der Abteilung für freie Künste in die Abteilung für angewandte Künste übergegliedert.

Mit dieser Neuorganisation der Studienstruktur war die neue – vom Ministerium geforderte – Ausbildungs- und Prüfungsordnung nun auch formal umgesetzt. Zwar blieben die freien Künste [Malerei und Bildhauerei, also die Klassen von Berger-Bergner und Dehof] im Studienangebot der Werkkunstschule [vorerst noch] erhalten, doch deren Studierende »gelten gegenüber dem Kultusministerium als Gastschüler. In den Fächern der freien Künste finden dementsprechend keine Beschränkungen der Semesterzahlen und auch keinerlei Prüfungen statt.«[297] Die freien Künste bildeten nunmehr auch formal einen Annex der akademisch organisierten und mit staatlichen Abschlüssen versehenen Ausbildung auf dem Feld der Gebrauchsgrafik.

Die Stadt hatte auch schon konkrete Vorstellungen, wie es nach der Neuorganisation mit der Werkkunstschule weitergehen sollte:

> Die Mannheimer Werkkunstschule ist im Augenblick noch eine staatlich anerkannte Ersatzschule im Range einer staatlich anerkannten Ingenieurschule, mit Schwergewicht auf Gebrauchsgrafik. Auf Grund des Darendorf-Planes[298] soll sie verstaatlicht und mit den beiden anderen Mannheimer Fachschuleinheiten, der Staatlichen Ingenieurschule und dem Institut für Sozialpädagogik, zu einer Fachhochschule zusammengeschlossen werden.[299]

[Es sollten jedoch noch Jahrzehnte vergehen, bis diese Vision Realität wurde.[300]] Zunächst sah sich die Stadt in der Verantwortung, die nötigen finanziellen Mittel für die Weiterentwicklung der Werkkunstschule zur Verfügung zu stellen. Im Haushaltsplan 1967 waren [neben einer 50 000 DM-Rate für Investitionen zur Erfüllung der ministeriellen Auflagen] Subventionen von 65 000 DM bereitgesellt; 40 000 DM allgemeiner Betriebszuschuss und 25 000 DM zweckgebunden zur Finanzierung der Ruthardt-Stelle. Nachdem nun von der Leitung der Werkkunstschule das Arbeitsverhältnis mit Robert Ruthardt zum Ende des Sommersemesters 1967 aufgelöst worden war, plädierte der Kulturausschuss in seiner Sitzung vom 6. Dezember 1967 dafür, die in Aussicht gestellten Mittel von 65.000 DM aufgrund der inzwischen veränderten Entwicklungsperspektiven ohne Zweckbindung weiter zu gewähren.

> Inzwischen hat die Werkkunstschule die staatliche Anerkennung erhalten. Als weiteres Ziel wird von der Leitung der Schule die Verstaatlichung angestrebt, die von Seiten der Stadt unterstützt wird.Es besteht die Veranlassung

297
Ebd.

298
1967 setzte der damalige Kultusminister Wilhelm Hahn eine Kommission unter der Leitung des Soziologen Ralf Darendorf ein, die einen Hochschulentwicklungsplan für Baden-Württemberg erarbeiten sollte. Hieraus entstand – neben den Universitäten – die Etablierung eines neuen, anwendungsbezogenen Hochschultyps: die Fachhochschule. 1971 wurden erste Fachhochschulen in Baden-Württemberg eingerichtet, entwickelt meist aus den staatlichen Ingenieursschulen; so auch in Mannheim mit der Fachhochschule für Technik.

299
Amtsblatt der Stadt Mannheim, Nr.41, vom 03.11.1967, Marchivum, 9/1978_00094

300
Das Vorhaben, Technik, Gestaltung und Sozialwesen in einer Hochschule zu vereinigen, gelang erst im Jahre 2006, nachdem 1994 die städtische Fachhochschule für Gestaltung als Fachbereich Design in die Fachhochschule für Technik integriert wurde und dann 2006 die Fachhochschule für Technik und Gestaltung mit der Fachhochschule für Sozialwesen zur Hochschule Mannheim fusionierte.

anzunehmen, daß nach Erfüllung der mit der Anerkennung gemachten Auflagen in einigen Jahren eine hinreichend ausgestattete Werkkunstschule in Mannheim vom Land übernommen wird. Um diese Absicht nicht zu stören und die ordnungsgemäße Unterrichtserteilung sicherzustellen, wird empfohlen, von der Bindung des Sonderzuschusses an die Person Ruthardt abzusehen und ihn zur Bestreitung der Personalaufwendungen der Werkkunstschule weiter zu gewähren.[301]

Mit diesem finanziellen Engagement und wohl auch mit der aus heutiger Sicht etwas zu optimistisch anmutenden Erwartung auf eine baldige Verstaatlichung – längerfristig im Rang einer Fachhochschule – gelang es der Stadt, auch die regionale Wirtschaft für die reorganisierte, nun eindeutig anwendungsorientierte Bildungseinrichtung zu interessieren. Mitte Dezember konstituierte sich im Haus der Mannheimer Industrie-und Handelskammer der bereits im März des Jahres angekündigte »Förderkreis«, in dem namhafte Wirtschaftsvertreter der Region zusammenfanden, um die aufstrebende Werkkunstschule ideell und finanziell zu unterstützen.

Als 1. Vorsitzenden wählten die Mitglieder Dr. Hans J. Reuther [Firma Bopp & Reuther, Mannheim]. Als 2. Vorsitzender stellte sich Curt Engelhorn [Boehringer, Mannheim] zur Verfügung. Dem Vorstand gehören außerdem an: Dr. Hellmut Bergmann [Industrie- und Handelskammer für die Pfalz, Ludwigshafen], Dr. Wilhelm Koch [Portland Zementwerke, Heidelberg], Dr. Hans Wolter [Bankhaus Bensel, Mannheim], Dr. Herbert Zapp [Deutsche Bank, Mannheim] und Dr. Richard Stoll [Industrie- und Handelskammer, Mannheim]. Dr. Stoll wurde mit der Führung der laufenden Geschäfte des Förderkreises beauftragt.[302]

Ende 1967 schien sich die Lage an der Werkkunstschule – nach den Turbulenzen, ausgelöst durch die Entlassung Ruthardts und den Rücktritt Dr. Geißlers – wieder stabilisiert zu haben. Der Studienbetrieb war neu gegliedert, die Stadt stand zu ihren finanziellen Verpflichtungen, und mit der Gründung des Förderkreises setzte die regionale Wirtschaft ein deutliches Zeichen der Solidarität. Doch es dauerte wieder nur wenige Monate, und die Werkkunstschule taumelte in die nächste existenzbedrohende Krise.

Noch im November 1967 gab Dr. Tripps dem »Mannheimer Morgen« ein langes Interview, hob darin die Vorteile der staatlichen Abschlüsse für die Klassen der angewandten Kunst hervor und schilderte mit Emphase die ambitionierten Entwicklungsziele der Werkkunstschule: Verstaatlichung, auf längere Sicht im Rang einer Fachhochschule.[303] Kurze Zeit später, Anfang des Jahres 1968, legte Dr. Tripps nach gerade mal einem Semester sein Amt als Direktor der Schule wieder nieder.[304] Ein halbes Jahr nach dem Rücktritt von Dr. Geißler war die Werkkunstschule wieder führungslos. In einem Brief an Kulturamtsleiter Dr. Erny teilte die Schule mit, dass »das Gremium bis zur Inkrafttretung der neuen Rechtsform den Dozenten Walter Koch, Abteilungsleiter der freien Künste und den Dozenten Wolf Magin, Abteilungsleiter der angewandten Künste mit der kommissarischen Leitung der Schule beauftragt [hat].« Im selben Brief nahm die neue Schulleitung Stellung zum Rücktritt von Dr. Tripps.

Leider war es Herrn Dr. Tripps zum 1. 4. 1968 nach Ablauf der von ihm gewünschten Probezeit aus gesundheitlichen Gründen nicht möglich, seine Funktion als geschäftsführender Direktor unserer Schule weiter wahrzunehmen. Die Aufteilung seiner Kräfte zwischen seinem privaten Unternehmen in Heilbronn und die Vertretung der sehr umfangreichen Schulinteressen war offenbar für seine Gesundheit zu viel. Wir selbst haben dies sehr bedauert, da wir ihn als eine sehr aktive Persönlichkeit kennengelernt haben.[305]

301
Sitzungsprotokoll Kulturausschuss vom 06.12.1967, Marchivum, 9/1978_00082

302
»Wirtschaft fördert die Werkkunstschule«, Mannheimer Morgen, 21.12.1967

303
Mannheimer Morgen, 28.11.1967

304
»Weil meine Probezeit an der Werkkunstschule zum 31. März 1968 abläuft und ich einsehen mußte, daß meine Kraft nicht ausreicht, dort das zu erreichen, was ich mir vorgenommen hatte und was von mir erwartet wurde, habe ich den Inhabern der Schule [Gremium] mitgeteilt, daß ich meine Probezeit nicht in ein darauffolgendes festes Arbeits- oder gar in ein Mitinhaberverhältnis umwandeln, sondern vertragsgemäß zum 31.3.1968 auszuscheiden wünsche.« Brief Dr. Tripps an Oberbürgermeister Dr. Reschke vom 28.03.1968, Marchivum, 9/1978_00082

305
Brief von Walter Koch und Wolf Magin an Kulturamtsleiter Dr. Erny vom 04.04.1968; Marchivum, 9/1978_00087

In Wahrheit dürften aber weniger gesundheitliche Gründe oder Arbeitsüberlastung, sondern vielmehr nicht näher benannte erhebliche Differenzen zwischen dem neuen Direktor und dem leitenden Gremium der Schule Grund für die Demission von Dr. Tripps gewesen sein, wie es einer Protokollnotiz einer späteren Kuratoriumssitzung zu entnehmen ist. Walter Koch führte hier etwas verklausuliert aus:

> Die Schulleitung hatte im SS 1968 einen schweren Stand, da Herr Dr. Tripps mit Vorschußlorbeeren hier eingeführt wurde. Dies ist besonders interessant im Zusammenhang, daß er dieses Semester auf eigenen Wunsch als Probesemester antrat. Als Ereignisse, die im einzelnen hier nicht angeführt werden sollen, dazu führten, dieses Probesemester nicht in ein festes Arbeitsverhältnis umzuwandeln, und Herr Dr. Tripps das Gremium bat, auch seinen Lehrauftrag in Kunstgeschichte als beendet zu betrachten, hatte dies verschiedene falsche Eindrücke über die Vorkommnisse in der Schule zur Folge. Die ab da fungierende kommissarische Schulleitung konnte den Eindruck haben, daß das Vertrauen, das man vordem unbesehen Herrn Dr. Tripps entgegenbrachte, ihr selbst als Mißtrauen entgegenschlug.[306]

Die internen Zerwürfnisse und infolgedessen eine anhaltende Führungskrise an der Mannheimer Werkkunstschule waren auch dem Stuttgarter Kultusministerium nicht verborgen geblieben. Und dort hatte inzwischen ein Revirement stattgefunden, das der Mannheimer Einrichtung nicht unbedingt zum Vorteil gereichte. Ministerialrat Hochstetter, der die Bemühungen um eine staatliche Anerkennung wohlwollend unterstützt hatte, wechselte ins Wirtschaftsministerium. An seine Stelle im Kultusministerium trat Ministerialrat Dr. von Alberti, der die jüngste Entwicklung der Mannheimer Werkkunstschule sehr kritisch verfolgte. Dr. Stoll konstatierte: »Ich habe gespürt, dass jetzt in Stuttgart ein anderer Wind geht.«[307] Dr. von Alberti sah angesichts der chaotischen Zustände an der Werkkunstschule wenig Aussichten auf eine baldige Konsolidierung. Zwischenzeitlich stand sogar der Entzug der staatlichen Anerkennung zur Debatte. Nur durch intensive Bemühungen des Kuratoriums konnte das drohende Desaster abgewendet werden. Der Vorsitzende des Kuratoriums, Prof. Sandig, stellte rückblickend fest:

> Das vergangene Jahr war für das Kuratorium und den Förderkreis denkbar unbefriedigend. Zwar ist es dem Vorsitzenden gelungen, die bereits ins Auge gefaßte Aufhebung der staatlichen Anerkennung der Werkkunstschule aufzuhalten. Herr Dr. Stoll vom Förderkreis konnte auf Grund seiner guten Beziehungen zum Ministerium den Ministerialvertreter zu einem ganztägigen Besuch in Mannheim gewinnen, um die negative Einstellung in Stuttgart in eine positive zu verwandeln.[308]

Der hier erwähnte Besuch – im Grunde handelte es sich um eine Krisensitzung, in der es um nichts weniger ging als die künftige Existenz der Schule – fand am 30. Oktober 1968 in den Räumen der Mannheimer Industrie- und Handelskammer statt. Teilgenommen hatten an diesem Termin seitens des Ministeriums Ministerialrat Dr. von Alberti und Oberregierungsrat Brintzinger, seitens der Stadt Mannheim Oberbürgermeister Dr. Reschke, Stadtdirektor Dr. Andritzky und der Direktor des Kulturamtes Dr. Erny, Dr. Stoll und Müller-Eckert von der IHK, ferner die Mitglieder des Kuratoriums Prof. Sandig, Robert Häusser und Carlfried Mutschler sowie die beiden kommissarischen Leiter der Schule Koch und Magin.[309] Die drohende Aufhebung der staatlichen Anerkennung schien nach den Bemühungen des Kuratoriumsvorsitzenden vorerst vom Tisch, schwebte aber nach wie vor wie ein Menetekel über der ungewissen Zukunft der Schule. Ministerialrat Dr. von Alberti drängte angesichts der Führungskrise an der Schule auf eine Klärung der Verantwortung und der Trägerschaft der Einrichtung.

306
Mitschrift der Kuratoriumssitzung vom 11.12.1968, protokolliert von der Schulsekretärin Frau Stein, Marchivum, 9/1978_00087

307
Marchivum, 9/1978_00087

308
Brief von Prof. Sandig an die Schulleitung der staatlich anerkannten Werkkunstschule vom 30.12.1968; Marchivum, 9/1978_00087

309
Vgl. auch für die folgenden Aussagen die Gesprächsnotiz von Dr. Erny vom 15.11.1968, Marchivum, 9/1978_00087. Dass der Vorsitzende des Kuratoriums, Prof. Sandig, die beiden Herren Koch und Magin zunächst nicht zu dieser Sitzung hinzuziehen wollte, wirft ein bezeichnendes Licht auf das seinerzeit angespannte Verhältnis zwischen Kuratorium und Schulleitung. Vgl. Korrespondenz zwischen Prof, Sandig, verschiedenen Kuratoriumsmitgliedern und der Stadt. Marchivum, 9/1978_00087

Hinsichtlich einer Verstaatlichung der Schule sah er keine Perspektive. Das Land sah keine Veranlassung, eine dritte staatliche Werkkunstschule zu unterhalten. Auch sei die Frage nach einem Landeszuschuss seitens des Kultusministeriums zu verneinen. Oberregierungsrat Britzinger warnte explizit, das Kultusministerium werde eine klare ablehnende Stellungnahme abgeben, falls die Stadt versuchen sollte, auf politischem Wege über Abgeordnete die Möglichkeit einer Verstaatlichung voranzutreiben. Oberbürgermeister Dr. Reschke brachte als Alternative zur Verstaatlichung der Werkkunstschule deren Angliederung an eine andere staatliche Bildungseinrichtung in Mannheim ins Spiel. Oberregierungsrat Brintzinger erklärte, dass eine Verbindung mit der Universität aus rechtlichen Gründen nicht möglich sei, zumindest theoretisch denkbar sei allerdings eine Verbindung mit der staatlichen Ingenieurschule, die sich im Rahmen des Hochschulgesamtplans in absehbarer Zeit zur Fachhochschule entwickeln werde.
Diese Möglichkeit wurde im Vorfeld bereits seitens des Kuratoriums mit dem Rektor der Ingenieurschule, Prof. Meixner, diskutiert. Die Schulleitung der Werkkunstschule wurde aufgefordert, Prof. Meixner eine vorläufige Raumplanung für ca. 250 Studierende zuzuleiten. In diesem Zusammenhang wurde seitens der Schulleitung auch die Erweiterung des Lehrangebots um zwei neue Fachklassen für Fernsehgrafik und Messestandgestaltung in Erwägung gezogen. Solche Überlegungen waren jedoch utopisch, fehlten dazu doch alle technischen und personellen Ressourcen, und weder Stadt noch Land waren in der Lage respektive Willens, einen solch kostspieligen Ausbau zu finanzieren. Der naheliegende Weg, über eine Eingliederung in die Ingenieurschule Anschluss an den staatlichen Fachhochschulbereich zu suchen, wurde allerdings [vorerst] nicht weiterverfolgt. Die Gespräche verliefen letztlich im Sande, wohl auch weil das Kollegium der Werkkunstschule in einer Aufgabe der Selbstständigkeit keine erfolgversprechende Zukunftsperspektive sah.
Umso dringlicher schien dem Kuratorium nun, den Vollzug der bereits vor einem Jahr in die Wege geleitete Vereinsgründung voranzubringen, um die Schule nach unruhigen Zeiten auf eine neue rechtliche Basis zu stellen und – den Erwartungen des Ministeriums entsprechend – wieder handlungsfähiger zu machen. Bereits in der Kuratoriumssitzung vom 12. Dezember 1967 wurde der damalige Direktor Dr. Tripps aufgefordert, zusammen mit den Mitgliedern des Gremiums und der Stadtverwaltung einen Satzungsentwurf zu erarbeiten. Die Ausformulierung der Satzung gestaltete sich jedoch schwierig, galt es doch, sehr unterschiedliche Interessenlagen unter einen Hut zu bringen. Auf der einen Seite stand das Interesse der Stadt an einer stärkeren öffentlichen Kontrolle der Einrichtung,[310] auf der anderen Seite konnten die Mitglieder der GdbR kein Interesse daran haben, wesentliche Entscheidungskompetenzen aus der Hand zu geben. Anfang 1969 – nach mehreren Änderungsvorschlägen und Schleifen durch verschiedene Rechtsabteilungen – lag eine einvernehmliche Fassung vor, die den Mitgliedern der [nun ehemaligen] GbdR weitgehende Rechte einräumte.

Die Satzung wurde am 28. Januar 1969 beschlossen, und damit wurden die Weichen gestellt zur Gründung des Vereins »Werkkunstschule Mannheim e.V.«[311]
Der Verein gliederte sich in die Organe Mitgliederversammlung, Vorstand, Dozentenrat und Beirat. Die ehemaligen Gremiumsmitglieder Berger-Bergner, Koch, Magin, Dehof und Nagel sicherten sich qua Satzung einen Sitz im Vorstand. Weitere ständige Mitglieder des Vorstandes waren die Stadt Mannheim, vertreten durch den Oberbürgermeister, sowie der Vorsitzende des Fördervereins der Werkkunstschule. Je ein weiteres Vorstandsmitglied konnten der Dozentenrat, ASTA und die Mitgliederversammlung jährlich wählen.

310
»Ich habe Herrn Schulte [Rechtsabteilung der Stadt d.V.] gebeten, von der juristischen Seite in entsprechender Weise Vorschläge zu unterbreiten, damit in der Vereinssatzung der Einfluß der Stadtverwaltung entsprechend der finanziellen Mithilfe gewahrt bleibt.« Aktennotiz Bürgermeister David an Kulturamt Dr. Erny vom 10.09.1968, Marchivum, 14/1998_00011

311
Die Satzung wurde beschlossen am 28.01.1969, Marchivum, 9/1978_00086

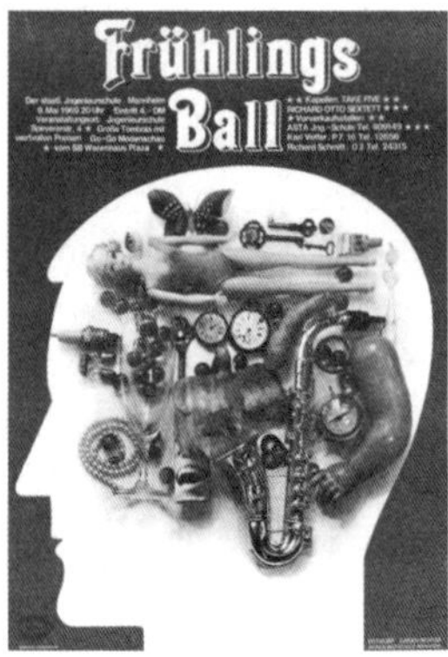

B33 Werkkunstschule Mannheim
Entwurf Jürgen Richter
Frühlingsball der staatl. Ingenieurschule Mannheim
1969

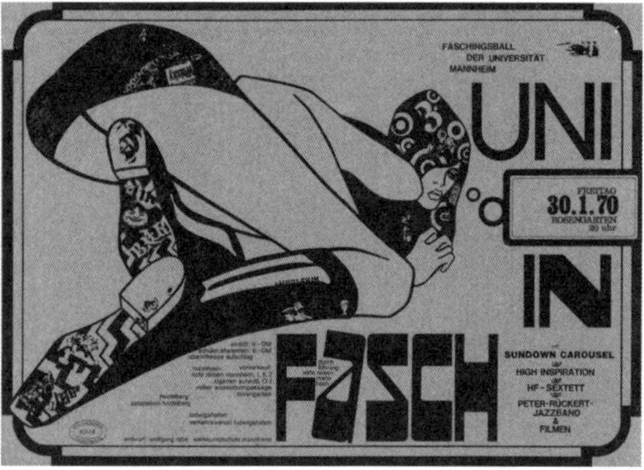

B34 Werkkunstschule Mannheim
Entwurf Wolfgang Rabe
Uni-Fasching
1970

Der Dozentenrat bestand ebenfalls aus allen ehemaligen Gesellschaftern der GdbR, ergänzt um einen Vertreter der Gastdozenten und des Kulturamtes der Stadt Mannheim sowie dem ASTA-Vorsitzenden [weitere Wahlmitglieder waren möglich]. Dem Dozentenrat oblag die gesamte interne Organisation des Studienbetriebs, und er wählte – aus der Reihe der ehemaligen Gesellschafter der GdbR – den Rektor der Werkkunstschule.[312]

Eine externe Besetzung des Rektorenamtes war somit qua Satzung ausgeschlossen.
Der Beirat, bereits im Juli 1968 seitens des damaligen Gremiums ins Leben gerufen, wurde auf Drängen des Kuratoriums um weitere Mitglieder aus der Stadtverwaltung ergänzt und als Organ des Vereins in der Satzung verankert. Mitglieder des Beirats waren: Rechtsanwalt W. Kimmel [M.d.L.], Kulturbürgermeister David, Prof. Dr. Schachtschabel, Stadtrat [M.d.B.], Universität Mannheim, Wolfgang von Gropper, Chefredakteur des »Mannheimer Morgen«, Dipl.-Ing. Carlfried Mutschler, Architekt, und Rober Häusser, Fotograf. Dieses Gremium sollte dem Dozentenrat und dem Vorstand beratend zur Seite stehen.
Auf der Gründungsversammlung am 12. März 1969 wurde Oberbürgermeister Dr. Reschke [vertretungsberechtigt Bürgermeister David] zum ersten Vorsitzenden des Vereins »Werkkunstschule Mannheim e.V.« gewählt. Zweiter Vorsitzender wurde Walter Koch. Der Dozentenrat wählte Walter Koch zu seinem Vorsitzenden und damit zum Rektor der Werkkunstschule; Gerd Dehof wurde zum stellvertretenden Schulleiter gewählt.
Kurz nach der Vereinsgründung sah das Kuratorium sein Hauptanliegen, die Werkkunstschule in eine neue Rechtsform zu überführen, als erfüllt an und löste sich auf. Am 18. April 1969 schrieb der Vorsitzende, Prof. Dr. Sandig, an die Kuratoriumsmitglieder:

> Sehr geehrte Herren, die Werkkunstschule Mannheim hat sich am 12. März 1969 unter Beteiligung des Herrn Oberbürgermeisters der Stadt Mannheim und maßgebender Herren des Stadtrates und der Stadtverwaltung den Status eines eingetragenen Vereins gegeben. Damit ist ein wesentlicher Schritt zur Vorbereitung des Übergangs von der staatlichen Anerkennung zur staatlichen Fachschule vollzogen worden, einer Aufgabe, die zu fördern sich das Kuratorium im besonderen gestellt hatte. Da am 12.3.1969 gleichzeitig mit

312
§ 14 der Satzung: »Der Dozentenrat ist für die Ausgestaltung des Schulbetriebs, die ihm als Selbstverwaltungsaufgabe obliegt, verantwortlich. Ihm obliegt die Entscheidung in allen pädagogischen Fragen nach Anhörung des Klassenleiters. Er wählt seinen Vorsitzenden aus der Reihe der ehemaligen Gesellschafter der GdbR. Dieser führt den Titel ›Rektor der Werkkunstschule Mannheime.V.‹.«, Marchivum, 9/1978_00086

> neuen innerschulischen Organen ein bereits im vorigen Jahr unter Beteiligung des Kuratoriumsmitglieds Herrn v. Gropper gebildeter Beirat unter dem Vorsitz des Herrn Stadtrat Professor Dr. Schachtschabel zur festen Institution geworden ist, bleibt nach dieser Richtung für das Kuratorium nichts mehr zu tun. [...] Ein Fortbestehen des Kuratoriums ist somit nicht mehr erforderlich.[313]

Die ehemaligen Gesellschafter der nun aufgelösten GbdR, Berger-Bergner, Dehof, Magin, Koch und Nagel, wurden nun infolge der neuen Rechtsform zu Angestellten des Vereins, bestimmten aber aufgrund der in der Satzung verankerten Rechte nach wie vor weitgehend den Kurs der Werkkunstschule. Sie wählten aus ihrem Kreis den Rektor und hatten Sitz und Stimme im Vorstand, was unter vereinsrechtlichen Gesichtspunkten im Zuge der Satzungsentwicklung kontrovers diskutiert worden war. Strittig war die Frage, ob Angestellte des Vereins gleichzeitig stimmberechtigt im Vorstand sein können, dem qua Satzung die Aufgabe oblag, über Rechts- und Finanzfragen zu entscheiden und damit auch Angestelltenverhältnisse rechtlich zu fixieren. Letztlich setzten sich die ehemaligen Gremiumsmitglieder in diesem Punkt durch und sicherten sich darüber hinaus in der Satzung eine langfristige Beschäftigungsgarantie. In § 16 der Satzung ist festgehalten:

> Die ehemaligen Gesellschafter der GbdR haben Anspruch auf Tätigkeit als Klassenleiter bis zur Vollendung des 65. Lebensjahres. Danach soll ihnen ein befristeter Lehrauftrag bis zur Vollendung des 70. Lebensjahres erteilt werden, sofern sie das wünschen. Dem Wunsch muß entsprochen werden, wenn nicht drei Viertel der Mitglieder des Vorstandes sich dagegen aussprechen.[314]

[Dieses Quorum war ohne die ehemaligen Gremiumsmitglieder nicht zu erreichen.] Von dieser Regelung profitierte noch im gleichen Jahr der

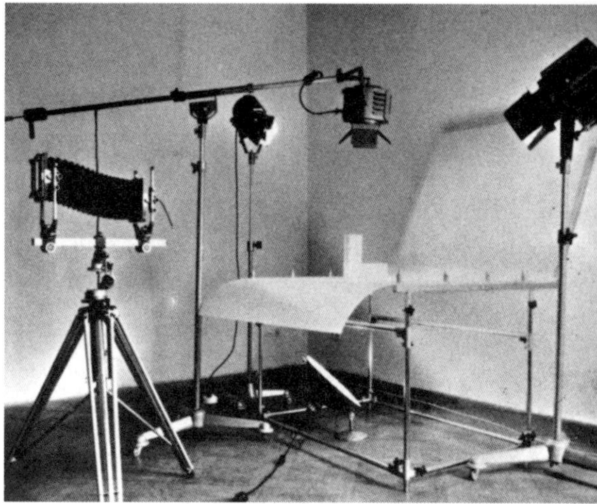

B35 Fotostudio
Werkkunstschule Mannheim
Broschüre 1969

älteste der ehemaligen Gesellschafter, Paul Berger-Bergner. Er erhielt, beschlossen auf der Vorstandssitzung im Dezember 1969, nach Erreichung des 65. Lebensjahrs einen Lehrauftrag mit halben Deputat für akademisches Zeichnen und blieb somit – auch nach dem Erreichen der Altersgrenze – Mitglied im Vorstand und Dozentenrat.[315] Anlässlich seines 65. Geburtstages widmete ihm die Kunsthalle eine umfangreiche Retrospektive von Gemälden und Grafiken.[316] Schon zwei Jahre zuvor wurde Paul Berger-Bergner für seine Verdienste um die Künstlerausbildung mit dem Bundesverdienstkreuz Erster Klasse ausgezeichnet.[317]

Paul Berger-Bergner hatte eine ganze Ära der ehemaligen »Freien Akademie« geprägt. Er hatte die Malerausbildung in Mannheim auf ein überregional anerkanntes Niveau gehoben. Und ihm war es zu verdanken, dass die Schule ihre schwerste Zeit Ende der 1950er Jahre überstand. Im Studienprogramm der Werkkunstschule sollte sein Unterricht – wie auch die anderen Disziplinen der

313
Marchivum, 9/1978_00087

314
Marchivum, 9/1978_00086

315
Protokoll der Vorstandssitzung vom 17.12.1969,
Marchivum, 9/1978_00087

316
Ausstellung in der Kunsthalle 20.09.1969–19.10.1969,
Marchivum, Chronikstar, 20.09.1969

317
»Der Leiter der Malklasse der Werkkunstschule Mannheim erhielt gestern das Bundesverdienstkreuz 1. Klasse. Unter begeistertem Applaus der Schüler und Lehrer der Akademie heftete Regierungspräsident Dr. Munzinger dem bekannten Kunstmaler den Orden an die Brust. ›Indem Paul Berger-Bergner sich als Künstler und vor allem als Lehrer um die Kunst verdient gemacht hat, hat er sich – ganz nebenbei – auch um den Staat verdient gemacht.‹«
Mannheimer Morgen, 11.07.1967

freien Kunst – aber bald keine tragende Rolle mehr spielen.
Seit Anfang der 1970er Jahre hatte die Werkkunstschule ihr Curriculum schrittweise in Richtung angewandter Kunst weiterentwickelt. Die ursprünglich in der Abteilung für Freie Kunst geführte Klasse für »Freie Grafik« unter der Leitung von Walter Koch wurde 1971 inhaltlich neu ausgerichtet und unter der Bezeichnung »Grafisches Gestalten – Illustration und Buchgrafik« in die [prüfungsberechtigte] Abteilung für angewandte Kunst überführt. Die Klasse für »Farbiges Gestalten«, bislang betreut von Paul Berger-Bergner, unterstützt von Heiner Weiner, seit 1970 Lehrbeauftragter für experimentelle Farbenlehre, wurde 1972 auf Beschluss des Dozentenrates aufgelöst und der Klasse von Hans Nagel, Leiter der Klasse für »Plastisches Gestalten«, nun als »Plastisches und Farbiges Gestalten« zugeordnet. Zuletzt hatten nur noch fünf Studierende das Angebot in Malerei in Anspruch genommen. Paul Berger-Bergner wurde zugebilligt, außerhalb des offiziellen Curriculums »in begrenztem Maße Studierende, die sich für Malerei interessieren, zu betreuen. [...] Der Dozentenrat gestand ihm auch im Rahmen der Möglichkeiten Privatschüler zu.«[318] Zum Ende des Sommersemesters 1973 verließ der Bildhauer Hans Nagel, Leiter der Klasse für »Farbiges und Plastisches Gestalten«, die Mannheimer Werkkunstschule. Er wurde zum Wintersemester 1973/74 zum Professor für Bildhauerei an die Staatliche Hochschule für Bildende Künste Berlin berufen. Seine Klasse wurde als eigenständiges Studienangebot – kurz vor der Kommunalisierung der Einrichtung – nicht mehr weitergeführt.

Damit war ab Mitte des Jahres 1973 das Kapitel freie Kunst als eigenständiges Studienangebot für die Werkkunstschule Mannheim beendet.
Wohl schon mit Blick auf die angestrebte Umwandlung in eine Fachhochschule für Gestaltung wurde das Studienprogramm neu strukturiert und die Angebote in den Disziplinen der freien Kunst in den Grundlagenbereich verlagert oder studienbegleitend angeboten. Der Fokus lag nun eindeutig auf der Abteilung für angewandte Kunst, das heißt vornehmlich auf der Klasse für Grafik-Design unter der Leitung von Wolf Magin. Die Klasse für Bühnenbild und Kostüm war durch die Kooperation mit dem Mannheimer Nationaltheater zwar für das lokale Image der Werkkunstschule von Bedeutung, spielte aber quantitativ gesehen von Beginn an keine große Rolle. Bisweilen war dieses Fach nur sporadisch nachgefragt und wurde vorübergehend, Ende der 1960er Jahre, gar nicht angeboten. Im Wintersemester 1973/74 waren wieder fünf Studierende in dieser Klasse eingeschrieben. Als Paul Walter 1976 in Pension ging wurde dieses Lehrangebot aus dem Studienprogramm herausgenommen.[319]
Die zentrale Lehrerpersönlichkeit an der Werkkunstschule war nun Wolf Magin. Als Leiter der Abteilung Grafik-Design unterstand ihm auch die Sparte Fotografie, die nach der Entlassung Ruthardts – nach einem kurzen Intermezzo von zwei Semestern[320] – im Organigramm der Werkkunstschule zwar als offene Planstelle für einen Fachklassenleiter weitergeführt wurde, aber erst mit der Kommunalisierung 1974 wieder besetzt werden konnte.

7.1. Kommunalisierung
Von der Werkkunstschule zur Fachhochschule für Gestaltung

Mit der Gründung des eingetragenen Vereins als Träger der Einrichtung wurde 1969 die Mannheimer Werkkunstschule rechtlich auf eine solide Basis gestellt. 1970 waren auch die finanziellen Auflagen

318
Bericht zur 11. Sitzung des Dozentenrates vom 28.04.1972, Marchivum, 3/1981_00163

319
»Da für das Fach Bühnenbild und Kostüm vom Kultusministerium BW eine Entlastung des staatlichen Fachhochschulwesens seinerzeit nicht anerkannt wurde und die sonstigen personellen Voraussetzungen nicht vorlagen, konnte es in den Regelstudiengängen nicht ausgewiesen werden. Daher wurde beschlossen, die Fachklasse zum 31.08.1976 für jedes weitere Studium zu schließen und das Fach aus dem Lehrangebot herauszunehmen.«, Brief von Bürgermeister David an Paul Walter vom 05.05.1976, Marchivum, 3/1981_00163

320
»Die Werkkunstschule Mannheim hat das Dienstverhältnis mit Herrn Ruthardt zum 30.09.1967 gelöst und zum 01.10.1967 Frau Frohmut Santos als Dozentin der Fachrichtung eingestellt. Frau Santos hat zehn Semester Kunstgeschichte studiert und besitzt ein an der staatl. Fachschule für Fotografie in München abgeschlossenes Studium.«, Kulturausschuss, Vorlage an den Gemeinderat vom 06.12.1967, Marchivum, 9/1978_00082.
»Die Leiterin der Abteilung Fotografie innerhalb der Gebrauchsgrafik beendet mit diesem Semester die von ihr bei ihrem Eintritt zur maximalen Bedingung gemachten zwei Semester. Sie hat dieserhalb am 15.02.1968 formell gekündigt zum Ende des SS 1968, am 30.09.1968. Die vakante Stelle wurde ausgeschrieben. Herr Magin hat als der zuständige Abteilungsleiter nach Rücksprache mit dem Gremium die Stelle mit einer technischen Lehrassistentin besetzt. Das hierfür vorgesehene Fräulein Kreter hat eine abgeschlossene Fachausbildung.«, Tätigkeitsbericht der Werkkunstschule vom 17.05.1968, Marchivum, 9/1978_00087

aus dem Anerkennungsverfahren, Investitionen von über 200 000 DM in die technische Ausstattung der Schule, erfüllt. Aus Sicht der Stadtverwaltung stand somit einer Verstaatlichung der Einrichtung nichts mehr im Wege. Es dauerte aber wiederum nicht lange, bis erneut dunkle Wolken über der Mannheimer Schule heraufzogen. Dieses Mal waren die Probleme allerdings nicht hausgemacht, sondern Resultat hochschulpolitischer Entscheidungen der Landesregierung. Bereits 1970 zeichnete sich ab, dass die beiden staatlichen Werkkunstschulen in Pforzheim und Schwäbisch Gmünd im Folgejahr in den Rang von Fachhochschulen erhoben werden sollten. Die private Werkkunstschule Mannheim e.V. blieb im Hochschulentwicklungsplan des Landes jedoch außen vor. Die Mannheimer Werkkunstschule – seit der staatlichen Anerkennung 1967 auf gleichem Level wie die beiden staatlichen Einrichtungen – drohte nun im Wettbewerb mit den staatlichen Fachhochschulen gravierend an Bedeutung einzubüßen. Für Studierende war ein staatlicher Hochschulabschluss deutlich attraktiver als ein Abschluss an einer privaten »Höheren Fachschule«. Zu alledem erhoben die staatlichen Fachhochschulen keine Studiengebühren, während an der Mannheimer Werkkunstschule eine Semestergebühr in Höhe von 300 DM [1970] zu bezahlen war. Die Einnahmen aus Studiengebühren waren für die private Werkkunstschule unverzichtbar, machten sie doch gut ein Drittel des Gesamtetats aus.[321]

Angesichts der sich abzeichnenden negativen Entwicklung wurden in der Stadtverwaltung [Finanzressort] schon erste Stimmen laut, die Werkkunstschule aufzulösen, sollte es nicht gelingen die Einrichtung zu verstaatlichen und so ebenfalls in den Fachhochschulbereich zu überführen.

Im Kulturdezernat schrillten die Alarmglocken, und die Stadt versuchte nun in die Offensive zu gehen. Ungeachtet der Tatsache, dass bisherige Bemühungen um eine Übernahme der Werkkunstschule durch das Land im Kultusministerium immer auf Ablehnung stießen, beantragte die Stadt mit Schreiben vom 14. Januar 1971 an das Kultusministerium nun offiziell die Verstaatlichung der Werkkunstschule und damit deren Eingliederung in den künftigen Fachhochschulbereich.[322]

Dass dieser Antrag seitens des Kultusministeriums negativ beschieden wurde, dürfte in Mannheim niemanden wirklich überrascht haben. Inhalt und Diktion des Schreibens vom 18. Februar 1971[323] dürften jedoch in der Stadtverwaltung wie bei der Schulleitung als Affront aufgefasst worden sein.

Zunächst schob das Kultusministerium die Frage hinsichtlich einer möglichen Verstaatlichung auf die lange Bank und verwies auf eine als notwendig erachtete Stellungnahme der [Hochschul-] Regionalkommission:

> Die Frage, ob und ggf. wie sich die Private Werkkunstschule Mannheim in den Hochschulbereich einordnen läßt, sollte in der Regionalkommission Mannheim beraten werden. Daher müsste zunächst eine Beteiligung der Werkkunstschule Mannheim an den Beratungen der Regionalkommission Mannheim angestrebt werden. Das Kultusministerium empfiehlt, zu diesem Zwecke Verbindung mit dem Vorsitzenden der Regionalkommission, Herrn Prof. Dr. Zeitel, Rektor der Universität Mannheim, aufzunehmen.
>
> Eine Verstaatlichung der Privaten Werkkunstschule Mannheim könnte allenfalls dann erwogen werden, wenn sich in den Beratungen der Regionalkommission herausstellen sollte, daß eine enge Kooperationsmöglichkeit mit

321
Haushalt 1970: Einnahmen 177 000 DM, davon Schulgeld 69 000 DM und Zuschuss der Stadt Mannheim 108 000 DM; Haushaltsplan für 1971: Einnahmen 228 000 DM, davon Schulgeld 78 000 DM und Zuschuss der Stadt Mannheim 150 000 DM, Dokumentation »Werkkunstschule Mannheim«, 1971, Marchivum, 14/1998_00112

322
Brief der Stadt Mannheim, Oberbürgermeister Dr. Reschke, an das Kultusministerium Baden-Württemberg: »Betreff: Einbeziehung der Werkkunstschule Mannheim in den Fachhochschulbereich. [...] Unter Bezugnahme auf das Abkommen der Ministerpräsidenten der Bundesländer vom 30./31.10.1968, mit der die Einrichtung von Fachhochschulen eingeleitet wurde, beantragen wir die Errichtung einer staatlichen Werkkunstschule zum 01.01.1972 und bitten das Kultusministerium, die finanziellen Erfordernisse zur Verstaatlichung der Werkkunstschule Mannheim für den Staatshaushaltsplan 1972 vorzusehen. Der beigefügte Etatentwurf der Werkkunstschule Mannheim für das Geschäftsjahr 1971 weißt Einnahmen und Ausgaben von 228 000,– DM aus.«, Marchivum, 14/1998_00112

323
Schreiben des Kultusministeriums an Oberbürgermeister Dr. Reschke vom 18.02.1971, Marchivum, 14/1998_00112

einer oder mehreren in Mannheim vorhandenen Hochschuleinrichtungen besteht.

Gänzlich auf Unverständnis bei der Stadt wie der Werkkunstschule stieß die weitere Begründung des Ministeriums für seine ablehnende Haltung. In dem Schreiben vom 18. Februar wurde ferner dargelegt:

> Sollte dies nicht der Fall sein [Kooperation mit einer anderen Hochschuleinrichtung d. V.], so wäre eine Verstaatlichung der Werkkunstschule Mannheim aus wirtschaftlichen Gründen nicht vertretbar, da die Studenten der Privaten Werkkunstschule Mannheim ohne nennenswerten Mehraufwand an den bereits bestehenden staatlichen Werkkunstschulen in Pforzheim und Schwäbisch Gmünd ausgebildet werden könnten, so daß die mit erheblichen Mitteln verbundene Einrichtung einer weiteren staatlichen Werkkunstschule bzw. Fachhochschule für Gestaltung nicht gerechtfertigt wäre.

Damit bekam die Mannheimer Werkkunstschule quasi amtlich attestiert, dass sie überflüssig sei. Nachdem diese Ansicht des Ministeriums Anfang März 1971 durch eine Pressenotiz publik wurde[324], tobte ein Sturm der Entrüstung durch die Mannheimer Schule. Die Studierenden brachten ihren Unmut in einem Flugblatt zum Ausdruck. Sie fühlten sich vom Kultusministerium »verschaukelt«, beklagten zu wenig Unterstützung durch die Stadt und forderten eindringlich eine Gleichbehandlung mit den Studierenden der staatlichen Einrichtungen. Der Rektor der Werkkunstschule, Walter Koch, wandte sich mit einem Brandbrief hilfesuchend an den Geschäftsführer des Förderkreises. Deutlich verärgert schrieb er an Dr. Stoll:

> Mit diesem Schreiben wende ich mich an Sie mit der Bitte um Publizierung im Förderkreis. [...] Wie die Öffentlichkeit nun aus einer Pressenotiz [...] entnehmen konnte, äußerte sich der Herr Kultusminister [...] in dieser Sache vom O.B. angesprochen in der Form, daß das Land Baden-Württemberg die Werkkunstschule nicht übernimmt, weil nach Auffassung des Kultusministeriums die beiden vorhandenen staatlichen Schulen [Pforzheim und Schw. Gmünd] ausreichend seien. Wir sind der Meinung, daß dieser Ausspruch, wie er aus der Presse zu entnehmen war, eine nicht mehr verständliche Verkennung der Situation im nordbadischen Raum und im Gebiet der Kammerbereiche Mannheim, Heidelberg und Ludwigshafen darstellt. Wenn der oberste »Kulturvertreter« unseres Landes so unberührt von den wirklichen Gegebenheiten und Notwendigkeiten sich zeigt, dann ist es in einem demokratischen Staate an der Zeit, daß die mittelbar und unmittelbar Betroffenen, als öffentliche Reaktion wirksam werden. [...] Die W.K.S. Pforzheim und Schwäb. Gmünd werden ab 1. 10. 1971 Fachhochschule. Die W.K.S. Mannheim bleibt dann weiterhin höhere Fachschule. Unser oberster Kulturbeamter ist also allen Ernstes der Meinung, daß in Zukunft – Gestaltung – auf zwei verschiedenen Ebenen gelehrt werden kann. D.h. daß es dann auch in Zukunft Gestalter erster Klasse [Hochschulabschluß] und zweiter Klasse [höherer Fachschulabschluß] geben wird. [...] Der Förderkreis der W.K.S. war für uns dank Ihrer Aktivitäten und Möglichkeiten in Stuttgart schon immer ein uns stark unterstützender Faktor. Ich möchte auch in vorgenannter Sache Sie, sehr geehrter Herr Dr. Stoll bitten, zu prüfen, ob und in welcher Form der Förderkreis [namens der Persönlichkeiten die hinter ihm stehen] Herrn Hahn sein besorgtes Befremden mitteilen könnte.[325]

Kulturbürgermeister David suchte nach dem ablehnenden Bescheid den direkten Draht zu Kultusminister Dr. Hahn und bat in Sachen Verstaatlichung der Werkkunstschule um einen Besprechungs-

324
»Werkkunstschule bleibt in städtischen Händen. [...] Mit einer Verstaatlichung der Werkkunstschule sei indessen nicht zu rechnen. Das Kultusministerium hat Dr. Reschke wissen lassen, es gebe genügend staatliche Werkkunstschulen des Landes, um alle Interessenten aufzunehmen.«, Mannheimer Morgen, 05.03.1971

325
Schreiben von Walter Koch an den Geschäftsführer des Förderkreises, Dr. Stoll, vom 30.03.1971, Marchivum, 14/1998_00112

termin in Stuttgart. Dem Rektor der Werkkunstschule teilte er mit Schreiben vom 22. April 1971 mit: »Als Termin wurde uns nun Freitag, 30.4.1971, vorgeschlagen. [...] Ich kann Ihnen versichern, daß die Stadtverwaltung Mannheim alles in ihren Kräften stehende tun wird, um alsbald eine Eingliederung in den Fachhochschulbereich zu erreichen.«[326] Parallel zu dieser Initiative beim Kultusministerium versuchte Bürgermeister David die vor zwei Jahren abgebrochenen Gespräche mit Prof. Meixner hinsichtlich einer möglichen Kooperation mit der staatlichen Ingenieurschule wieder aufzunehmen. Für eine Besprechung zwischen der Werkkunstschule, der Stadt und der Ingenieurschule wurde ein Termin nach dem Gespräch im Stuttgarter Ministerium ins Auge gefasst.

Das Gespräch am 30. April 1971 in Stuttgart – seitens des Kultusministeriums nahmen teil Ministerialrat Dr. von Alberti und Oberregierungsrat Dr. Kneser, ferner der Vorsitzende der Regionalkommission, Prof. Dr. Zeitel, Rektor der Universität Mannheim – eröffnete Bürgermeister David keine neuen Perspektiven. Das Kultusministerium beharrte auf seiner rigiden Position, keine dritte stattliche Werkkunstschule bzw. Fachhochschule für Gestaltung zu unterhalten, weil die beiden bereits vorhandenen staatlichen Einrichtungen für das Land genügen würden. Hinsichtlich einer Eingliederung der Werkkunstschule in die staatliche Ingenieurschule vertrat das Kultusministerium die Auffassung – wie schon in dem Schreiben vom 18. Februar angedeutet –, »daß diese Lösung sehr wahrscheinlich am ehesten zu verwirklichen sei, da bei einer sinnvollen Begründung im Hinblick auf die Bildungsziele beider Einrichtungen eine Anerkennung als Fachhochschule wohl nicht verweigert werden könne. [...] Das würde jedoch voraussetzen, daß die Regionalkommission der Universität Mannheim eine Zustimmung zu diesen Planungen geben müßte.«[327]

Prof. Zeitel brachte in dieser Runde zum Ausdruck, dass er in der Regionalkommission keine Einwände gegen eine Eingliederung der Werkkunstschule in den Fachhochschulbereich erheben werde. Diese Position wurde jedoch kurz nach der Stuttgarter Sitzung wieder revidiert. In einem Schreiben an das Kultusministerium vom 6. Juni 1971 wies die Universität Mannheim nach Rücksprache und im Einvernehmen mit der staatlichen Ingenieurschule Mannheim darauf hin, dass die Frage einer Eingliederung der Werkkunstschule in den Hochschulbereich von der Regionalkommission erst geprüft werden könne, wenn zuvor durch das Kultusministerium festgestellt worden sei, dass die Werkkunstschule verstaatlicht wird. Hier biss sich die Katze in den Schwanz: ohne Aussicht auf Verstaatlichung keine Entscheidung durch die Regionalkommission und ohne Entscheidung der Regionalkommission keine Verstaatlichung durch das Land.

Ungeachtet dieser Stellungnahme der Regionalkommission fand am 22. Juni 1971 im Kulturdezernat eine Besprechung zwischen Bürgermeister Manfred David, Prof. Oskar Meixner und Walter Koch statt, in der Möglichkeiten einerKooperation zwischen der Werkkunstschule und der staatlichen Ingenieurschule ausgelotete werden sollten.[328] Das Ergebnis dieses Treffen kam allerdings über vage Absichtserklärungen nicht hinaus. Walter Koch notierte in einem Arbeitspapier zu diesem Gespräch:

> Die Schulleitung hat auf Einladung von Bürgermeister David [Dezernat V] ein erstes Arbeitsgespräch mit Herrn Prof. Meixner [staatl. Ingenieurschule Mannheim] geführt, in dem es um die Prüfung möglicher Verbundfragen ging. Die Gesprächsteilnehmer sahen durchaus legitime Möglichkeiten, die W.K.S. Mannheim als selbständige [Creativ=]Abteilung der Fachhochschule anzuschließen.[329]

Was allerdings unter einer »selbständigen [Creativ=]Abteilung« zu verstehen sei, wurde nicht näher spezifiziert. Wie eine solche »selbständige Abtei-

326
Schreiben von Kulturbürgermeister David an Walter Koch vom 22.04.1971, Marchivum, 14/1998_00112

327
Aktennotiz Kulturamt, Bürgermeister David, vom 04.05.1971, Marchivum, 14/1998_00112

328
Aktennotiz über die Besprechung vom 22.06.1971, ausgefertigt von Walter Koch am 23.06.1971, Marchivum, 14/1998_00122

329
Situation der Werkkunstschule Mannheim – SS 71 – Arbeitspapier zum Gespräch vom 22.06.1971 im Dez. V, Walter Koch, 05.07.1971, Marchivum, 3/1981_00163

lung« institutionell in den staatlich vorgegebenen Strukturen einer Fachhochschule zu verankern sei, blieb völlig unklar. Offensichtlich suchte die Werkkunstschule nach einer Zusammenarbeit mit der Ingenieurschule, ohne Entscheidungskompetenzen für die eigene Entwicklung aus der Hand zu geben. Ein Unterfangen, das mit Blick auf eine staatliche Zustimmung wenig Aussicht auf Erfolg versprechen konnte. Möglich wäre unter Umständen eine Integration der Werkkunstschule als neuer Fachbereich der Ingenieurschule gewesen. Eine solche Eingliederung in die Ingenieurschule fand – wie der spätere Rektor Klaus Bessau anmerkte – »dann aber im Kollegium der Werkkunstschule keine ausreichende Unterstützung und wurde deshalb nicht weiter verfolgt«.[330]

Kulturbürgermeister David indessen erwog einen neuen Antrag auf Verstaatlichung zu stellen, dieses Mal unterfüttert mit umfangreichem Datenmaterial, um dem Ministerium zu verdeutlichen, dass die Werkkunstschule für den Wirtschaftsraum Nordbaden unverzichtbar sei. Die Schulleitung erstellte auf Verlangen des Bürgermeisters eine eigens zu diesem Zweck gedruckte Dokumentation[331] mit einem Abriss zur Geschichte der Einrichtung, mit Angaben zur rechtlichen Verfassung, mit Darlegung des Haushaltes, des Studienprogramms und Statistiken zur Entwicklung der Studierendenzahl, mit Biografien der Lehrenden und den namentlich aufgeführten Mitgliedern des Beirats und des Fördervereins, hinter dem renommierte Führungskräfte der regionalen Wirtschaft standen. Ende Juli 1971 lag auch eine von Koch erbetene Stellungnahme des [neuen] Vorsitzenden des Förderkreises, Curt Engelhorn [Böhringer Mannheim], vor,[332] die seitens der Wirtschaft die Bedeutung der Mannheimer Werkkunstschule betonte. Die Dokumentation der Schulleitung war Mitte September 1971 fertiggestellt. Damit lagen die vom Kulturdezernat gewünschten Unterlagen für einen neuen Antrag auf Verstaatlichung bereit.[333]

Sollte das Ministerium den Antrag erneut negativ bescheiden, dachte der Bürgermeister daran, eventuell auf der politischen Schiene aktiv zu werden und über eine entsprechende Anfrage im Landtag das Kultusministerium zu zwingen, in dieser Frage öffentlich Farbe zu bekennen.[334]
Dazu kam es aber nicht mehr. Alle die zuvor angestrengten Überlegungen wurden von einer neuen hochschulpolitischen Entwicklung überholt. Ende 1971 stand im Landtag die Verabschiedung des neuen Fachhochschulgesetzes bevor, das nun auch die Einrichtung nichtstaatlicher Fachhochschulen vorsah und somit der Mannheimer Werkkunstschule einen alternativen Weg – jenseits der Verstaatlichung – zur Eingliederung in den Fachhochschulbereich eröffnete. Am 21. Dezember 1971 wurde das FHG verabschiedet. Der Dozentenrat griff diese Möglichkeit in seiner Sitzung vom 14. Januar 1972 auf und empfahl dem Schulträger, einen entsprechenden Antrag zu stellen.[335] Diese Option war allerdings an Bedingungen geknüpft, die von der Mannheimer Schule nicht einfach zu erfüllen waren. Im Januar 1972 kam es dann zwischen dem Kultusministerium und der Stadtverwaltung zu einem komplizierten Deal, der den Weg in diese Richtung frei machten sollte. Dabei wurde der Ball über verschiedene Ecken gespielt. Ausgangspunkt waren Forderungen des Finanzministeriums hinsichtlich der Finanzierung der kurz zuvor verstaatlichten Mannheimer Fachhochschule für Sozialwesen. Kulturbürgermeister David hielt den Vorgang in einer Aktennotiz vom 28. Januar 1972[336] fest:

> Am 27.12.1972 sprach Herr Ministerialrat Dr. v. Alberti vom Kultusministerium Baden-Württemberg beim Dez. V vor, um auf Veranlassung des Finanzministeriums zu klären, ob und in welcher Höhe sich die Stadt Mannheim am Aufwand der Fachhochschule für Sozialwesen beteiligen könnte.

Dabei ging es vor allem um eine städtische Beteiligung an den Mietkosten für das neue Gebäude der Fachhochschule für Sozialwesen in der Mannheimer Neckarstadt.

330
Bessau, 1998, S. 28

331
»Die Werkkunstschule Mannheim«, Dokumentation erschienen Mitte September 1971, Marchivum, 14/1998_00112

332
Stellungnahme des Förderkreises vom 29.07.1971, Marchivum, 14/1998_00112

333
»Betr. Antrag auf Verstaatlichung der Werkkunstschule. Die Stellungnahme des Förderkreises ist inzwischen eingegangen. Dazu hatte jedoch die Werkkunstschule gebeten, eine zu erwartende Dokumentation vor der Antragstellung abzuwarten.
Diese Dokumentation liegt nunmehr auch vor.«, Aktennotiz Kulturamt vom 19.09.1971, Marchivum, 14/1998_00112

334
Aktennotiz Kulturamt, Bürgermeister David, vom 04.05.1971, Marchivum, 14/1998_00112

335
Semesterbericht der Schulleitung für das Wintersemester 1971/72, Marchivum, 3/1981_00163

336
Aktennotiz Kulturamt, Bürgermeister David, vom 28.01.1972, Marchivum, 14/1998_00112

Die Stadt sah allerdings keine Veranlassung, diesbezüglich aktiv zu werden. »Herrn Dr. v. Alberti wurde erklärt, daß sich die Stadt, nachdem die Fachhochschule für Sozialwesen seit 1.10.1971 verstaatlicht ist, an keinerlei Kosten beteiligt.« Dr. von Alberti schlug nun ein Junktim zwischen dem Kultusministerium und der Stadtverwaltung vor. Dabei spielte die von der Stadt angestrebte Verstaatlichung der Werkkunstschule eine Schlüsselrolle:

> Das Kultusministerium will die Forderung des Finanzministeriums mit dem Hinweis abwenden, daß die Stadt an sich verstärkt auf die Verstaatlichung der Werkkunstschule hinarbeiten und auf politischem Wege auch zum Zuge kommen könnte. Wenn die Stadt bereit wäre, die Verstaatlichung nicht weiter zu betreiben, müsste das Finanzministerium von seinen Forderungen hinsichtlich der Fachhochschule für Sozialwesen absehen. [...] Die Werkkunstschule hat nach § 31[337] des Fachhochschulgesetzes die Möglichkeit, innerhalb dreier Monate nach Verkündigung des Gesetzes [d.i. bis zum 17.3.1972] Antrag auf Anerkennung als Fachhochschule beim Kultusministerium zu stellen. Mit der Anerkennung als Fachhochschule ist eine staatliche Finanzhilfe von 50 v.H. zu den Personal- und Sachkosten verbunden. Die Stadt hätte bei Anerkennung der Werkkunstschule als Fachhochschule und Verzicht auf die Verstaatlichung eine spürbare finanzielle Entlastung zu erwarten.

Dieser finanzielle Zuschuss von fünfzig Prozent der Betriebskosten war nach § 27 [2] FHG[338] aber nur möglich, wenn das Land bestätigte, dass die Werkkunstschule Mannheim das »staatliche Fachhochschulwesen entlastet«. Dazu musste das Kultusministerium allerdings seine bislang für die Ablehnung der Verstaatlichung vorgebrachte zentrale Position räumen, nämlich dass die beiden vorhanden staatlichen Einrichtungen in Pforzheim und Schwäbisch Gmünd für die Designer-Ausbildung in Baden-Württemberg ausreichend seien. Offensichtlich war das Kultusministerium dazu bereit, sollten seitens der Stadt die Bemühungen um eine Verstaatlichung eingestellt werden. Man einigte sich auf dieses Vorgehen.

> Nach Übereinstimmung mit Herrn Dr. v. Alberti sollte die Schulleitung nunmehr davon überzeugt werden, daß ein Antrag auf Verstaatlichung keine Aussicht auf Erfolg habe und daher weder von der Stadt noch von der Schule oder dem Schulträger gestellt werden soll.

Mit Datum vom 9. Februar 1972 stellte Oberbürgermeister Dr. Reschke in seiner Funktion als erster Vorsitzender des Trägervereins beim Kultusministerium gemäß § 24 in Verbindung mit § 31 FHG den Antrag auf Umwandlung der staatlich anerkannten Werkkunstschule Mannheim e.V. in eine nichtstaatliche Fachhochschule für Gestaltung.[339]
Bei einer Besprechung im Dezernat V am 10. Februar 1972 erläuterte Bürgermeister David dem Rektor der Werkkunstschule, Walter Koch, die getroffenen Vereinbarungen zwischen der Stadt und dem Kultusministerium vom 27. Januar 1971. Koch zeigte sich damit einverstanden und versicherte, dass die Schule von sich aus eine Verstaatlichung nicht weiter betreiben werde. Objektiv gesehen blieb der Schulleitung auch keine andere Wahl. Die ursprünglich präferierte Lösung über eine Verstaatlichung den Fachhochschulstatus zu erreichen, war vom Tisch. In dem Gespräch regte Koch jedoch an, die Schule zu kommunalisieren. Nach Meinung des Rektors wäre der überwiegende Teil des Kollegiums jederzeit damit einverstanden.[340]
Der Grund für die Überlegung, die Schule in die Trägerschaft der Stadt Mannheim zu überführen,

337
§ 31 FHG vom 21.12 1971: Umwandlung privater Ingenieurschulen und Höherer Fachschulen in Fachhochschulen. Der Träger einer staatlich anerkannten oder genehmigten privatem Ingenieurschule oder Höheren Fachschule kann mit Inkrafttreten dieses Gesetzes Studenten zur Aufnahme eines Fachhochschulstudiums zulassen, wenn der Antrag auf Genehmigung einer nichtstaatlichen Fachhochschule spätestens drei Monate nach Verkündigung beim Kultusministerium gestellt wird.

338
§ 27 FHG vom 21.12.1971: »Staatliche Finanzhilfe. [1] Das Land gewährt auf Antrag von nichtstaatlichen Fachhochschulen Zuschüsse in Höhe von 50 v.H. der laufenden Personal- und Sachaufwendungen und nach Maßgabe des Staatshaushaltsplans in Höhe von mindestens 30 v.H. der Bauaufwendungen für den als notwendig anerkannten Raumbedarf. [...] [2] Die Zuschüsse werden nur gewährt, wenn die nichtstaatliche Fachhochschule auf gemeinnütziger Grundlage arbeitet und das staatliche Fachhochschulwesen entlastet.«

339
»Betreff: Umwandung privater Ingenieurschulen und Höherer Fachschulen in Fachhochschulen; hier Werkkunstschule Mannheim e.V. Die staatlich anerkannte Werkkunstschule Mannheim e.V. ist nach Begriff und Aufgabe als Fachhochschule i.S. des Fachhochschulgesetzes vom 21.12.1971 anzusehen und erfüllt im wesentlichen die an das Genehmigungsverfahren geknüpften Bedingungen. Gem. § 24 in Verbindung mit § 31 FHG beantrage ich im Namen des Schulträgers des gemeinnützigen Vereins Werkkunstschule Mannheim e.V. hiermit fristgerecht die Genehmigung zum Betrieb der Werkkunstschule Mannheim e.V. als nichtstaatliche Fachhochschule. Eine Druckschrift über Aufbau und Zusammensetzung der Werkkunstschule Mannheim e.V. ist beigegeben.«, Schreiben von Dr. Hans Reschke, 1. Vorsitzender der Werkkunstschule Mannheim e.V. an das Kultusministerium Baden-Württemberg vom 09.02.1971, Marchivum, 14/1998_00112

340
Aktennotiz Kulturamt vom 11.02.1972, Marchivum, 14/1998_00112

war in erster Linie die im Gesetz geforderte wirtschaftliche Solidität der Einrichtung zu gewährleisten. Das FHG machte nach § 24 [2] für eine Genehmigung als nichtstaatliche Fachhochschule zur Bedingung, dass [nach Abs. 4] »die wirtschaftliche und rechtliche Stellung der Lehrkräfte gesichert ist« und [nach Abs. 6] »die finanziellen Verhältnisse der Träger der Fachhochschule erwarten lassen, daß die notwendigen Mittel zum Betrieb der Fachhochschule bereit gestellt werden«. Für einen eingetragen Verein als Träger der Einrichtung, der für den Schulbetrieb auf den –letztlich volatilen – Fluss von Spenden und Subventionen angewiesen war, waren diese Bedingungen bei Lichte betrachtet nicht zu erfüllen. Mit der Kommunalisierung der Einrichtung dürften diese gesetzlichen Voraussetzungen hingegen kein Hindernis für eine Genehmigung darstellen.
Mit Schreiben vom 15. Juni 1972 stellte die Schulleitung bei der Stadt den Antrag auf Kommunalisierung der Werkkunstschule Mannheim e.V.[341] Die Stadt zeigte sich bereit, diesen Weg zu gehen, allerdings unter der Voraussetzung, dass in Zuge einer Kommunalisierung auch sichergestellt sei, dass das Land die Genehmigung zum Betrieb einer nichtstaatlichen Fachhochschule aussprechen würde. Zwischen Stadt und Land kam es infolge dessen zu einer sich gegenseitig bedingenden Vereinbarung: Das Kultusministerium war breit, die Werkkunstschule als Fachhochschule anzuerkennen, sollte die Stadt die Trägerschaft der Einrichtung übernehmen, umgekehrt war die Stadt bereit die Schule zu kommunalisieren, sollte zuvor das Land die Anerkennung aussprechen und bestätigen, dass die Werkkunstschule als Fachhochschule das staatliche Schulwesen entlastet [was Voraussetzung dafür war, dass die gesetzlich garantierten Zuschüsse nach § 27 FHG dem Schulträger zustanden]. Unter dieser Prämisse bereitete das Kulturdezernat eine Beschlussvorlage vor, die am 13. Dezember 1972 vom Kulturausschuss genehmigt und dem Gemeinderat zur Beschließung unterbreitet wurde. In seiner Sitzung am 16. Januar 1973 wurde dieser Beschlussvorschlag vom Gemeinderat einstimmig verabschiedet.[342] Mit diesem Beschluss wurde die Verwaltung beauftragt die Übernahme der Werkkunstschule vertraglich zu fixieren.
Der Vertrag musste zu gegebener Zeit vom Gemeinderat genehmigt werden. Erst mit dieser Genehmigung konnte die Übernahme der Werkkunstschule durch die Stadt rechtlich vollzogen werden.
Zwischenzeitlich hatten sich an der Spitze der Stadtverwaltung personelle Veränderungen ergeben, die auch Auswirkungen auf den laufenden Prozess der Kommunalisierung hatten. Oberbürgermeister Dr. Hans Reschke ging 1972 in den Ruhestand. Am 2. Juli 1972 wurde Dr. Ludwig Ratzel, zuvor Erster Bürgermeister der Stadt, zum neuen Stadtoberhaupt gewählt; am 1. Oktober 1972 übernahm er das Amt von seinem Vorgänger. Zum gleichen Zeitpunkt kam es auch zu einem Wechsel in der Leitung des Kulturamtes. Dr. Siegfried Gerth folgte auf den langjährigen Kulturamtschef Dr. Erny, der in der Vergangenheit die Entwicklung der »Freien Akademie« zur Werkkunstschule mit viel Engagement begleitet und gefördert hatte.
Mit der Niederlegung des Amtes als Oberbürgermeister schied Dr. Reschke satzungsgemäß auch aus dem Vorstand des Trägervereins der Werkkunstschule Mannheim e.V. aus. Es wurde nun nötig, für die Übergangszeit bis zur Kommunalisierung der Schule einen neuen ersten Vorsitzenden zu wählen. Die Wahl erfolgte in der Vorstandssitzung am 2. März 1973. Gewählt wurde Rechtsanwalt Dr. Godehard Fleischer, bislang als Schriftführer Mitglied des Vorstandes.[343]
Nun lag es im Wesentlichen an dem neuen Leiter des Kulturamtes, Dr. Gerth, und dem neuen Vereinsvorsitzenden, Dr. Fleischer, den Kommunalisierungsprozess zu steuern. Dabei waren vor allem zwei Problemfelder zu bearbeiten.
Zum einen verlangte das Ministerium eine neue – fachhochschulgemäße – Studienstruktur, zum

341
Schreiben der Werkkunstschule Mannheim an Bürgermeister David, Dezernat V, vom 15.06.1972, Marchivum, 14/1998_00112

342
Vorlage Nr. 791/72: Kommunalisierung der Werkkunstschule Mannheim; Beschluß des Gemeinderates vom 16. Januar 1973; Der Gemeinderat ist grundsätzlich bereit, einer Kommunalisierung der Werkkunstschule Mannheim e.V. zuzustimmen, vorausgesetzt, daß zuvor ihre Anerkennung als private Fachhochschule nach dem Gesetz über die Fachhochschulen im Lande Baden-Württemberg [Fachhochschulgesetz – FHG] erfolgt ist und das Kultusministerium bestätigt hat, daß die Werkkunstschule Mannheim als private Fachhochschule das staatliche Schulwesen entlastet. Die Verwaltung wird beauftragt, die Bedingungen für die Übernahme der Werkkunstschule Mannheim e.V. vertraglich zu fixieren. Der Vertrag bedarf zu gegebener Zeit der Genehmigung durch den Gemeinderat. Ratsprotokoll 1973, Marchivum, 1_1900_00380

343
»Zu P. 2 TO schlug Herr Bürgermeister David als Nachfolger des ausgeschiedenen ersten Vorsitzenden, Herr Dr. H. Reschke, das bisherige Vorstandsmitglied und Schriftführer Herrn Rechtsanwalt Dr. G. Fleischer vor. Angesichts der Tatsache, daß nach Lage der Dinge diese Funktion mit den Übergabeverhandlungen [Kommunalisierung] bald beendet sein dürfte, nahm Herr Dr. Fleischer trotz Arbeitsüberlastung die Kandidatur an. Die Wahl erfolgte einstimmig.«, Protokoll der Vorstandssitzung vom 02.03.1973 [8. Sitzung], 06.03.1973, Marchivum, 14/1998_00110

anderen galt es, den Übernahmevertrag zwischen der Stadt und dem Trägerverein der Werkkunstschule auszuformulieren. Beide Projekte erwiesen sich als komplizierter und zeitaufwendiger als ursprünglich veranschlagt. Vom Beschluss des Gemeinderates im Januar 1972 bis zur rechtsgültig vollzogenen Kommunalisierung sollten fast zwei Jahre vergehen.
Zur Ausarbeitung einer neuen Studienstruktur wurde von der Werkkunstschule im März 1973 eine »Arbeitsgruppe Strukturplanung« eingerichtet.[344] Die Arbeitsgruppe sollte das Curriculum überarbeiten und daraus abgeleitet ein Stellenbedarfsplan entwickeln. Zur Orientierung wurden Unterlagen aus Schwäbisch Gmünd und Offenbach herangezogen. Die Arbeitsgruppe setzte sich unter Vorsitz von Gerd Dehof aus mehreren Mitgliedern des Lehrkörpers der Werkkunstschule zusammen sowie Dr. Gerth als Vertreter der Stadt Mannheim. Sie tagte vom 11. Mai 1973 bis 29. Juni 1973. Am 9. Juli 1973 wurden die Ergebnisse der Beratungen dem Vorsitzenden des Schulträgers, Dr. Fleischer, und von dort dem Dezernat V zugeleitet.[345]
Eine Zweitschrift erhielt das Stuttgarter Kultusministerium. Dieser erste Entwurf, der im Wesentlichen noch die bisherige Fachklassengliederung abbildete, fand jedoch nicht die Zustimmung des Ministeriums.[346] In einem zweiten Entwurf wurde die Gliederung reduziert auf zwei Fachbereiche: Ein Fachbereich »Grundlagen«, in dem die Grundlehre, Wahlfächer in künstlerischen Disziplinen sowie theoretisch-wissenschaftliche Angebote aufgehoben waren, und ein Fachbereich »Visuelle Kommunikation«, der sich gliederte in die vier Fachrichtungen Grafik-Design 1 [Öffentlichkeitsarbeit], Grafik-Design 2 [visuelle Planung und Orientierungssysteme], Grafik-Design 3 [Verlagsgrafik und didaktische Programme] sowie Fotografie und Fotografik. Mit diesem vom Ministerium dann genehmigten Modell gab sich die Fachhochschule in spe eine Grundstruktur, die – von kleineren Modifikationen abgesehen – bis Mitte der 1990er Jahre Bestand haben sollte.
Am 14. September 1973 fand dann auf Einladung des Dezernates V ein erstes Gespräch in Sachen Kommunalisierung statt. Teilnehmer waren Bürgermeister M. David, Leiter des Dezernates V, Dr. S. Gerth, Direktor des Kulturamtes, Dr. G. Fleischer, erster Vorsitzender des Trägervereins sowie die Dozenten W. Koch und G. Dehof der Werkkunstschule Mannheim. In der Folge fanden weitere Arbeitssitzungen unter Leitung von Dr. Gerth statt, in denen der Übernahmevertrag zwischen Stadt und Trägerverein verhandelt wurde.[347] Grundlage für die Verhandlungen war der aus den Ergebnissen der Strukturkommission resultierende Stellenbedarfsplan. Strittig zwischen den beiden Parteien waren insbesondere die Übernahmemodalitäten bisheriger Lehrkräfte in die neue städtische Fachhochschule. Dr. Gerth stelle rückblickend fest, »daß hier ein Interessenskonflikt insofern vorgelegen hat, als der bisherige Rechtsträger sein Interesse primär darin sah, die bisher an der Werkkunstschule Lehrenden in möglichst gute Positionen zu bringen, während es im Interesse der Stadt war, bei der Erweiterung des Lehrerkollegiums im Interesse der Studierenden möglichst qualifizierte Leute neu gewinnen zu können«.[348] Die Verhandlungen zogen sich bis Mitte des Folgejahres hin.
Als auf der Dozentenratssitzung am 6. März 1974 turnusgemäß die Neuwahl des Rektors anstand, erklärte Walter Koch, dass er für diese Position nicht mehr kandidiere. Der Dozentenrat hielt einen Wechsel in der Schulleitung zu diesem Zeitpunkt nicht für opportun und schlug vor, auf eine Neuwahl zu verzichten und die Amtszeit des Rektors per Beschluss bis zum Ende der Kommunalisierungsverhandlungen zu verlängern. Koch zeigte sich mit dieser Regelung einverstanden und erklärte sich bereit, »zugunsten einer reibungslosen Übergabe- und Übergangsphase, wegen der notwendigerweise besseren Optik nach außen und nicht zuletzt wegen der besseren pragmatischen Lösung für die Schule seine Bedenken zurückzustellen«.[349]

344
Protokoll der Stundenplankonferenz vom 21.03.1973, Marchivum, 14/1998_00110

345
Semesterbericht für das Sommersemester 1973, Marchivum, 14/1998_00110

346
Vgl. Walter Koch bei einer Pressekonferenz anlässlich der Anerkennung der Werkkunstschule als nichtstaatliche Fachhochschule, Mannheimer Morgen, 09.05.197

347
Semesterbericht für das Wintersemester 1973/74 vom 06.03.1974, Marchivum, 14/1998_00110

348
Stellungnahme von Dr. Gerth auf einer Vollversammlung des ASTA der Fachhochschule am 27.11.1974, Marchivum, 3/1981_00163

349
Bericht über die Sitzung des Dozentenrates vom 06.03.1974, Marchivum, 14/1998_00110

Als das Kultusministerium mit Urkunde vom 16. April 1974 die Umwandlung der Werkkunstschule in eine nichtstaatliche Fachhochschule für Gestaltung genehmigte und zuvor schon erklärt hatte, dass der Bereich Grafik-Design das staatlich Fachhochschulwesen entlastet[350], waren die seitens der Stadt erhobenen Bedingungen für eine Kommunalisierung erfüllt. Allerdings war zu diesem Zeitpunkt der Übernahmevertrag mit dem Trägerverein, der der Zustimmung durch den Gemeinderat bedurfte, immer noch nicht unter Dach und Fach. Da aufgrund der langwierigen Verhandlungen der angestrebte Termin 1. Oktober 1974 für die endgültige Übernahme zu platzen drohte, wurde die Stadt proaktiv tätig. Dr Gerth stellte fest:

> Trotz des noch ungewissen Ausgangs der Übernahmeverhandlungen hat die Stadt bereits einen Stellenplan aufgestellt, der am 27.6.1974 vom Personalausschuß nach Zahl und Höhe der Dotierung der einzelnen Stellen genehmigt worden war. Erst danach konnte rein rechtlich die Ausschreibung der Stellen erfolgen.[351]

Die Stellen wurden dann am 10. Juli 1974 öffentlich ausgeschrieben. Demnach waren für die neue städtische Fachhochschule folgende Stellen vorgesehen: sieben Stellen [BAT II] für Dozenten, vier Stellen [BAT IVb] für Fachlehrer und zwei Stellen [BAT Vb] für Werkstattleiter. Wie diese Stellen allerdings besetzt werden sollten, insbesondere wie und in wie weit das bisherige Lehrpersonal übernommen werden sollte bzw. musste, blieb zwischen den Vertragsparteien nach wie vor strittig. Der Vorstand des Trägervereins lehnte in seiner Sitzung am 15. Juli 1974 einen von der Stadt vorgelegten Vertragsentwurf ab.

> Der erste Vorsitzende des e.V. WKS-Mannheim, Herr Rechtsanwalt Dr. G. Fleischer und das Vorstandsmitglied W. Kimmel M.d.L., haben auf genannter Vorstandssitzung zu dem Text des Übergabevertrages, den das städt. Rechtsamt erarbeitet und das Kulturamt vorgelegt hat, Alternativen erstellt und von dem Gesamtvorstand durch Beschluß verabschieden lassen. Die so entstandene ergänzte Neufassung wurde der Stadt Mannheim zugeleitet und dort nach ausgiebiger Beratung an das Rechtsamt zur Stellungnahme weitergeleitet.[352]

Auf der gleichen Sitzung beschloss der Vorstand als notwendige Voraussetzung zur Kommunalisierung, alle Dienstverträge zum 30. September des Jahres zu kündigen und für den 2. September zur Auflösung des Vereins eine Mitgliederversammlung einzuberufen.
In der strittigen Frage der Übernahme des bisherigen Personals setzte sich der Trägerverein letztlich durch. Die Stadt als Rechtsnachfolgerin der bereits seit 16. April 1974 formal bestehenden nichtstaatlichen Fachhochschule für Gestaltung musste nun auch die Arbeitsverträge des bisherigen Trägers übernehmen. In der Beschlussvorlage an den Gemeinderat zur Genehmigung des Übernahmevertrags wurde festgestellt:

> Die Stadt mußte sich verpflichten, die bisher an der Fachhochschule für Gestaltung Mannheim beschäftigten Lehrkräfte als städt. Angestellte zu übernehmen. Bei der Personalübernahme fanden einschlägige Bestimmungen des BGB [§ 613a] und des Kündigungsgesetzes Anwendung.[353]

Der Vertrag zur Kommunalisierung der Fachhochschule[354] wurde dann am 24. September von der Stadt und dem bisherigen Träger der Einrichtung unterzeichnet und am 31. Oktober 1974 vom Gemeinderat beschlossen. Damit war die ehemalige Werkkunstschule auch formal in die »Städtische Fachhochschule für Gestaltung Mannheim« überführt.
Aufgrund der Verpflichtung, das bisherige Lehrpersonal zu übernehmen, konnte die Stadt nur die im Stellenbedarfsplan neu aufgeführten Stellen in Eigenregie besetzen. Dazu hatte das Kulturdezernat – im Einvernehmen mit dem Perso-

350
»Mit Urkunde vom 16.4.1974 [Aktenzeichen HF 918-17/152] genehmigte das Kultusministerium die seinerzeit vom Verein Werkkunstschule Mannheim e.V. getragene Werkkunstschule als Fachhochschule, gemäß § 24 Fachhochschulgesetz. Außerdem erklärte das Kultusministerium mit Schreiben vom 12.9.1973 [Aktenzeichen H [In] 918-17/130], daß nach derzeitigem Stand für den Fachbereich Grafik/Design die Entlastung des staatlichen Fachhochschulwesens durch die Fachhochschule für Gestaltung Mannheim bejaht werden kann, weil die beiden staatlichen Fachhochschulen [Pforzheim und Schwäbisch Gmünd] nicht in der Lage wären, die in Mannheim eingetragenen Studenten zusätzlich aufzunehmen.«,
aus der Beschlussvorlage für den Gemeinderat vom 31.10.1974, Marchivum, 3/1981_00163

351
Stellungnahme von Dr. Gerth auf einer Vollversammlung des ASTA der Fachhochschule am 27.11.1974, Marchivum, 3/1981_00163

352
Semesterbericht für das Sommersemester 1974, Marchivum, 14/1998_00110

353
Vorlage für die Gemeinderatssitzung vom 31.10.1974
Marchivum, 3/1981_00163

354
§ 3 regelte die Übernahme des bisherigen Lehrpersonals:
»Die Stadt verpflichtet sich, mit den Herren Gerd Dehof, Walter Koch und Wolf Magin zum 1.10.74 einen Anstellungsvertrag abzuschließen, wonach diese entsprechend dem Stellenplan als BAT-Angestellte mit einem vollen Stundendeputat als Dozenten beschäftigt werden. Das gleiche gilt für Herrn Berger-Bergner mit der Maßgabe, daß sich sein Lehrauftrag auf die Hälfte eines Stundedeputats beschränkt. Die Beschäftigung erfolgt, solange seiner Weiterbeschäftigung aus gesundheitlichen Gründen nichts entgegensteht. Bei Bewerbungen der Herren U. Fuchs, P. Köppchen i. d. Eicken, H. Stösser, H. Weiner, sind diese

nalausschuss der Stadt und vorbehaltlich der Zustimmung des Ministeriums – freie Hand.[355]

Zum Start der neuen Fachhochschule für Gestaltung Mannheim am 1. Oktober 1974 waren folgende Stellenbesetzungen vorgesehen:[356]
A—Dozenten [für 7 BAT II-Stellen]

1—Fachbereich Grundlagen

a—Dozentur elementare Grundlagen und plastisches Gestalten – Gerd Dehof [übernommen]
b—Dozentur für studienbegleitende Lehrveranstaltungen [aufgeteilt in Lehraufträge] Lehrauftrag für Farbenlehre und plastisches Gestalten [Kunststoff] mit zehn Unterrichtseinheiten – Heinrich Weiner [übernommen]
Lehrauftrag für zwei- und dreidimensionales Gestalten je sieben Unterrichtseinheiten – Waldemar Epple und Hildegard Buchmann [neu eingestellt]
c—Dozentur für studienbegleitende Lehrveranstaltungen [aufgeteilt in Lehraufträge]
1/2 Lehrauftrag für freies Zeichnen – Paul Berger-Bergner [übernommen]
1/2 Lehrauftrag für wissenschaftliche Grundlagen [Aufteilung auf Einzelstundenunterricht]

2—Fachbereich Visuelle Kommunikation

a—Dozentur für Grafik-Design I [Schwerpunkt GD f. Öffentlichkeitsarbeit] – Wolf Magin [übernommen]
b—Dozentur für Grafik-Design II [Schwerpunkt GD f. visuelle Planung und Orientierungssysteme] – Heiner Jakob [neu eigestellt]
c—Dozentur für Grafik-Design III [Schwerpunkt Verlagsgrafik und didaktische Programme] – Walter Koch [übernommen]
d—Dozentur für Fotografik – Robert Ruthardt [neu eingestellt]

B—Fachlehrer [für 4 BAT IVb-Stellen]
Fachbereich Visuelle Kommunikation

a—Fachlehrer für Grafik-Design I [Schwerpunkt Schrift, Typografie, visuelle Sprache, Lichtsatz] – Paul In den Eicken [übernommen]
b—Fachlehrer für Grafik-Design II [Schwerpunkt Medienlehre, Entwicklung und Realisierung von Konzepten, Packungsdesign] – Brigitte Kuron [neu eingestellt]
c—Fachlehrer für Fotografik [Schwerpunkt Fotochemie, Fototechnik, Repro-Techniken] – Ulrich Fuchs [übernommen]
d—Fachlehrer für Druck, Handsatz, Typografie – Hermann Stösser [übernommen]

C—Werkstattleiter [für 2 BAT Vb-Stellen]

a—Bereich Plastisches Gestalten – Bernd Benedix [neu eingestellt]
b—Bereich Druckwerkstätten – Hubert Gems [übernommen]

Zwei Besetzungen dieser vom Personalausschuss der Stadt genehmigten Liste konnten zum 1. Oktober 1974 nicht realisiert werden. Paul i. d. Eicken verzichtet auf eine Anstellung als Fachlehrer, nachdem seine Bewerbung auf die entsprechende Dozentenstelle keine Berücksichtigung fand. Er schied zum 30. September 1974 aus dem Lehrkörper aus. An seiner Stelle wurde als Fachlehrer für Grafik-Design Wolfgang Rabe eingestellt. Brigitte Kuron zog ihre Bewerbung zurück. Als zweiter Fachlehrer für Grafik-Design wurde zum 1. Januar 1975 Klaus Bessau von der Stadt verpflichtet. Die Einstellung von Heiner Jakob für die Dozentur Grafik-Design II verzögerte sich bis Ende Dezember 1974, weil das Ministerium zunächst Bedenken wegen fehlender Berufserfahrung angemeldet hatte.
Eine Personalie sticht in dieser Zusammensetzung des Lehrkörpers besonders hervor: Robert Ruthardt war wieder mit an Bord.

Zur Erinnerung: 1966 wurde Robert Ruthardt mit großer finanzieller Unterstützung durch die Stadt an der damaligen »Freien Akademie« angestellt,

zumindest bei der Besetzung der Fachlehrerstellen zu berücksichtigen, Herr Gems als Werkstattleiter. Die Zeit der Beschäftigung bei der Werkkunstschule und deren Rechtsvorgänger wird als Beschäftigungszeit angerechnet, sofern diese mindestens 13 UE [Unterrichtseinheiten d. V.] pro Woche betrug.«, Marchivum, 3/1981_00163

355 »Das Kultusministerium hatte der Stadtverwaltung ausdrücklich bestätigt, daß in diesem Falle einer praktischen Neugründung auf nichtstaatlicher Ebene die Stadt völlige Verfahrensfreiheit bei der Einstellung neuer Lehrkräfte hätte.«, Stellungnahme von Dr. Gerth auf einer Vollversammlung des ASTA der Fachhochschule am 27.11.1974, Marchivum, 3/1981_00163

356 Vorlage zur Genehmigung der Übernahmen bzw. Neubesetzung der Stellen an den Personalausschuss vom 12.09.1974, Marchivum, 3/1981_00163

um dort die neue Fachklasse für Fotografie und Fotografik aufzubauen. Die Stadt versprach sich damals von dieser Maßnahme – dem Ausbau des Bereichs der angewandten Kunst – auch, den sich seit Jahren dahinziehenden Prozess der staatlichen Anerkennung als Werkkunstschule voranzubringen. Gut ein Jahr später – die staatliche Anerkennung war inzwischen erfolgt – wurde Robert Ruthardt nach seiner harschen Kritik an den verkrusteten Strukturen und der überkommenen Lehrpraxis an der Mannheimer Schule von dem damaligen Leitungs-»Gremium« wieder entlassen. Jetzt, sieben Jahre später von der Stadt als Fachhochschullehrer eingestellt, traf er wieder auf einige seiner ehemaligen Kollegen.

8—1974 bis 1995
Die Städtische Fachhochschule für Gestaltung Mannheim

Der Start in die neue Fachhochschulära verlief alles andere als reibungslos und bewegte sich – rechtlich gesehen – auf dünnem Eis. Der Grund dafür lag in erster Linie in der späten Unterzeichnung des Übernahmevertrages durch die Stadt und den ehemaligen Schulträger. Infolge dessen konnte der Gemeinderat erst Mitte Oktober den Vertrag genehmigen, somit die Kommunalisierung der Schule rückwirkend rechtlich fixieren. Zum Semesterstart am 1. Oktober 1974 hatten sämtliche Lehrkräfte, ob neu eingestellt oder von der Vorgängereinrichtung übernommen, noch keine gültigen Arbeitsverträge mit dem neuen Schulträger, der Stadt Mannheim.[357] Gravierender noch: es gab weder eine legitimierte Schulleitung noch Gremien der kollegialen Selbstverwaltung wie im Fachhochschul gesetz vorgesehen. So verlief das erste Semester unter städtischer Regie weitgehend in einem Provisorium. Walter Koch – nach Dozentenratsbeschluss vom 6. März 1974 eigentlich nur bis zum Vollzug der Kommunalisierung als Rektor im Amt – lud mit Schreiben vom 29. Oktober 1974 zur konstituierenden Sitzung des Großen Senats ein, in der am 11. November 1974 für das laufende Semester übergangsweise ein Rektor neu gewählt wurde, der dann noch im gleichen Semester unter Einhaltung der gesetzlich vorgeschriebenen Fristen eine reguläre Neuwahl vorbereiten sollte.[358]
In der Sitzung am 11. November stellte sich Koch noch einmal befristet bis Semesterende als Rektor zur Verfügung. Die reguläre Neuwahl des Rektors, dessen Amtszeit mit Beginn des Sommersemesters am 17. März beginnen sollte, fand dann in der Sitzung des Großen Senats am 24. Februar 1975 statt. Der scheidende Rektor, Walter Koch, betonte wie schon mehrmals in den vergangenen Monaten, dass er für das Amt nicht mehr kandidiere und gab in der Sitzung einen längeren Rechenschaftsbericht über seine sechseinhalbjährige Amtszeit ab.[359]
In der Sitzung des Großen Senats am 24. Februar 1975 wurde dann für die Amtszeit von vier Jahren Robert Ruthardt zum Rektor und Wolf Magin zu dessen Stellvertreter gewählt. Die Wahl Ruthardts zum Rektor mag angesichts der Vorgeschichte etwas verwundern. Doch gab es eine realistische Alternative? Den neuberufenen Kollegen fehlte die Erfahrung in Leitungsfunktionen einer Schule. Walter Koch hatte schon im Vorfeld der Wahl mehrfach betont, dass er als Rektor nicht mehr zur Verfügung steht. Paul Berger-Bergner und Gerd Dehof kamen kaum infrage, vertraten sie doch Lehrgebiete, die an der FHG keine wesentliche Rolle mehr spielten. Blieb aus dem Kreis der erfahrenen Kollegen nur noch Wolf Magin, der als zentrale Lehrpersönlichkeit auf dem Feld des Grafik-Design sicher großen Einfluss auf die Entwicklung der Institution hatte, den es aber nie in die erste Führungsrolle drängte.
In einem Schreiben vom 27. Februar 1975 an das Kulturdezernat bat dann der Interimsrektor Koch darum, »das Wahlergebnis zur Kenntnis zu nehmen und alles Weitere zu veranlassen, insbesondere, die Gewählten in ihrem Amt zu bestätigen«.[360] Eine Bestätigung durch die Stadt war notwendig, weil die Städtische Fachhochschule im Gegensatz zu staatlichen Einrichtungen als städtisches Institut [nach Maßgabe des Fachhochschulgesetzes] geführt wurde. Somit galt für alle Beschäftigungsverhältnisse die Grundordnung der Stadt, wonach städtische Angestellte – das betraf alle Lehrkräfte – nur mit Zustimmung des Personal-

357
Die Arbeitsverträge wurden zwischen dem 07.11.1974 und 18.12.1974 abgeschlossen.
Marchivum, 14/1998_00044

358
»Betr. Großer Senat. Zur konstituierenden Sitzung des Großen Senats nach §§ 3 u. 4 FHG lade ich zum 11.11.1974, 15.00 Uhr in den großen Saal der Städt. Fachhochschule für Gestaltung ein. Die Funktionsfähigkeit der Städt. Fachhochschule für Gestaltung Mannheim im Wintersemester 1974/75 bedingt einige Sofortmaßnahmen, wie sie auch auf den Fachbereichskonferenzen angesprochen wurden, damit die Prüfungen zum Semesterende gesichert sind. Dadurch können, wie bekannt, einige vorgeschriebene Vorlauffristen nicht eingehalten werden. Die jetzt zu treffenden Regelungen sind darum nur vorläufige, um Zeit für gesetzlichen Zeitvorgaben zu erhalten. Demnach ist die Wahl des Rektors und seines Stellvertreters befristet bis zum Ende des Wintersemesters 1974/75.«, 29.10.1974, Marchivum, 14/1998_00039

359
»[...] Ich habe in den sechseinhalb Jahren meiner Tätigkeit in der Schulleitung, wie eingangs gesagt, viel freie Zeit geopfert. Zwangsläufig ging dies zu Lasten meiner eigenen freien Tätigkeit und meiner künstlerischen Arbeit. Das ist einer der Hauptgründe [und nur ihn möchte ich in den Vordergrund stellen] warum ich mich entschlossen habe, für die nächsten vier Jahre als Vorsitzender des Senats und somit als Rektor nicht mehr zu kandidieren.«, Bericht des Schulleiters anlässlich der Senatswahlen vom 24.2.1975 der Städt. Fachhochschule für Gestaltung Mannheim, Marchivum, 14/1998_00039

360
Marchivum, 14/1998_00044

ausschusses [für Fachhochschullehrer im Einvernehmen mit dem Ministerium] eingestellt werden konnten. Die Bestellung von Führungskräften eines städtischen Instituts – das betraf den Rektor – bedurfte der Zustimmung des Gemeinderates. Ob es bei diesem Verfahren lediglich um eine »Bestätigung« des vom Senat der Fachhochschule gewählten Kandidaten ging oder ob der Gemeinderat den Rektor »ernennen«, vielleicht sogar »einsetzen« konnte, gegebenenfalls auch ohne Beteiligung des Senats, war noch eine offene Frage, die mit der Erarbeitung einer Grundordnung für die Städtische Fachhochschule erst geklärt werden musste.

Die Erarbeitung dieser Grundordnung, in der es vor allem um die Kompetenzverteilung zwischen dem Senat und dem Schulträger ging, wurde noch im Jahr 1975 in Angriff genommen, zog sich dann aber über Jahre hin. Es galt, einen Kompromiss zu finden zwischen unterschiedlichen Interessenslagen. Der Senat pochte auf weitgehende Autonomie in Berufungsverfahren und bei der Wahl des Rektors, während die Stadt auf ihrem Recht bestand, bei Einstellungen eigenverantwortlich zu entscheiden. So wurden verschiedene Entwürfe zwischen Kulturamt und Senat hin- und hergeschoben. Erst im November 1979 lag dann ein Entwurf vor, der auf Veranlassung des Kulturdezernats mit weiteren städtischen Ämtern, Hauptamt, Personalamt, Kulturamt, Rechtsamt, abgestimmt werden musste. Nachdem die von den angesprochenen Ämtern vorgebrachten Änderungsvorschläge eingearbeitet worden waren, musste der nun vorliegende Entwurf mit Stuttgart abgestimmt werden. Dort war inzwischen nicht mehr das Kultusministerium zuständig, sondern das 1978 gegründete Ministerium für Wissenschaft und Kunst [MWK]. Gleichzeitig wurde die Schulleitung um eine Stellungnahme zu diesem Entwurf gebeten. Im Juli 1980 lagen dann Änderungsvorschläge des Senats vor, die zusammen mit dem Entwurf der städtischen Ämter im Kultur- und Schulausschusses behandelt wurden.

Es dauerte dann noch einmal ein Jahr, bis vom Kultur- und Schulausschuss einstimmig verabschiedet eine Grundordnung für die Fachhochschule dem Gemeinderat zur Beschlussfassung für die Sitzung am 15. September 1981 vorgelegt werden konnte.[361]

Kurz vor dieser Sitzung, am 1. September 1981, stellten sechs Gemeinderatsmitglieder unterschiedlicher Fraktionen einen gemeinsamen Antrag auf Änderung der vorgelegten Grundordnung.[362] Dieser Antrag vertrat weitgehend die bisherige Position des Senats und hatte zum Ziel, die Autonomie der Fachhochschulgremien gegenüber dem Schulträger zu stärken. Da zu diesem Antrag ein Gutachten des Rechtsamtes eingeholt werden musste, wurde die Beschlussfassung zur Grundordnung im Gemeinderat vertagt. Nachdem die Stellungnahme des Rechtsamtes zu dem Ergebnis kam, dass die vorgeschlagenen Änderungen in zentralen Teilen mit der Grundordnung der Stadt nicht vereinbar waren,[363] wurde der Antrag zurückgezogen. In der Gemeinderatssitzung am 25. Mai 1982 konnte dann die Grundordnung für die Städtische Fachhochschule für Gestaltung beschlossen werden. Sie trat [rückwirkend] zum Beginn des Sommersemesters am 1. März 1982 in Kraft.

In der nun beschlossenen Grundordnung wurde für die zwischen Senat und Schulträger am meisten umstrittenen Paragraphen zum Verfahren der Rektorwahl und zur Berufung von Fachhochschullehren ein Kompromiss gefunden, der [formal] eine Mitwirkung des Senats zwar vorsah, bei dem der Schulträger, also die Stadt Mannheim aber letztlich Herrin des Verfahrens blieb.

> § 7 Rektor, Prorektor [6]
> Rektor und Prorektor werden vom Senat aus den der Fachhochschule angehörigen hauptamtlichen Fachhochschullehrern gewählt und vom Träger der Fachhochschule für die Dauer der Amtszeit von 4 Jahren ernannt. Hat der Gemeinderat begründete Bedenken gegen

361
»Beschlußvorlage für den Gemeinderat am 15.9.1891 [...] Die Entwürfe der Verwaltung und des Senats der Fachhochschule für Gestaltung wurden vom Kultur- und Schulausschuß in seinen Sitzungen am 26. 3. grundsätzlich und am 30. 4. und 27. 5. 1981 unter Anhörung der Beteiligten im einzelnen diskutiert. Der Kultur- und Schulausschuß empfiehlt daraufhin dem Gemeinderat, die beigefügte Grundordnung [Anlage 1] zu beschließen.«, 30.07.1981,
Marchivum, 14/1998_00037

362
Antrag zur Sitzung des Gemeinderates am 15.09.1981 auf Änderung der vorgelegten Grundordnung. Vorgebracht von sechs Gemeinderatsmitgliedern der Fraktionen Grüne, CDU, FDP und ML. 01.09.1981,
Marchivum, 14/1998_00037

363
In der Stellungnahme des Rechtsamtes zum Änderungsantrags ist unter anderem aufgeführt:
»5. Deutlich unzulässig ist § 7, Abs. 6, wonach Rektor und Prorektor von den Fachhochschullehrern gewählt und vom Schulträger daraufhin ernannt werden müssen. § 39, Abs.2 Ziff.1 der Gemeindeordnung schreibt vor, daß die Ernennung, Anstellung und Entlassung von leitenden Beamten und Angestellten ausschließlich vom Gemeinderat selbst vorgenommen werden kann und diese Bestellung nicht einmal auf einen beschließenden Ausschuß des Gemeinderates übertragen werden darf. Gegen diese Vorschrift wird im Antragsentwurf eklatant verstoßen.«, 16.11.1981,
Marchivum, 76/1996_00173

den Vorschlag, schlägt der Senat innerhalb von 3 Monaten erneut einen Kandidaten vor. Kommt wiederum keine Einigung zustande beruft der Gemeinderat. Dabei ist er nicht auf die Mitglieder des Senats beschränkt.
§ 11 Fachochschullehrer.
Die Einstellung von Fachhochschullehrern erfolgt durch die Stadt unter Beteiligung des zuständigen Ministeriums. Der Senat ist berechtigt, die Bewerber anzuhören und Vorschläge zu machen.[364]

Siebeneinhalb Jahre dauerte die Entwicklung der Grundordnung. Ein quälend langer Prozess, der im laufenden Schulbetrieb immer wieder zu Unstimmigkeiten zwischen dem Senat und dem Schulträger führte, zum Beispiel bei Berufungsverfahren. Auch die eigentlich für 1979 anstehende Neuwahl des Rektors konnte nicht durchgeführt werden, da das Wahlverfahren bis zur Verabschiedung der Grundordnung zwischen Senat und Schulträger strittig war. So blieb Robert Ruthardt – unterstützt von der Stadt, aber ohne formelles Mandat durch den Senat – auch über seine ursprünglich vorgesehene Amtszeit von vier Jahren hinaus weiterhin im Amt.
Nach der Übernahme durch die Stadt stieg die Studierendenzahl kontinuierlich an; von 144 Studierenden [ohne Gaststudierende] im Wintersemester 1977/78 auf 170 Studierende im Wintersemester 1979/80. Die Studierendenzahl hatte sich dann in den frühen achtziger Jahren zwischen 180 und 200 eingependelt. Damit war die Grenze der Aufnahmekapazität erreicht. Auch wurde der Studiengang Grafik-Design an der Mannheimer Fachhochschule gut nachgefragt. Auf die 25 Studienanfängerplätze bewarben sich jedes Semester zwischen 150 und 180 Studieninteressierte. Die Studiengebühren, kurz vor der Kommunalisierung noch von 300 DM auf 375 DM je Semester erhöht, wurden durch Gemeinderatsbeschluss vom 15. September 1981 auf 210 DM herabgesetzt, 1982 [Gemeinderatsbeschluss vom 25. Mai 1982] ganz abgeschafft. Der Kultur- und Schulausschuss der Stadt empfahl diese vom AStA immer wieder eingeforderte Maßnahme, um zum einen für die Mannheimer Studierenden die gleichen Verhältnisse zu schaffen wie an den schulgeldfreien staatlichen Einrichtungen in Pforzheim und Schwäbisch Gmünd, zum anderen aber auch, um die Attraktivität der Mannheimer Fachhochschule im Wettbewerb um Studierende zu stärken.
Große Veränderungen ergaben sich in den ersten Jahren nach der Kommunalisierung im Lehrkörper der Fachhochschule. Von den fünf Dozenten, die 1974 von der ehemaligen Werkkunstschule übernommen wurden, waren 1979 noch drei als Fachhochschullehrer mit an Bord: Gerd Dehof, Walter Koch und Wolf Magin. Zum 31. August 1976 ging Paul Walter in Pension. Sein Fach, Bühnenbild und Kostüm, das zuletzt nur noch sporadisch frequentiert wurde, fand im neuen Regelstudienplan keine Berücksichtigung mehr und wurde eingestellt. Am 18. Juli 1978 verstarb Paul Berger-Bergner nach längerer Krankheit im Alter von 74 Jahren. Sein Unterricht wurde schon im Wintersemester 1977/78 und Sommersemester 1978 vertretungsweise von Alfons Klein übernommen. Zum 1. Oktober 1979 wurde als Nachfolgerin des verstorbenen Professors Berger-Bergner für das Fach Zeichnen und Malen die aus Karlsruhe stammende Malerin und Grafikerin Anette Ziegler eingestellt. Klaus Dessau, im Rahmen der Kommunalisierung im Januar 1975 als Fachlehrer eingestellt, wurde im Juli 1978 mit Zustimmung des Ministeriums zum Fachhochschullehrer für Grafik-Design berufen. Zum Ende des Wintersemesters 1979 kündigte der Fachhochschullehrer Heiner Jacob, der nur vier Jahre dem Kollegium angehörte. Zum Jahr 1980 musste das Kollegium um zwei weitere Stellen für Fachhochschullehrer aufgestockt werden. Aufgrund eines 1979 vom Ministerium für Wissenschaft und Kunst erlassenen neuen Rahmenplans für den Studiengang Grafik-Design ergab sich an der Mannheimer Fachhochschule ab 1980 ein Stellenmehrbedarf

364
Grundordnung,
Marchivum, 14/1998_00037

von vier Stellen, davon zwei für Fachhochschullehrer und zwei für Lehrassistenten.[365] Eine der beiden ausgeschriebenen Stellen für Fachhochschullehrer konnte zum Wintersemester 1981 mit Frieder Roesinger besetzt werden. Ein vom Senat vorgeschlagener Kandidat für die zweite Stelle wurde vom Personalausschuss der Stadt abgelehnt. Auf diese Stelle wurde zum Sommersemester 1882 Günter Slabon berufen. Zum Ende des Sommersemesters 1981 beantragte Walter Koch seine vorzeitige Zurruhesetzung, so dass auch diese Stelle neu ausgeschrieben werden musste und zum Wintersemester 1982 mit dem von der Fachhochschule Bielefeld nach Mannheim wechselnden Professor Walter Sexauer besetzt werden konnte.

Die im Stellenplan für 1980 ausgewiesenen neun Fachhochschullehrerstellen waren dann Ende 1882 vollständig besetzt mit folgenden Personen: Wolf Magin, Gerd Dehof, Alfons Klein, Klaus Bessau, Robert Ruthardt, Frieder Roesinger, Günter Slabon, Walter Sexauer sowie Hildgard Buchmann und Anette Ziegler mit je einer halben Stelle.

Die Zeit unter dem Rektorat von Robert Ruthardt führte, nicht zuletzt durch die vorgenommenen Neuberufungen, zu einer konsequenten Weiterentwicklung des Lehrangebots entlang berufspraktischer Maximen, brachte die junge Städtische Fachhochschule für Gestaltung aber auch einige Male negativ in die Schlagzeilen. Der Führungsstil des Rektors [seit 1979 ohne Mandat des Senats im Amt] wurde innerhalb der Kollegenschaft vielfach als autoritär empfunden, und ein offensiv politisch agierender AStA zerrte vermeintliche Missstände an der Schule mit eigens inszenierten Pressekonferenzen und offenen Briefen ins Licht der Öffentlichkeit.

»Kündigungen dem Rektor angelastet. Lehrer beklagen ‚unkollegiales Verhalten'«. Unter dieser Überschrift erschien am 3. Oktober 1979 im »Mannheimer Morgen« ein langer Artikel über eine vom AStA initiierte Pressekonferenz, in dem Robert Ruthardt vorgeworfen wurde, für ein angeblich vergiftetes Betriebsklima an der FHG verantwortlich zu sein. Anlass für die Pressekonferenz waren die Kündigungen der beiden Fachlehrer Ulrich Fuchs und Wolfgang Rabe, die von Ruthardt beauftragt wurden, im Zuge städtischer Amtshilfe eine Ausstellung für das Mannheimer Nationaltheater zu entwickeln, sich aber weigerten unter den vom Rektor geforderten Bedingungen diesen Auftrag auszuführen. Ferner monierten die Studierenden, »Professor Ruthardt habe, so Bernd Köhler [Vorsitzender des AStA, d. V.], seit zwei Jahren keinen Rechenschaftsbericht abgegeben und die bevorstehenden Neuwahlen zur Besetzung der Rektorenstelle seien seit Februar dieses Jahres verzögert worden.«[366] Drei bei der Pressekonferenz anwesende Stadträte forderten daraufhin eine Stellungnahme des Rektors zu den Vorwürfen vor dem Gemeinderat.

Zwei Tage später lud die Stadt zu einer Pressekonferenz, in der Kulturbürgermeister David dem Rektor den Rücken stärkte. »Kritik am Rektor scharf zurückgewiesen. Bürgermeister David und Schulleiter Ruthardt antworten auf die Klagen der Studenten«, berichtete der »Mannheimer Morgen«,[367] an dem Vorgehen des Rektors sei auch nach Meinung des Personaldezernats nichts auszusetzen. Die Studierenden ließen aber nicht locker. In einem offenen Brief an den Oberbürgermeister forderten sie Klarheit über die rechtliche Situation der Schule, insbesondere in der Frage der Neuwahl des Rektors und der nach wie vor umstrittenen Grundordnung.[368] Auf diesen Brief antwortete das Kulturdezernat dem AStA, dass sich der Kultur- und Schulausschuss des Gemeinderates in seiner Sitzung am 15. November 1979 mit der Situation der Fachhochschule für Gestaltung befassen werde.[369]

In dieser Sitzung am 15. November wurde Rektor Robert Ruthardt zu einer Stellungnahme zu den inkriminierten Vorgängen an der Fachhochschule aufgefordert. Seine Einlassungen trugen jedoch wenig zur Beruhigung der Situation bei. Ruthardt reagierte indigniert auf die Anwürfe des AStA und

365
»Der Oberbürgermeister. Vorlage zur Sitzung des Personalausschusses am 11.10.1979. Betr.:
Neuer Rahmenplan der Fachhochschule für Gestaltung. [...] Unter der Berücksichtigung der bei den staatlichen Fachhochschulen festgelegten Zahl der Unterrichtsstunden von 16 Stunden/Woche, der Aufnahmekapazität von 25 Studenten/Semester und des vom Ministerium für Wissenschaft und Kunst aufgrund der Kapazitätsverordnung mitgeteilten Curricularwerts ergibt sich ein Stellenmehrbedarf von 4 Stellen, davon 2 für Fachhochschullehrer und 2 für Lehrassistenten. [...] Die Fachhochschule bittet, schon jetzt im Vorgriff auf den Stellenplan 1980 die Genehmigung zu erhalten, die Stellen auszuschreiben und Verhandlungen mit den Bewerbern zu führen.«, 26.09.1979, Marchivum, 76/1996_00172

366
Mannheimer Morgen, 03.10.1979

367
Mannheimer Morgen, 05.10.1979

368
»Entgegen der von Herrn Ruthardt auf der Pressekonferenz vom 4. 10. vertretenen Meinung [...] war der Senat der FHG mehrheitlich der Meinung, daß in dieser Frage keine Klarheit besteht. Der Senat verabschiedete einen Antrag an den Schulträger, in dem umgehend schriftliche Beantwortung der Frage der rechtlichen Situation [Schulordnung/Satzung] der FHG gefordert wird.«, Offener Brief des AStA an den Oberbürgermeister vom 08.10.19798,
Marchivum, 14/1998_00054

369
»Von Seiten des Schulträgers sind bis zur Sitzung am 15.11.1979 folgende Maßnahmen vorgesehen: 1. Gespräch zwischen dem Lehrkörper der FHG und dem zuständigen Dezernenten, Bürgermeister David. 2. Gespräch zwischen dem ASTA der FHG und Bürgermeister David.«,
Brief Dezernat V an AStA vom 24.10.1979,
Marchivum, 14/1998_00054

einem Teil der Kollegenschaft, was bei einigen Ausschussmitgliedern auf großes Unverständnis stieß. Der Rektor rechtfertigte vor dem Ausschuss sein Vorgehen mit dem Hinweis, er habe zum Zeitpunkt der Kommunalisierung eine »herabgewirtschaftete Einrichtung« übernommen. Er habe daher alle Zeit und Kraft darauf verwendet, den gemeinhin bekannten »schlechten Ruf« der Schule abzubauen. Dazu galt es nach seiner Auffassung vor allem »auf Praxis zu drängen«. In diesem Zusammenhang sah er auch eine Chance für eine praxisnahe Ausbildung in den von einem Großteil der Kollegenschaft skeptisch beurteilten Projekten im Rahmen der Amtshilfe für andere städtische Institutionen. Hinsichtlich des beklagten Betriebsklimas meinte Ruthardt, dieses habe sich entwickelt als Folge der »Hypotheken«, welche die Mitarbeiter, die es beklagten, der Stadt Mannheim überlassen hätten. Er habe seine Aufgabe immer so verstanden, diese Hypotheken abzubauen. Das erfordere in der Leitung einer Fachhochschule gegenüber Mitarbeitern, welche Hochschule weder als Lernende noch als Lehrende erlebt hätten, gelegentlich eine deutliche Sprache. Er sehe sich in seinem Vorgehen in voller Übereinstimmung mit der Hochschulaufsicht.[370] Die Presse reflektierte ausführlich die in der Ausschusssitzung vorgebrachten Rechtfertigungen Ruthardts und die sich daran anschließende kontroverse Diskussion. »FHG weiter unter Beschuß«, war in der »Rhein-Neckar-Zeitung« zu lesen. »Kultur- und Schulausschuß beschäftigte sich mit der Stellungnahme Ruthards«.[371] »Mit Schulleitung Hypothek übernommen«, kommentierte der »Mannheimer Morgen«. »Schulausschuß diskutierte Situation an der Fachhochschule für Gestaltung«.[372]

> Schuldezernent Manfred David machte bereits gleich zu Beginn der Sitzung – und damit der Diskussion um die FHG – deutlich, daß er seine Meinung zu dem Thema in keiner Weise geändert hat.
> Nach wie vor hat Professor Ruthardt somit das volle Vertrauen der Stadtverwaltung. [...] In Gesprächen sowohl mit den Fachlehrern als auch mit Vertretern des AStA sei in Bezug auf das Betriebsklima lediglich von »atmosphärischen Störungen« die Rede gewesen. Den umstrittenen Fall der Amtshilfe – in deren Rahmen die Studenten der FHG unter anderem Plakate für das Nationaltheater anfertigen mußten – rechtfertigte David mit der Begründung, die Fachhochschule sei gehalten, mit den städtischen Institutionen zusammenzuarbeiten. [...] Mit diesen Ausführungen [Rudhardts und Davids, d. V.] war allerdings für die Stadträte Barth, Paul, Ebert und Freienstein die derzeitige Situation und die damit verbundene Vertrauenskrise an der FHG nicht ausreichend geklärt – was nicht zuletzt durch die wiederholten Fragen nach der weiteren Entwicklung der Dinge bewiesen wurde. Wenn auch die eigentlichen Streitfragen von Ruthardt nicht endgültig geklärt werden konnten, kam man doch zumindest zu dem Schluß, alles weitere nach Vorlage der bereits seit einem Jahr im Entwurf befindlichen Schulordnung im Gemeinderat zu erörtern.
> Zustimmend aufgenommen wurde der Vorschlag Davids, den Kultur- und Schulausschuß zusammen mit den Fachlehrern und Studenten in absehbarer Zeit – allerdings unter Ausschluß der Öffentlichkeit – einmal in der umstrittenen Fachhochschule tagen zu lassen.«[373]

Der AStA gab sich mit diesem Vorschlag zur Güte allerdings nicht zufrieden. Ein halbes Jahr nach dieser Sitzung gingen die Studierendenvertreter erneut mit massiven Vorwürfen gegen den Rektor in die Öffentlichkeit. Sie unterstellten Ruthardt, er habe im Zuge der Entwicklung der Grundordnung Senatsprotokolle unterschlagen und Senatsbeschlüsse eigenmächtig geändert. Und wieder geriet die Fachhochschule mit negativen Schlagzeilen in die Presse: »Querelen um FHG-Schulordnung.

370
Mündlicher Sachstandsbericht des Rektors der Städt. Fachhochschule für Gestaltung Mannheim zur Sitzung des Kultur- und Schulausschusses des Gemeinderates vom 15.11.1979, Marchivum, 76/1996_00172

371
Rhein-Neckar-Zeitung, 17.11.1979

372
Mannheimer Morgen, 19.11.1979

373
Rhein-Neckar-Zeitung, 17.11.1979

AStA fordert in offenen Briefen Aufklärung eines »skandalösen Vorgangs«.

> Schwerwiegende Vorwürfe gegen Rektor Ruthardt erheben die Studenten der städtischen Fachhochschule für Gestaltung in Zusammenhang mit der anstehenden Verabschiedung einer neuen Schulordnung. In offenen Briefen an die Mitglieder des Gemeinderates, Oberbürgermeister Ratzel, Bürgermeister David, Rundfunk und Presse fordert der AStA die Aufklärung eines nach Meinung der Studenten »skandalösen Vorfalls«. Wie in diesem Schreiben mitgeteilt wird, hat der Senat der FHG bereits am 2.11.78 einen in zahlreichen Sitzungen erarbeiteten Schulordnungs-Entwurf verabschiedet, der jedoch erst Ende 1979 von der Schulleitung zur rechtlichen Prüfung an die Stadt weitergeleitet worden sei und zwar – so der AStA – in einer »nicht dem Senatsbeschluß entsprechenden Fassung«. [...] Außerdem habe sich herausgestellt, daß das Protokoll der für den umstrittenen Passus auschlaggebenden Senatssitzung vom 18.1.78 spurlos verschwunden sei.[374]

Schon kurz vor diesem Presseartikel griff der SWR in einer Radiosendung die Vorwürfe auf. Die Sendung wurde anmoderiert mit den Worten: »In Mannheim hat ein Rektor Universitätsunterlagen frisiert. Kein Wunder, daß es Ärger gibt.«[375] Der Sender gab dann dem AStA-Vorsitzenden Gelegenheit die Vorwürfe gegen den Rektor ausführlich auszubreiten.
Die ganze Aufregung endete aber alsbald wie das Hornberger Schießen. Kulturbürgermeister David stellte sich auch in dieser Angelegenheit hinter den Rektor und konnte anhand von Dezernatsunterlagen die Vorwürfe weitgehend entkräften. Dennoch warf gerade diese Auseinandersetzung ein bezeichnendes Licht auf die unzulängliche Kommunikation zwischen der Stadt und dem Rektor auf der einen Seite und dem Senat der FHG auf der anderen Seite. Die Erarbeitung der Grundordnung war ein komplizierter Prozess, unterschiedliche Standpunkte wurden hin- und hergeschoben, der Senat immer wieder zu Stellungnahmen und eigenen Vorschlägen aufgefordert. Die Beteiligung des Senats erweckte in diesem Gremium übertriebene Erwartungen, an der Ausformulierung der Grundordnung ein gewichtiges Wort mitreden zu können, obgleich die Stadt als Schulträger am längeren Hebel saß. Wäre dieses Kräfteverhältnis von Anfang an offener kommuniziert worden, hätten vielleicht manche Auseinandersetzungen vermieden werden können.
Letztlich trugen die in der Öffentlichkeit ausgetragenen Differenzen nicht zu einem positiven Image der Fachhochschule bei. Das vermeintlich schlechte Betriebsklima, das erratische Taktieren zwischen Rektor und Senat, blieb auch im Förderkreis der FHG nicht unbemerkt. Schon kurz nach den ersten negativen Schlagzeilen im »Mannheimer Morgen« cancelte der Vorstand beabsichtigte Projekte mit der FHG. »Um in dieser unerfreulichen Situation den Förderkreis nicht zusätzlichen Angriffen auszusetzen und in die Auseinandersetzungen zu verwickeln, wird vorgeschlagen, die genannten Aktionen zu verschieben«, so ist es einer Aktennotiz des Vorstandes vom 3. Oktober 1979 zu entnehmen. Im Juni 1981 kam es dann zum Eklat. Im »Mannheimer Morgen« erschien ein Artikel mit der Überschrift: »Die Mäzene sind entmutigt. Förderkreis der Fachhochschule für Gestaltung löst sich auf.«

> Der Förderkreis beschloß seine eigene Auflösung. Was dabei zur Sprache kam, nannte der 1. Vorsitzende Senator Curt G. Engelhorn »außerordentlich entmutigend«. An der Fachhochschule herrschten »Zustände, die wir nicht gutheißen können«. [...] Bei der unfeierlichen Auflösungsversammlung kam deutlich zum Ausdruck, daß eine Entfremdung eingetreten ist, wegen der wachsenden Anonymität sehe sich bald keiner mehr zum Engagement animiert.

374
Rhein-Neckar-Zeitung, 18.06.1980

375
Mitschrift der Sendung des SWR vom 23.05.1980,
Marchivum, 15/1993_00022

> Besonders fiel auf, daß vom Förderkreis bereitgestellte Gelder für Anschaffungen nicht abgerufen sind.[376]

Die Senatsmitglieder erfuhren somit erst aus der Presse, dass 50 000 DM für Anschaffungen vorgesehene Spendengelder des Förderkreises nicht abgerufen wurden. Auch wurde den Senatsmitgliedern erst jetzt auf Nachfrage bekannt, dass der Förderkreis bereits zwei Jahre zuvor beabsichtigte, einen Preis für hervorragende Abschlussarbeiten zu stiften und dafür von der FHG die Gestaltung einer Urkunde erwartete. Auch diesem Ansinnen kam der Rektor nicht nach. Es folgten turbulente Senatssitzungen, in denen dem Rektor vorgeworfen wurde, durch seinen ignoranten Umgang mit dem Förderkreis, dessen Auflösung provoziert zu haben. Ruthardts Rechtfertigungsversuche liefen ins Leere. Die Folge: das schon seit Jahren angespannte Verhältnis zwischen Ruthardt und dem Kollegium war Anfang 1982 gänzlich zerrüttet.[377]
Als dann am 25. Mai 1982 – nach jahrelangem Hin und Her – die Grundordnung für die FHG vom Stadtrat endlich beschlossen werden konnte, war der Weg frei für die Neuwahl des Rektors. Robert Ruthardt kandidierte nicht mehr für dieses Amt. Auch ihm muss klar gewesen sein, dass zu viel Kredit verspielt war. Am 4. November 1982 wurde ein neuer Senat gewählt, der dann die Neuwahl des Rektors nach § 6 der neuen Grundordnung in die Wege leitete. Am 15. Dezember 1982 wählten die Senatsmitglieder aus der Reihe der hauptamtlichen Fachhochschullehrer Klaus Bessau zum Rektor und Walter Sexauer zum Prorektor. Am 5. Januar 1983 erfolgte die Ernennung durch den Gemeinderat. Die Amtszeit des neuen Rektorats begann am 1. März 1983.[378]
Prof. Robert Ruthardt blieb als Fachhochschullehrer für Fotografie und Fotografik bis zum 31. Mai 1985 Mitglied des Mannheimer Kollegiums. Danach wechselte er als Leiter des »Instituts für Kommunikationsdesign« nach Konstanz. Dieses Institut ging aus der Bodensee-Kunstschule hervor, wurde 1984 der Fachhochschule Konstanz angegliedert und 1985 staatlich anerkannt. Als Nachfolger von Prof. Ruthardt wurde zum Wintersemester 1986 Roland Fürst für das Lehrgebiet Fotografie neu berufen.
Dem neuen Rektor, Klaus Bessau gelang es alsbald, die verfahrene Situation an der Fachhochschule wieder in geordnete Bahnen zu lenken. Das war zum einen seinem neuen, kollegialen Führungsstil zu verdanken, zum anderen sicher auch dem Umstand geschuldet, dass nach der Verabschiedung der Grundordnung die FHG nun auf einer rechtssicheren Basis stand. Diskussionen, die in der Vergangenheit viel Zündstoff in sich bargen, waren nun obsolet.
Ein deutliches Zeichen für die wiedergewonnene kollegiale Stabilität setzte die FHG mit der ersten großen Werkschau seit Übernahme der Institution durch die Stadt. 1984, zum zehnten Fachhochschul-Jubiläum, wurden in den Räumen der Bank für Gemeinwirtschaft Studien- und Abschlussarbeiten präsentiert. Eröffnet wurde die Ausstellung am 23. Oktober von Bürgermeister Manfred David; unter den Gästen befand sich auch Regierungsdirektorin Richter-Jericho vom Stuttgarter Ministerium für Wissenschaft und Kunst. Die Festrede hielt Eckhard Neumann, bekannter Grafik-Designer, Mitglied des Rats für Formgebung in Darmstadt und anerkannter Bauhaus-Forscher. 1985 wurde Eckhard Neumann als Fachhochschullehrer Mitglied des Kollegiums der Mannheimer Fachhochschule für Gestaltung.
Unter Klaus Bessau begann an der Mannheimer FHG auch die Ära der digitalen Gestaltung. Interessanterweise kam der Impuls dazu nicht aus der Schule selbst, sondern von dem neuen, technikaffinen Oberbürgermeister Gerhard Widder, studierter Elektroingenieur und Absolvent der Mannheimer Fachhochschule für Technik. Am 9. Dezember 1985 schrieb Klaus Bessau an OB Widder:

> Anläßlich der Preisverleihung im Signetwettbewerb hatten Sie im gemeinsamen Gespräch

376
Mannheimer Morgen, 05.06.1981

377
In einem Brief vom 28.02.1982 an Kulturbürgermeister David begründete Walter Koch seinen Antrag auf vorzeitige Zurruhesetzung mit dem dem Rektor angelasteten desolaten Betriebsklima., Marchivum, 76/1996_00172

378
»Der Gemeinderat nimmt von dem Ergebnis der Wahl des Senats der Städtischen Fachhochschule für Gestaltung Mannheim vom 15.12.82 Kenntnis und ernennt Herrn Fachhochschullehrer Klaus Bessau zum Rektor und Herrn Fachhochschullehrer Professor Walter Sexauer zum Prorektor der Städtischen Fachhochschule für Gestaltung Mannheim. Die Amtszeit beginnt am 1.3.1983 und dauert 4 Jahre.«, Gemeinderatsbeschluss vom 05.01.1983, Marchivum, 14/1998_00045

> die Frage gestellt, ob an der Städt. Fachhochschule für Gestaltung der Einsatz neuer Technologien, insbesondere von Computern, im Lehrbetrieb vorgesehen sei. Sie haben die Notwendigkeit gesehen, daß die Fachhochschule die Computertechnologie in die Lehre aufnehmen muß. Ich bin Ihnen dafür sehr dankbar und habe gerne Ihre Anregung und Unterstützung angenommen. [...] Ich hatte am 21.11.1985 Gelegenheit gehabt, bei der Firma Creative Computer Service GmbH mit Herrn May den aktuellen professionellen Computereinsatz im Grafik-Design Bereich kennenzulernen und mit ihnen Möglichkeiten besprochen, welche Einrichtungen für unsere Fachbereiche sinnvoll und zweckmäßig sind. [...] Für einen erfolgreichen Einstieg, den zukünftigen Ausbau und für eine mögliche Kooperation mit der Firma Creative Computer Service wurde von allen Seiten der »Apple Macintosh« als am besten geeignet angesehen. [...] Ich habe Herrn Schappach um ein Angebot aufgrund unseres Gesprächs gebeten. Dieses Angebot ist inzwischen eingegangen und umfasst eine Anlage für ca. 15.000 DM. [...] Mittel für den Computereinsatz sind aus der Vermögenshaushaltsstelle der Fachhochschule nicht vorhanden. Ich bin jedoch der Überzeugung, daß die Fachhochschule für Gestaltung den Einstieg in die Computertechnologie unbedingt vollziehen muß, um die Ausbildung der Studenten auch in der nächsten Zukunft arbeitsgerecht zu leisten. Vielleicht können wir einen Weg finden, der zu einer Lösung unserer Zielvorstellungen in der nächsten Zeit führt. Ich wäre Ihnen deshalb für Ihre weitere Unterstützung sehr dankbar.[379]

Im Januar 1986 wurden die benötigten Mittel für die Computer-Anschaffung auf Drängen des Kulturdezernats vom Finanzdezernat der Stadt freigegeben.[380] Am 15. April wurde der Auftrag zur Beschaffung erteil. Am 21. April stand der erste Apple Macintosh einsatzbereit in der FHG.

Mitte der 1980er Jahre florierte die Mannheimer Fachhochschule. Im Sommersemester 1984 waren zweihundert Studierende eingeschrieben. Auf die zwanzig zur Verfügung stehenden Studienanfängerplätze für das Wintersemester 1984/85 hatten sich 150 Bewerber angemeldet. Sechzehn Studierende konnten ihr Studium zum Juni 1984 erfolgreich abschließen.[381]
1986 präsentierte sich die Fachhochschule im Kunstverein Schwetzingen wieder mit einer großen Ausstellung der Öffentlichkeit. Gezeigt wurden Semesterprojekte und Diplomarbeiten der letzten Jahre.

> Sie reflektieren die Breite des Lehrangebots von Kampagnen der Wirtschaftswerbung, Aufgaben der kulturellen und sozialen Kommunikation bis zu wissenschaftlichen und technischen Darstellungsproblemen. Die gestalterischen Ausdrucksformen umfassen grafische Umsetzungen von Produkten und Prozessen, Symbole und Zeichen, freie und angewandte Illustrationen, typografische und fotografische Gestaltungslösungen wie visuelle Gestaltungssysteme.[382]

Im Dezember 1986 erfolgte turnusgemäß die Neuwahl des Rektorats der FHG. In der Senatssitzung vom 17. Dezember 1986 wurde Klaus Bessau zum Rektor wiedergewählt. Frieder Roesinger wurde zum Prorektor gewählt. Der Gemeinderat akzeptierte das Wahlergebnis des Senats und ernannte in seiner Sitzung vom 27. Januar 1987 gemäß § 6 der Grundordnung für die Amtszeit von vier Jahren Klaus Bessau zum Rektor und Frieder Roesinger zum Prorektor der Städtischen Fachhochschule für Gestaltung. Die Amtszeit des neuen Rektorats begann am 1. März 1987.[383]
In der zweiten Amtszeit des Rektors Klaus Bessau zogen wieder dunklere Wolken über der Fachhochschule für Gestaltung auf. Kurioserweise bescherte gerade der große Erfolg des neuen Hochschultyps Fachhochschule der Mannheimer

379
Brief von Rektor Klaus Bessau an Oberbürgermeister Gerhard Widder vom 09.12.1985,
Marchivum, 28/1994_00222

380
Mitteilung Dezernat II an Dezernat V vom 16.01.1986:
»Auf Ihren Vorschlag haben wir die Bereitstellung überplanmäßiger Mittel bei HHSt. 3120.935.0030.3 ›Beschaffungen‹ von 15 000 DM veranlaßt, um den Ankauf des vorgesehenen Computers zu ermöglichen.«,
Marchivum, 28/1994_00222

381
Bericht des Rektors an Dezernat V vom 16.07.1984,
Marchivum, 28/1994_00222

382
Flyer zur Ausstellung im Kunstverein Schwetzingen vom 01.11. bis 23.11.1986, Marchivum, 28/1994_00222

383
»Der Gemeinderat nimmt von dem Ergebnis der Wahl des Senats der Städt. Fachhochschule Mannheim vom 17.12.86 Kenntnis und ernennt Herrn Fachhochschullehrer Klaus Bessau zum Rektor und den Fachhochschullehrer Friedrich Roesinger zum Prorektor der Städt. Fachhochschule für Gestaltung Mannheim. Die Amtszeit beginnt am 1.3.1987 und dauert 4 Jahre.«,
Marchivum, 14/1998_00056

Einrichtung zunehmend Probleme. Die staatlichen Fachhochschulen wurden sukzessive ausgebaut, das Fächerspektrum erweitert und die staatlichen Einrichtungen seitens des Landes finanziell zukunftsfähig ausgestattet. Mit dieser Entwicklung konnte die kleine Fachhochschule für Gestaltung Mannheim nicht mehr mithalten. »Eine Hochschule in kommunaler Verantwortung und Trägerschaft«, so konstatierte Bessau, »paßte längst nicht mehr ins Bild der deutschen Hochschulentwicklung.«[384]

Die städtischen Mittel für den Unterhalt der FHG [nach denen prozentual auch der Landeszuschuss bemessen war] waren begrenzt. Und die Finanzierung einer eigenen Hochschule gehörte nicht zu den genuinen Aufgaben einer Kommune. Folglich standen in Zeiten knapper Haushaltskassen freiwillige Aufwendungen der Stadt zunehmend auf dem Prüfstand.

Der Schulleitung wie der Stadtverwaltung war bewusst, dass ein Fortbestand der akademischen Designer-Ausbildung in Mannheim nur über die Verstaatlichung der Mannheimer Fachhochschule zu erreichen war. Stuttgart signalisierte jedoch eindeutig, dass das Land die kleine Fachhochschule als eigenständige Einrichtung nicht übernehmen werde. So blieb nur die Option zu versuchen, über eine Eingliederung der FHG als Fachbereich Gestaltung in die Fachhochschule für Technik [FHT] die Designer-Ausbildung in eine staatliche Trägerschaft zu überführen. Eine Option, die in den 1960er und 1970er Jahren schon mehrfach diskutiert und damals immer wieder verworfen wurde. Inzwischen hatten sich die Rahmenbedingungen jedoch fundamental verändert. Vor allem die rasante Entwicklung im Bereich der elektronischen Medien stellte die Designer-Ausbildung vor eine neue Herausforderung. Eine Herausforderung, der sich die Mannheimer Schule – um zukunftsfähig zu bleiben – stellen musste, die aber nur mit großem technischen Aufwand zu stemmen war und somit hohe finanzielle Mittel erforderte. In kommunaler Trägerschaft war dies nicht zu realisieren.

384
Bessau, 1998, S.29

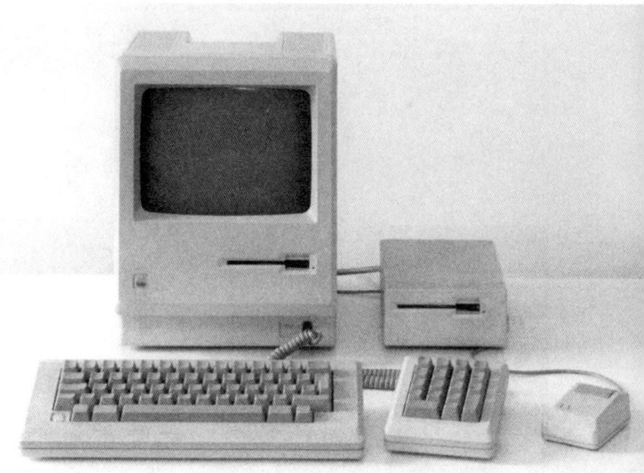

B36 Apple Macintosh 1986

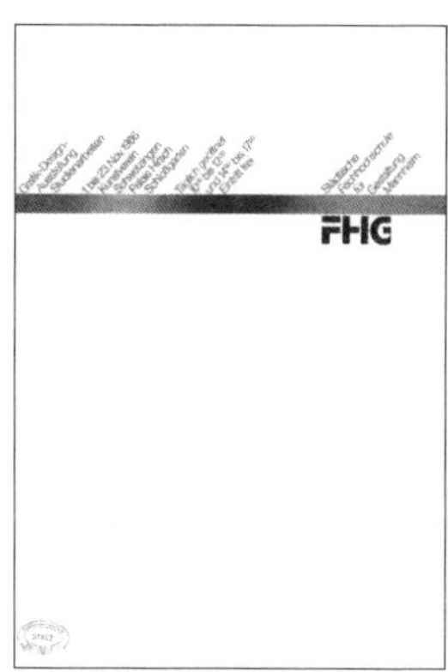

B37 Städtische Fachhochschule
für Gestaltung
Plakat
1986

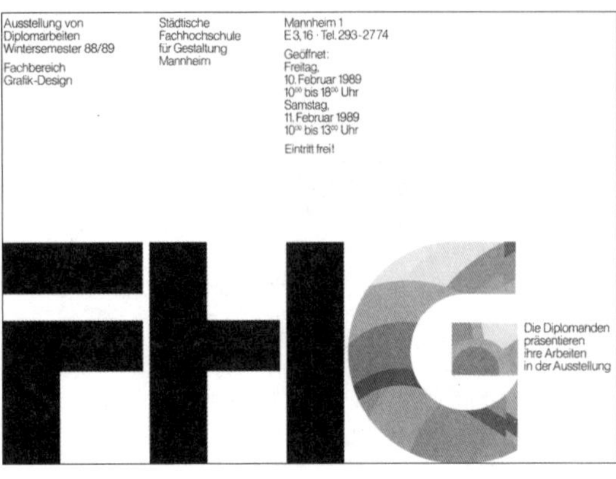

B38 Städtische Fachhochschule
für Gestaltung
Plakat
1989

8.[1] Integration der Städtischen Fachhochschule für Gestaltung in die Fachhochschule für Technik

Die folgenden Ausführungen – den Zeitraum von 1988 bis zur Eingliederung der FHG in die FHT 1995 betreffend – basieren zu großen Teilen auf Berichten von Klaus Bessau, ehedem Rektor der Städtischen Fachhochschule für Gestaltung.[385] Wie bereits eingangs erwähnt, sind für diese Zeit einige wichtige Primärquellen, zum Beispiel Dezernatsakten, aus datenschutzrechtlichen Gründen noch nicht zugänglich. Die Darstellung Bessaus kann deshalb nicht in allen Fällen mit anderen Quellen hinterlegt bzw. hinterfragt werden. Somit bleibt das hier gezeichnete Bild, vor allem was die Rolle der Stadt Mannheim betrifft, etwas im Dunkeln und zur Präzisierung einer späteren Forschungsarbeit überantwortet.
1988 fanden erste Gespräche zwischen dem Rektor der FHG, Prof. Bessau, und Prof. von Hoyningen-Huene, seit 1985 als Nachfolger von Prof. Meixner Rektor der FHT, statt. Es herrschte schnell Übereinstimmung, dass die Eingliederung der FHG in die FHT nicht nur der finanzielle Rettungsanker für die Gestaltungshochschule sein würde, sondern sich durch die Verbindung von Technik und Gestaltung ganz neue Zukunftsperspektiven – für beide Hochschulen – ergeben könnten.[386] Naheliegend waren Synergieeffekte vor allem auf dem Gebiet der damals sogenannten »Neuen Medien« durch eine Kooperation der Gestaltung mit der Informatik. Von Hoyningen-Huene vermerkte in seinem Rechenschaftsbericht für das Studienjahr 1988/89 als bevorstehende Aufgabe:

> Prüfung der Übernahme der Städtischen Fachhochschule für Gestaltung als Fachbereich der Fachhochschule für Technik Mannheim und die Entwicklung eines weiteren Studienganges Medientechnik/Mediendesign unter Nutzung der Potentiale beider Fachhochschulen.[387]

Man einigte sich zwischen FHG und FHT darauf, die Fusionspläne zu konkretisieren und ein gemeinsames Konzept zu erarbeiten.
Anfang des Jahres 1989 wurde auch der Gemeinderat in Sachen Verstaatlichung der FHG aktiv. Am 10. Februar stellte die FDP-Fraktion einen Antrag, in dem die Verwaltung aufgefordert wurde, ein Konzept zur Verstaatlichung vorzulegen und Verhandlungen mit dem Land Baden-Württemberg aufzunehmen. In den Haushaltsberatungen vom 20. bis 23. März 1989 nahm OB Widder zu dem Antrag Stellung und führte aus, »die Verwaltung sei derzeit um eine Lösung bemüht. Der augenblickliche Stand der Verhandlungen lasse aber keine Aussage im Detail zu. Ziel der Stadt sei es, die Fachhochschule zu erhalten und das Land zu einer stärkeren Beteiligung zu bewegen. Dies sei der derzeitige Sachstand.«[388]
In einer Senatssitzung am 25. April 1989 informierte Bessau die Senatsmitglieder der FHG aus seiner Sicht über den Stand der Dinge: »Das Land Baden-Württemberg wird die FHG als staatliche Institution mit nur einem Studiengang nicht übernehmen. Es bietet sich an die Anknüpfung an eine bestehende Einrichtung, – sinnvoll wäre die FHT. H. v. Hoyningen-Huene hat dem MWK bereits sig-

385
Bessau, 1995, S. 57ff,
Bessau 1998, S.24-31

386
Vgl. Bessau, 1998, S.29

387
Rechenschaftsbericht des Rektors der FHT, 01.03.1988–28.02.1989,
General Landesarchiv Karlsruhe,
618—1/564

388
Antrag Nr. 162/89 der FDP,
Fachhochschule für Gestaltung
Ratsprotokoll der Sitzung vom
20.—23.02.1989,
Marchivum, 1/1900_00534

nalisiert, daß er einem Anschluß der FHG an die FHT positiv gegenübersteht.«[389] In der gleichen Senatssitzung wurde eine Verhandlungskommission für die Fusionsgespräche der FHG mit der FHT eingesetzt. Ihr gehörten die Professoren Fürst, Roesinger, Sexauer und Slabon an.
Am 31. Mai legte die Kommission ein Arbeitspapier vor, das in der Senatssitzung am 20. Juni 1989 als Grundlage für die Verhandlungen mit der FHT einstimmig beschlossen wurde. Auf Antrag Roesingers wurde die Kommission unter Vorsitz von Prof. Sexauer offiziell als »Senatsausschuss« etabliert, der nun federführend die Verhandlungen mit der FHT führen sollte. Gleichzeitig verabschiedete der Senat – ebenfalls einstimmig – eine von Rektor Bessau vorbereitete Beschlussvorlage, die den Willen zum Anschluss an die FHT nochmals bekräftigte:

> Der Senat der Fachhochschule für Gestaltung Mannheim befürwortet die Bemühungen um die Verstaatlichung dieser Fachhochschule. Der Senat sieht in der Verstaatlichung bei Wahrung ihres Standortes im Wirtschaftsraum Rhein-Neckar die beste Lösung, eine hochschuladäquate Ausbildung zu sichern. Dabei wird der Integration der FHG M als Fachbereich der FHT Mannheim Vorrang eingeräumt, weil sich hier die besten Möglichkeiten bieten, dem Lehrangebot neue zukunftsorientierte Impulse zu geben.[390]

In der Senatssitzung am 27. Juni 1889 informierte der Rektor, Prof. von Hoyningen-Huene, die Senatsmitglieder der Fachhochschule für Technik »über die Bestrebungen, die FHG der FHT anzugliedern. Es sollen entsprechende Konzepte erarbeitet werden.«[391]
Am 12. Juli 1989 legten die Rektoren der FHT und FHG ein Perspektivpapier vor, in dem die gemeinsamen Ziele formuliert wurden:

> Beide Fachhochschulen sehen die Möglichkeit, durch Nutzung der Ressourcen der Bereiche Gestaltung und Technik, sehr interessante und zukunftsträchtige Studiengänge zu entwickeln. [...] Der an der Fachhochschule für Gestaltung vorhandene Studiengang Grafik-Design wird in einem besonderen Fachbereich der Fachhochschule für Technik weitergeführt und weiterentwickelt. [...] Ein entsprechendes Ausbildungskonzept Medientechnik/Mediendesign muß eine stark interdisziplinäre Ausrichtung erfahren und Kenntnisse in den Bereichen Technik, Design und Betriebswirtschaft vermitteln.[392]

Mit Beschluss vom 23. Oktober 1989 stimmte der Senat der FHT der Einrichtung einer gemeinsamen Planungsgruppe aus Mitgliedern der FHT und der FHG zu, deren Aufgabe es sein sollte, die Modalitäten zur Eingliederung der FHG zu konzipieren.[393]
In der Senatssitzung am 27. Oktober 1989 wurde diese Planungsgruppe vom Senat beauftragt, »bis zum Ende des Wintersemesters 1989/90 dem Senat in einer Sondersitzung das erarbeitete Konzept vorzulegen und durch einen Vertreter der FHT und der FHG näher zu erläutern«.[394] Dass nicht wenige Senatsmitglieder dem Integrationsvorhaben noch mit großer Skepsis begegneten, zeigte sich im Verlauf der Sitzung bei der Behandlung zweier Tagesordnungspunkte mit Beschlussvorlagen zur Integration der FHG und zur Einrichtung des projektierten Studiengangs Medientechnik/Mediendesign. »Während einer außerordentlich lebhaften und kontrovers geführten Diskusion ergab sich der mehrheitliche Tenor, daß momentan keine Eilbedürftigkeit dahingehend bestehe, daß der Senat generell beschließt, der Integration der FHG zuzustimmen.«[395] Konsens herrschte allenfalls darüber, dass einer Integration der FHG nur zugestimmt werden könne, wenn sichergestellt sei, dass den bestehenden Fachbereichen weder räumlich noch finanziell oder personell Nachteile entstehen würden.

389
Senatsprotokoll vom 25.04.1989, Archiv der Fakultät Gestaltung

390
Beschlussvorlage zur Senatssitzung am 20.06.1989, Senatsprotokoll vom 20.06.1989, Archiv der Fakultät Gestaltung

391
Rechenschaftsbericht des Rektors der FHT, 01.03.1989–28.02.1990, General Landesarchiv Karlsruhe, 618—1/565

392
Bessau, 1995, S. 57

393
Der Planungsgruppe gehörten an: seitens der FHT die Professoren Dr. Becker, Blessing, Hampel, Hoseus und v. Hoyningen-Huene; seitens der FHG die Professoren Bessau, Fürst, Roesinger, Sexauer und Slabon. Die Gruppe wurde mit Beschluss vom 27.10.1989 um den Senatsbeauftragten für Bauangelegenheiten, Prof. Regele, erweitert. Protokoll über den Beschluss im Umlaufverfahren über die Zusammensetzung der Planungsgruppe FHT/FHG vom 23.10.1989, General Landesarchiv Karlsruhe, 618—1; Senatsprotokoll vom 27.10.1989, General Landesarchiv Karlsruhe, 618—1

394
Rechenschaftsbericht des Rektors der FHT, 01.03.1989—28.02.1990, General Landesarchiv Karlsruhe, 618—1/565

395
Senatsprotokoll vom 27.10.1989, General Landesarchiv Karlsruhe, 618—1

Am 12. September 1989 wurden die beiden Rektoren, begleitet von Bürgermeister Lothar Mark im Stuttgarter vorstellig, um die Perspektiven einer Integration der FHG in die FHT mit den mit den Vertretern des MWK zu erörtern. Am 12. Oktober stellte Prof. Bessau das Vorhaben im Kultur- und Schulausschuss des Gemeinderates vor, das bei allen Fraktionen große Zustimmung fand.[396] Kulturbürgermeister Lothar Mark betonte die Vorteile einer solchen Kooperation für die Mannheimer Hochschullandschaft:

> Die grundlegende Idee, Kommunikationsdesign und Technik im Hochschulstudium zusammenzuführen, kann in Mannheim in einer einzigartigen, attraktiven Form verwirklicht werden. Damit wird in der Region Rhein-Neckar eine Bereicherung des Hochschulangebots geschaffen, das sowohl einem spezifischen Bedarf an Absolventen gerecht wird, als auch einmalig in seiner Struktur und Zielsetzung ist.[397]

Das Integrationskonzept war am 10. Juni 1990 fertiggestellt. Am 11. Juni 1990 stimmte der Senat der Städtischen Fachhochschule für Gestaltung dem Konzept einstimmig zu.[398] In der Sitzung am 28. Juni 1990 wurde das Konzept dem Senat der Fachhochschule für Technik vorgestellt. Der Rektor der FHG, Prof. Bessau, erläuterte vor dem Senat der FHT ausführlich das erarbeitete Integrationskonzept. Zur Sprache kamen auch ein möglicher Zeitablauf für die Integration, die personelle Situation, die notwendigen baulichen Voraussetzungen sowie Details zur Einrichtung eines neuen Schnittstellenstudiengangs Medientechnik/Mediengestaltung. In der folgenden Aussprache wurde

> [...] festgestellt, daß die angestrebte Integration keinesfalls vor 1993 verwirklicht werden kann, und die Grundvoraussetzung, nämlich die Fertigstellung eines entsprechenden Gebäudes [...] gegeben sein muß. Es besteht Einigkeit darüber, daß außerdem organisatorisch vertretbare Lösungen bis dahin von beiden Seiten geschaffen werden müssen.[399]

Nach einer ausführlichen Diskussion stimmte der Senat der FHT der Übernahme der Fachhochschule für Gestaltung und der zusätzlichen Einrichtung eines Studienganges Mediendesign/Medientechnik einstimmig zu »unter der Voraussetzung, daß die baulichen Voraussetzungen auf dem Kerngelände der FHT Mannheim gegeben sind und die Infrastruktur dieses Bereiches die entsprechenden Positionen der FHT nicht tangiert, sowie eine Überführung der Professoren der FHG nicht zum Nachteil der Professoren erfolgt.«[400]
Seitens der beiden Hochschulen waren somit Ende Juni 1990 die Voraussetzungen geschaffen, die Integration zu vollziehen. In der Folge galt es vor allem, das Land von den Vorteilen einer solchen Maßnahme zu überzeugen. Hilfreich hierfür war gewiss der Anfang 1990 vorgelegte Abschlussbericht der vom MWK eingesetzten »Kommission Fachhochschule 2000«, der eine Integration der FHG in die FHT ausdrücklich befürwortete. Die Fusion sollte in Prioritätsstufe zwei, zwischen 1993 und 1995 realisiert werden.[401] »In den nächsten Jahren war es vor allem Prof. Dietmar von Hoyningen-Huene, der den Vollzug der Empfehlungen zur Integration sowohl in Mannheim als auch in Stuttgart bei jeder Gelegenheit anmahnte«, wie Bessau rückblickend feststellte.[402]
Vor allem die sich in Mannheim bietende Möglichkeit, in der Schnittstelle zwischen Technik und Gestaltung neue, zukunftsfähige Studienangebote zu entwickeln, war das entscheidende Argument in den Verhandlungen mit dem Land; eine Möglichkeit, die sich an anderen Hochschulstandorten in Baden-Württemberg in dieser Form nicht umsetzten ließ. Das von der gemeinsamen Planungsgruppe erarbeite Integrationskonzept argumentierte explizit in diese Richtung:

> In Mannheim bietet sich die einmalige Chance, Design und Technik zusammenzuführen zu

396
Vgl. Bessau, 1998, S. 30

397
Zitiert nach Bessau, 1998, S. 30

398
Senatsprotokoll vom 26.06.1990, Archiv der Fakultät Gestaltung

399
Senatsprotokoll vom 28.06.1990, General Landesarchiv Karlsruhe, 618–1

400
Senatsprotokoll vom 28.06.1990, General Landesarchiv Karlsruhe, 618–1

401
Vgl. Bessau, 1995, S. 58

402
Bessau, 1998, S. 30

> einem ganzheitlichen und zukunftsweisenden Ausbildungskonzept durch die Integration der Städtischen Fachhochschule für Gestaltung Mannheim als Fachbereich der Fachhochschule für Technik. [...] Wir zeigen die einzigartige Möglichkeit auf, in der Rhein-Neckar-Region einen ebenso attraktiven wie notwendigen Ausbildungsschwerpunkt zu schaffen. Die zukunftsorientierten Wachstumsbereiche der I. u. K.-Techniken sowie der audiovisuellen Kommunikationsmedien benötigen zunehmend interdisziplinär arbeitende Teams von Technikern und Gestaltern. Der neue, zukunftsträchtige Studiengang Mediendesign/Medientechnik trägt dieser Entwicklung Rechnung.[403]

Konkret sollte laut des entwickelten Konzeptes der bisherige – printorientierte – Studiengang Grafik-Design in den Studiengang Kommunikationsdesign mit einem gestalterischen und einem betriebswirtschaftlichen [Designmanagement] Schwerpunkt überführt werden sowie ein neuer Studiengang Mediendesign/Medientechnik mit den Schwerpunkten Audiovisuelles Design, Computerunterstützes Design und Benutzeroberflächen-Design eingerichtet werden. Ein ehrgeiziges Ziel, das hohe Investitionen in das technische Equipment und zusätzlichen Personalaufwand erforderte.
Die Landesregierung zögerte jedoch, die Integrationspläne in der von den beiden Fachhochschulen vorgesehenen Form umzusetzen. Angesichts knapper Haushaltskassen lagen die Pläne erst einmal auf Eis. In der Sitzung am 10. Februar 1992 sah sich der Senat der FHT dazu veranlasst, abermals zu betonen, dass für die Umsetzung der Pläne eigene Ressourcen nicht zur Verfügung stehen:

> Es wurde erneut ganz klar zum Ausdruck gebracht, daß die Integration der FHG sowohl im personellen Bereich als auch im Bereich der Investitionen und sächlichen Ausgaben keine negativen Auswirkungen auf die FHT haben darf. Allerdings müssen sowohl die Stadt Mannheim als auch das Land bereit sein, eine finanzielle Hilfestellung zu geben, um die Ausstattung der FHG sowohl im personellen als auch im investiven Bereich auf den für die Lehre notwendigen Stand bringen zu können.[404]

Die Verhandlungen mit der Stadt Mannheim und dem Land Baden-Württemberg blieben vorerst ohne konkrete Ergebnisse. Doch die Zeit drängte – vor allem für die FHG. Aufgrund der prekären Haushaltslage der Stadt Mannheim drohten in der Fachhochschule für Gestaltung noch vor vollzogener Integration – und damit Verstaatlichung der Einrichtung – die Lichter auszugehen. Das am 15. Januar 1991 neu gewählte Rektorat [Bessau Rektor, Fürst Prorektor, Beginn der Amtszeit 01.03.1991] sah sich alsbald mit einem finanziellen Horrorszenario konfrontiert. Die finanzielle Schieflage der Stadt machten Haushaltskürzungen unumgänglich. Am 29. Oktober 1992 wurde qua Verfügung durch den Oberbürgermeister Widder von jedem Amt der Stadt eine globale Mitteleinsparung durch Personalkostenreduzierung in Höhe von 10 % für den Haushalt 1993 und von 15 % für 1994 gefordert. Die im Vergleich zu den staatlichen Einrichtungen chronisch unterbesetzte Mannheimer Fachhochschule konnte diese Personalkürzungen nicht leisten. Zudem hätte eine solche Mittelkürzung die Fachhochschule doppelt hart getroffen, da der Landeszuschuss zum Etat der Fachhochschule prozentual an die Aufwendungen der Stadt gekoppelt war. Eine Reduzierung der städtischen Aufwendungen hätte also zwangsläufig auch zu einer Minderung des Landeszuschusses geführt, der seinerzeit sechzig Prozent der aufgewendeten Personal- und Sachkosten betrug. Demzufolge hätte ein Vollzug der Mittelkürzungen die Fachhochschule in eine existenzgefährdende Krise gestürzt. Als Ausweg aus der bedrohlichen Situation wurde die Einführung von Studiengebühren erwogen. Am 22. Dezember 1992 informierte Bessau den Senat über die aktuellen Überlegungen:

403
Integrationskonzept FHG/FHT, Anlage zum Senatsprotokoll vom 28.06.1990, General Landesarchiv Karlsruhe, 618–1

404
Senatsprotokoll vom 10.02.1992, General Landesarchiv Karlsruhe, 618—1; in dieser Sitzung wurde der Senatsbeschluss vom 28.06.1990 nochmals präzisiert:
»1—Die räumliche Unterbringung wird außerhalb der zur Zeit genehmigten Baukonzeption für die Fachhochschule für Technik sichergestellt. Es wird weiter angestrebt, die endgültige Unterbringung dieses neuen Bereiches im Rahmen eines weiteren Ausbaus auf dem Kerngelände der Fachhochschule für Technik zu realisieren und dann einen weiteren Studiengang Medientechnik/Mediendesign einzurichten.
2—Im Zuge der Verhandlungen zwischen der Stadt Mannheim und dem Land muß eine personelle und sächliche Ergänzungsausstattung für diesen neuen Bereich vereinbart werden, die nicht zu Lasten des Haushalts der bestehenden Bereiche der Fachhochschule für Technik gehen darf.
3—Die Überführung der Professoren der Fachhochschule für Gestaltung darf nicht zum Nachteil der Professoren der Fachhochschule für Technik erfolgen.«

Vom OB wurde eine globale Mitteleinsparung durch Personalkürzung [...] gefordert. Da dies in unserem Haus nicht möglich ist, wurde ein Vorschlag erarbeitet, daß man durch Einführung von Studiengebühren eine Einnahmeerhöhung in Höhe der geforderten Ausgabenminderung erreicht. Nach Besprechungen mit dem OB und dem Kämmereiamt wird voraussichtlich eine Gebühr DM 420,—/Semester erhoben.[405]

In den Haushaltsberatungen des Gemeinderates vom 1. bis 3. März 1993 wurde dann nach kontroverser Diskussion eine Satzung zur Erhebung von Studiengebühren für die Städtische Fachhochschule für Gestaltung mit Mehrheit bei vier Gegenstimmen beschlossen.[406] Zum Sachverhalt wurde festgestellt:

Das Ministerium für Wissenschaft, Forschung und Kunst Baden-Württemberg hat mitgeteilt, daß die Einführung von Studiengebühren keine Auswirkung auf den Landeszuschuss hat. Die Einführung der Studiengebühren wird haushaltsneutral bleiben, weil die Fachhochschule für Gestaltung zunächst von der Vorgabe einer Personalreduzierung [...] befreit wird.

Durch die Einführung der Gebühren wurden für 1993 Einnahmen von 55 000 DM und für 1994 von 120 000 DM erwartet.[407]

Die Satzung trat am 15. März 1993 mit Beginn des Sommersemesters in Kraft und schrieb für Neuimmatrikulierte eine Gebühr von 420,00 DM pro Semester fest. Für bereits eingeschriebene Studierende wurde eine Übergangsregelung festgesetzt.[408]
Mit der Einführung von Studiengebühren konnten Haushaltskürzungen für die Fachhochschule zwar vermieden werden, gleichwohl brachte diese Maßnahme die Mannheimer Hochschule im Konkurrenzverhältnis zu den staatlichen Einrichtungen weiter ins Hintertreffen.

Letztlich kann die Einführung der Gebühren nur als verzweifelter Versuch betrachtet werden, die Schule bis zur erhofften Integration in die FHT am Leben zu erhalten. Und dies war 1993 noch keinesfalls gewiss. Noch in der Haushaltsdebatte im März 1993 merkte Oberbürgermeister Widder an, dass die Bestrebungen, die beiden Fachhochschulen für Gestaltung und Technik zusammenzuführen, vom Land bislang nicht unterstützt würden. Kulturbürgermeister Lothar Mark kündigte aber weitere Gespräche in dieser Angelegenheit für das laufende Jahr an.[409] In der Gemeinderatssitzung am 31. August stellte die CDU-Fraktion eine Anfrage zum Sachstand der Verhandlungen zwischen der Stadt Mannheim und dem Land Baden-Württemberg mit der Begründung:

Seit Ende der 80er Jahre gibt es Überlegungen, die FHG in die FHT zu integrieren. Ziel dieser Integration ist die Schaffung eines stärker an den heutigen Anforderungen des Berufslebens orientierten Studiengangs Mediendesign/Medientechnik. [...] Die CDU-Gemeinderatsfraktion Mannheim hält eine rasche Umsetzung des von den Leitungen der FHT und FHG vorgeschlagenen Konzepts für sinnvoll.[410]

Doch die Verhandlungen kamen auch im Jahr 1993 nicht entscheidend voran. In der Senatssitzung am 14. Dezember 1993 berichtete von Hoyningen-Huene über den Sachstand der Fusion mit der Städt. Fachhochschule für Gestaltung:

Durch die schwierige Haushaltslage ist bislang keine endgültige Entscheidung getroffen worden. Die FHT hat in dieser Angelegenheit Gespräche mit dem Oberbürgermeister, dem Kulturbürgermeister, der Städt. Fachhochschule für Gestaltung, dem Kulturausschuß des Gemeinderates der Stadt Mannheim sowie den Landtagsabgeordneten aller Fraktionen der Region geführt. Es wird gegenwärtig überlegt, die Integration der Städt. Fachhochschule für Gestaltung in einem Stufenplan zu realisieren.[411]

405
Senatsprotokoll vom 22.12.1992, Archiv der Fakultät Gestaltung

406
Ratsprotokoll vom 01.—03.03.1993, Marchivum, 1/1900_00601

407
Ratsprotokoll vom 01.—03.03.1993, Marchivum, 1/1900_00601

408
»§1 [2] Bei der Einführung der Studiengebühren wird folgende Übergangsregelung festgesetzt: – Studienanfänger zahlen ab März 1993 [Sommersemester 1993] – Studenten, die im Wintersemester [WS] 1992/93 im 1. bis 3. Semester sind, zahlen erstmals zu Beginn des WS 1993/94 [September 1993] – Studenten, die im WS 1992/93 im 4. Semester sind, zahlen erstmals zu Beginn des Sommersemesters 1994 [März 1994] – Studenten, die im WS 1992/93 im 5. oder höherem Semester sind, zahlen erstmals zu Beginn des Wintersemesters 1994/95, wenn die Regelstudienzeit überschritten wird.«, Ratsprotokoll vom 01.—03.03.1993, Marchivum, 1/1900_00601

409
Ratsprotokoll vom 01.—03.03.1993, Marchivum, 1/1900_00601

410
Ratsprotokoll vom 31.08.1993, Marchivum, 1/1900_00606

411
Senatsprotokoll vom 14.12.1993, General Landesarchiv Karlsruhe, 618—1

Vor allem die Übernahme des Personals wurde in Stuttgart kritisch gesehen. Am 22. Februar 1994 schrieb Minister Klaus von Trotha an den Rektor der FHG:

> [...] daß die Realisierung nicht einfach werden wird, da der Ministerrat im Rahmen seiner Beratungen ausdrücklich festgelegt hat, daß in Anbetracht der gegenwärtigen Finanzlage des Landes neue Maßnahmen auf absehbare Zeit nur innerhalb der vorhandenen Ressourcen verwirklicht werden können. Hier stellt sich insbesondere die Frage der Stellen, die – bei einer Übernahme der städtischen Fachhochschule – im Landeshaushalt geschaffen werden müßten. Das Angebot der Stadt Mannheim, sich nach einer Zusammenlegung nur sukzessive aus der Mitfinanzierung zurückzuziehen, wird dabei sicherlich sehr hilfreich sein, bedarf aber noch weiterer Konkretisierung.[412]

Am 24. März 1994 wurden dann in Stuttgart »zwischen dem Ministerium und dem Oberbürgermeister Gerhard Widder – mit Teilnahme der Rektoren – die Vereinbarung zur Übernahme [...] festgelegt«.[413]
Drei Monate später, am 27. Juni 1994, standen dann die Fusionspläne, und damit die Zukunft der Städtischen Fachhochschule für Gestaltung, auf der Tagesordnung des Stuttgarter Ministerrats. Kurz vor dieser Sitzung berichtete der »Mannheimer Morgen« unter der Überschrift: »Hochzeits- oder Alarmglocken? Kippt Finanznot die Fachhochschulfusion?«:

> Die Fachhochschule für Gestaltung und jene für Technik sind sich seit langem zugetan. Den Segen dazu muß indes Stuttgart geben. Das Verlöbnis – um im Bild zu bleiben – zwischen den beiden Bildungseinrichtungen währt schon lange, für 1993 kündigte, daran erinnerte gestern Kulturbürgermeister Mark, die Regierung Späth bereits die Hochzeit an. [...] Hochzeitsgäste müssen allerdings noch nicht geladen werden: Denn im Finanzministerium bekam der Mannheimer Optimismus einen Dämpfer verpaßt. Der Landtag habe den neuen Doppelhaushalt noch nicht beschlossen, angesichts der angespannten wirtschaftlichen Lage könne keine Zusage gemacht werden. Eine Absage wäre vor allem für die FHG fatal: Dort werden wegen der Finanzklemme bereits Studiengebühren erhoben, elektronische Medien fehlen ebenso wie Dozenten.[414]

Der »Segen« aus Stuttgart kam dann qua Kabinettsbeschluss vom 27. Juni 1994:

> Der Ministerrat nimmt die Kabinettsvorlage des Ministeriums für Wissenschaft und Forschung zustimmend zur Kenntnis. Er stimmt der Übernahme des Studiengangs Grafik- Design der Städtischen Fachhochschule Mannheim durch die Fachhochschule für Technik Mannheim zum 01.03.1995 zu.[415]

»Die Ehe ist abgesegnet«, kommentierte der »Mannheimer Morgen« zwei Tage später:

> Wissenschaftsminister Klaus von Trotha gab gestern einen entsprechenden Beschluß des Ministerrats bekannt. Die städtische Hochschule wird dann aufgelöst. Von Trotha sprach von einer »hervorragenden Abrundung des Fächerangebots« der FHT. [...] An der Gesamtzahl von knapp 200 Studienplätzen soll sich durch die Reform nichts ändern. Wie bisher werden pro Semester 25 angehende Designer zugelassen. Durch die Übernahme in staatliche Trägerschaft kann dem Studiengang eine »neue Perspektive vermittelt werden«, erläuterte von Trotha die Vorteile.[416]

Mit dem Kabinettsbeschluss vom Juni 1994 sollte die FHG nun zum Sommersemester 1995 mit dem Studiengang Grafik-Design zum neuen Fachbereich Gestaltung unter dem Dach der Fachhochschule für Technik werden.

412
Bessau, 1995, S. 60

413
Ebd.

414
Mannheimer Morgen, 10.06.1994

415
Ministerratsbeschluss vom 27.06.1994;
zitiert nach Senatsprotokoll vom 08.12.1994,
General Landesarchiv Karlsruhe, 618—1

416
Mannheimer Morgen, 29.06.1994

Weitere Zusagen waren aus dem Beschluss allerdings nicht abzuleiten. Die Konsequenzen dürften für einige Akteure, die jahrelang für die Fusion gestritten hatten, eher ernüchternd gewirkt haben: Die ursprünglich in dem Integrationskonzept formulierten ehrgeizigen Entwicklungsziele waren Makulatur; ebenso die in den Senatsakten der FHT verankerte Bedingung zur räumlichen Integration des neuen Bereichs auf dem Kerngelände der Hochschule. Die Unterbringung des neuen Fachbereichs war nicht geklärt. Von der Einrichtung [und staatlichen Finanzierung] eines neuen Schnittstellenstudiengangs Medientechnik/Mediendesign war nicht mehr die Rede. In der Senatssitzung der FHT am 30. Juni 1994 nahm der Rektor, Prof. v. Hoyningen-Huene, zu dem Kabinettsbeschluss Stellung:

> Entscheidend für die Fachhochschule für Technik Mannheim ist im Einzelnen: 1—Die Grundausstattung und die laufenden Sachausgaben sowie die später nötigen Investitions- und Reinvestitionsmittel sind großzügig vorgesehen und gehen nicht zu Lasten der Fachhochschule für Technik und ihres Ausbauprogramms. 2—Das Land übernimmt 15,5 Stellen Zug um Zug von der Stadt. 3—Die Fakultät für Gestaltung bleibt vorerst in ihrem bisherigen Domizil unmittelbar neben dem Rathaus. 4—Rektorat und Verwaltung werden in den nächsten Wochen und Monaten alle notwendigen Maßnahmen der Überleitung einleiten.[417]

Das Land war bereit alle 15,5 Stellen [darunter neun Planstellen für Professoren] zu übernehmen und den neuen Fachbereich mit 2,5 Millionen DM [getreckt auf vier Jahre] zum Ausbau der technischen Infrastruktur auszustatten. Ein weiterer Ausbau war nicht vorgesehen. Mit den in Aussicht gestellten Investitionsmitteln waren nun allerdings für den neuen Fachbereich die Voraussetzungen geschaffen, in technischer Hinsicht Anschluss zu finden an neue Ausbildungserfordernisse im Bereich der »Neuen Medien«. Hinsichtlich der Personalentwicklung war der neue Fachbereich darauf vorbereitet. Bereits im Zuge der Verhandlungen mit der FHT hatte die FHG 1990 ein Perspektivpapier verabschiedet, das vorsah, freiwerdende Professorenstellen zukünftig in Lehrgebiete der elektronischen Medien umzuwidmen. Als nun 1993/94 das altersbedingte Ausscheiden der Professoren Margin und Sexauer bevorstand, sollte in diesem Sinne verfahren werden. Einem im Vorfeld gestellten Antrag der beiden Professoren auf Weiterbeschäftigung über die Altersgrenze hinaus stimmte der Senat der FHG nicht zu. Man wollte den Einstieg in neue Lehrgebiete nicht auf Jahre hinaus zu blockieren.[418]

Da die beiden offenen Stellen frühestens zum Wintersemester 1995/96 besetzt werden konnten [also nach vollzogener Integration der FHG], musste das im Oktober 1994 eingeleitete Berufungsverfahren bereits unter der Regie der FHT laufen. Unter dem Vorsitz des Rektors der FHT, Prof. von Hoyningen-Huene, wurde eine gemeinsame Berufungskommission eingesetzt, der neben Vertretern der FHT und deren Verwaltungsleiter seitens der FHG die Professoren Bessau, Slabon, Fürst und Roesinger angehörten.[419] Die Stellen wurden in die Lehrgebiete Video/Computeranimation und Interfacedesign/Interaktive Medien gewidmet und Ende 1994 öffentlich ausgeschrieben.

Nach wie vor ungeklärt war zu dieser Zeit die räumliche Unterbringung des neuen Fachbereichs. In der Senatssitzung am 8. Dezember 1994 nahm der Rektor der FHT zur aktuellen Bausituation Stellung. Er verwies dazu auf ein Gutachten von Prof. Regele, dem Senatsbeauftragten für Bauangelegenheiten der Fachhochschule für Technik. Demzufolge waren das Hauptgebäude der FHG in E3 sowie weitere genutzte Räume in C7 und D6 »in einem schlechten Zustand; technisch veraltet, unzweckmäßig, ungeeignet für Neuinvestitionen; es wurde lange keine Renovierung durchgeführt«.[420]

417
Senatsprotokoll vom 30.06.1994, General Landesarchiv Karlsruhe, 618-1

418
Senatsprotokoll vom 02.06.1992, Archiv der Fakultät Gestaltung

419
Senatsbeschluss vom 19.10.1992, Archiv der Fakultät Gestaltung; nachdem Bessau sein Ausscheiden zum 1. März 1995 angekündigt hatte, wurde Professorin Ziegler an seiner Stelle nachnominiert. Den Vorsitz der FHG-Gruppe in der Berufungskommission übernahm der designierte neue Dekan des Fachbereichs, Prof. Roesinger. Senatsprotokoll vom 25.01.1995, Archiv der Fakultät Gestaltung

420
Kurze Darstellung der Situation der Städtischen Fachhochschule für Gestaltung [FHG] von Prof. Regele; Anlage zum Protokoll der Senatssitzung vom 08.12.1994, General Landesarchiv Karlsruhe, 618—1

Ein Verbleib des neuen Fachbereichs »in seinem alten Domizil«, wie noch in der Senatssitzung im Juni des Jahres angedacht, war nach dieser Einschätzung nicht opportun. Laut Prof. Regele sollten die Labore und Werkstatträume der FHG im Bau 9 der FHT untergebracht werden:

> Die Umarbeitung erfolgt nach Wünschen der FHG. Dies ist bereits mit dem Hochbauamt abgesprochen. Die Fertigstellung ist zum 01.07.1995 geplant. Hörsäle und Verwaltungsräume in E3 werden weiter genutzt. Mitte 1996 wird E3 aufgegeben. Die FHT besitzt dann genügend Räume, um den Fachbereich D voll zu übernehmen.[421]
> [Zum Verständnis Fachbereich D: da es an der FHT bereits einen Fachbereich G = Grundlagen gab, wurde der Fachbereich Gestaltung hochschulintern unter Kurzbezeichnung FB D = Design geführt.]

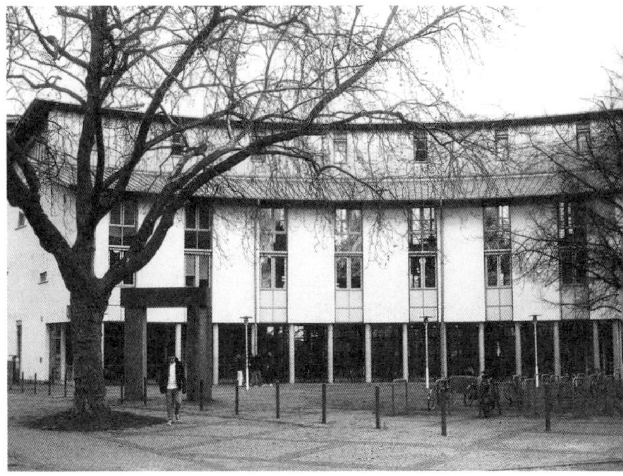

B37 Bau 11 [heute Gebäude L] Campus der Hochschule Mannheim Standort des Fachbereichs Gestaltung ab 1996

Da das Land nicht bereit war, einen Neubau für den neuen Fachbereich zu finanzieren und die angestammten Räumlichkeiten der FHG in den Mannheimer Quadraten [im Eigentum der Stadt] für eine zukunftsfähige Entwicklung als »technisch veraltet und unzweckmäßig« galten, war nun doch geplant, den Fachbereich Gestaltung in die vorhandene Bausubstanz der FHT zu integrieren – der Not gehorchend und gegen die mehrfach im Senat der FHT geäußerten Bedenken. Dabei dürfte die Umnutzung von Bau 9 für die FHT noch am leichtesten zu verschmerzen gewesen sein. Es handelte sich um ein langgestecktes barackenartiges Gebäude, das zwischenzeitlich für Labore der Nachrichtentechnik genutzt wurde und nach Fertigstellung von Bau 20 leer stand. Das Gebäude sollte nach der erforderlichen Renovierung das Foto- und Videostudio, das Fotolabor und die Druckwerkstatt aufnehmen. Problematischer schien die teilweise Nutzung von Bau 11. Dieses Gebäude war Teil einer großen, 1996 fertiggestellten Campuserweiterung der FHT. In diesem Gebäude sollten nun die Büros, ein Computerpool und drei Seminarräume des neuen Fachbereichs Gestaltung untergebracht werden; in Räumlichkeiten, die ursprünglich für eine andere Nutzung der FHT vorgesehen waren. Diese als Provisorium angesehene Unterbringung währte jedoch fast 15 Jahre, bis der Fachbereich Gestaltung ein eigenes Gebäude beziehen konnte. Am 20. Dezember 1994 lud Klaus Bessau, Rektor der FHG, zur letzten Senatssitzung der Städtischen Fachhochschule zum 25. Januar 1995 ein. In der Sitzung informierte Bessau »nochmals offiziell über sein Ausscheiden und die damit und mit der Verstaatlichung verbundenen Veränderungen«. Ab 1. März 1995 sollte nun ein Dekan den neuen Fachbereich leiten. Vorgeschlagen für dieses Amt wurde Prof. Roesinger; die formelle Wahl sollte im März durch den neukonstituierten Fachbereichsrat erfolgen. »Zum Schluß der Sitzung beschloß der Senat einstimmig seine Auflösung.«[422]

421
Ebd.

422
Protokoll der Senatssitzung vom 25.01.1995, Archiv der Fakultät Gestaltung

9—1995 bis 2024
Fachbereich Gestaltung der Fachhochschule Mannheim –
Hochschule für Technik und Gestaltung
Fakultät für Gestaltung der Hochschule Mannheim

Mit der Übernahme der ehemaligen Städtischen Fachhochschule für Gestaltung zum Sommersemester 1995 wurde die fusionierte Einrichtung nun unter der Bezeichnung Fachhochschule Mannheim – Hochschule für Technik und Gestaltung geführt. Von den neun vom Land übernommenen Planstellen für Professoren waren zum Zeitpunkt der Integration drei Stellen unbesetzt. Übernommen wurden die Professorinnen Ziegler [halbe Stelle; Zeichnen, Farbenlehre], Buchmann [zwei- und dreidimensionales Gestalten] sowie die Professoren Eberwein [halbe Stelle; Zeichnen, Illustration], Fürst [Fotografie], Neumann [Editorial Design], Roesinger [Werbliches Design] und Slabon [Didaktisches Design]. Zum Dekan des neuen Fachbereichs wurde im Sommersemester 1995 Professor Roesinger gewählt. Die beiden 1994 ausgeschriebenen Stellen – Nachfolge Margin und Sexauer – konnten zum Wintersemester 1995/96 mit Prof. Heinz Wyrwich [Video/Computeranimation] und zum Wintersemester 1996/97 mit Prof. Henning Schellhorn [Interfacedesign/Interaktive Medien] besetzt werden. Damit waren die Voraussetzungen geschaffen, den bislang rein printorientierten Studiengang Grafik-Design um neue Lehrangebote auf dem Gebiet der »Neuen Medien« zu erweitern. Die dritte, nach dem Ausscheiden des ehemaligen Rektors Prof. Klaus Bessau zum Zeitpunkt der Integration freigewordene Stelle wurde in den Bereich Designwissenschaft gewidmet und – ebenfalls zum Wintersemester 1996/97 – mit Prof. Dr. Jürgen Schwarz besetzt. Mit dieser Widmung wurden zum ersten Mal die ehedem von Lehrbeauftragten vertretenen theoretischen Lehrangebote Kommunikationstheorie, Semiotik, Design- und Kunstgeschichte einer hauptamtlichen Professur zugeordnet.

Da der Autor dieses Textes – nun seit 1996 selbst in die Geschicke der Fakultät involviert – der [unvermeidlichen] Gefahr aus dem Weg gehen will, den Fortgang der Geschichte zu sehr mit Blick durch die eigene Brille kommentierend darzustellen, soll die weitere Entwicklung bis 2024 nur anhand einiger Fakten kurz zusammengefasst werden.

Zum Zeitpunkt der Integration lief der ehedem rein printorientierte Studiengang des neuen Fachbereichs noch unter der Bezeichnung »Grafik-Design«. Nachdem nun mit der Widmung der freien Professorenstellen die Tür aufgestoßen war in Richtung der elektronischen Medien, beantragte der Dekan, Prof. Roesinger, in der Senatssitzung am 14. Dezember 1995 die Umbenennung des Studiengangs in »Kommunikationsdesign«. In der gleichen Sitzung stimmte der Senat auch der neuen Studien- und Prüfungsordnung zu. Der Regelstudienplan – von dem Fachbereich als »Mannheimer Modell« apostrophiert – sah nun vor, die Studierenden medienübergreifend mit der ganzen Bandbreite des Kommunikationsdesigns vertraut zu machen und gleichzeitig den angehenden Designern im Studienverlauf, je nach Neigung und Talent, Vertiefungsmöglichkeiten hinsichtlich präferierter Medien anzubieten.[423] In der Sitzung am 13. Juni 1996 genehmigte der Senat dem Fachbereich zu dessen Binnengliederung die Einrichtung von vier Instituten: 1. Institut für Fotografie [FOT] [Leitung Prof. Fürst; Mitarbeiter R. Behrmann]; 2. Institut für Video/Computeranimation [VCA] [Leitung Prof. Wyrwich; Mitarbeiter P. Fröhlich]; 3. Institut für Desktop Publishing [DTP]

423
»Mit Beginn des Sommersemesters 1996 kann der Fachbereich Gestaltung mit einem singulären Ausbildungsmodell aufwarten. Die Besonderheit des Mannheimer Ausbildungsmodells Kommunikationsdesign liegt darin, daß einerseits die gesamte berufstypische Anwendungsbreite in der Lehre vertreten ist, andererseits aber eine individuelle Spezialisierung hinsichtlich der angewandten Gestaltungsmittel ermöglicht wird. Insofern werden die Bereiche Grafik- und Medien-Design zu ›Kommunikationsdesign‹ verbunden. Gleichzeitig bietet ein mit den Gestaltungsinhalten korrespondierendes und in sich abgestimmtes Theoriepaket das notwendige methodische, persönlichkeitsbildende und berufsvorbereitende Grundwissen. Das ›Mannheimer Modell‹ entspricht damit in besonderer Weise dem aktuellen Anforderungsprofil für gestalterisch orientierte Kommunikationsberufe.«, 23. Rechenschaftsbericht des Rektors, 01.03.1995— 29.02.1996, Bibliothek der Hochschule Mannheim, S IX 971/23

[Leitung Prof. Neumann; Mitarbeiter H. Kayser und V. Keipp]; 4. Institut für Interaktive Medien [IAM] [Leitung ab WS 1996/97 Prof. Schellhorn; Mitarbeiter V. Keipp].
Mit dem vollzogenen Umzug auf den Campus der Hochschule zum Wintersemester 1996/97 war der neue Fachbereich nun physisch integriert, doch mental noch nicht gänzlich in der neuen Umgebung angekommen. Es stießen zwei Welten aufeinander. Und trotz der vielbeschworenen Chancen für die Entwicklung neuer Ausbildungsinhalte durch die Kooperation von Technik und Gestaltung waren in manchen Ingenieurskreisen bisweilen leise Ressentiments gegenüber dem neuen, etwas fremd anmutenden Fachbereich nicht zu übersehen; zumal nun der mit Abstand kleinste Fachbereich die Hälfte der neuen Hochschulbezeichnung für sich vereinnahmte. Ein glücklicher Umstand bot aber alsbald Gelegenheit, mögliche atmosphärische Störungen aus dem Weg zu räumen. 1998 stand das hundertjährige Jubiläum der Fachhochschule für Technik an. Eine öffentlichkeitswirksame Gestaltung eines solchen Jubiläums fiel nun zum großen Teil in den Kompetenzbereich des neuen Fachbereichs, der in diesem Zusammenhang seine Leistungsfähigkeit im Dienst der gesamten Hochschule unter Beweis stellen konnte. Über zwei Jahre hinweg widmete sich der Fachbereich dieser Aufgabe. Gestaltet wurde ein Aktionslogo und verschiedene Werbemittel; der Fachbereich übernahm die Gestaltung und Produktion der zweibändigen Chronik sowie die Einrichtung der umfangreichen Ausstellung »Das Jahrhundert der Ingenieure« im Mannheimer Stadthaus N1, die auf große öffentliche Resonanz stieß. Am Jubiläumsball im Rosengarten waren die Gestalter mit einer Eröffnungsshow und einer Rauminstallation im Foyer aus dem Institut für Video und Computeranimation beteiligt. Unter der Regie des Fachbereichs fanden auch Aktivitäten rund um den Campus bei den Studierenden der Hochschule großen Anklang. Diese Aktivitäten hatten hochschulintern wesentlich zur Reputation des Gestaltungsfachbereichs beigetragen.
Die nächsten Jahre standen vor allem unter dem Vorzeichen durch mehrere Neuberufungen, den erfolgreich eingeschlagenen Weg des Fachbereichs weiterzuentwickeln. Zwischen 1998 und 2000 galt es vier Professorenstellen neu zu besetzen.
Im Februar 1998 ging Prof. Fürst, Leiter des Instituts für Fotografie, in den Ruhestand. Um nun das bisherige Lehrangebot in analoger Fotografie in Richtung digitale Fotografie zu erweitern, wurde die neue Stelle mit der Widmung Fotografie/Digitale Bildmedien ausgeschrieben. Zum Wintersemester 1998/99 konnte die Stelle mit Frau Prof. Silke Braemer besetzt werden. Zum Ende des Sommersemesters 1998 schied Prof. Neumann aus dem Kollegium aus, und am 4. August 1998 verstarb nach langer schwerer Krankheit Frau Prof. Buchmann. Um den Studiengang Kommunikationsdesign auch im Theoriebereich nachhaltig zu fundieren, wurde die Stelle – Nachfolge Neumann – in den Bereich Kommunikationswissenschaft/Medienanalyse umgewidmet und zum Sommersemester 2000 mit Prof. Dr. Thomas Friedrich besetzt. Ebenfalls zum Sommersemester 2000 wurde die Stelle – Nachfolge Buchmann – nun mit der Widmung Typografie/Editorial Design mit Prof. Armin Lindauer besetzt. Zum Ende des Sommersemesters 1999 wechselte Prof. Schellhorn an die Fachhochschule Wismar. Nachfolger bei identischer Stellenwidmung [Interaktive Medien] wurde zum Sommersemester 2000 Prof. Kai Beiderwellen.
Im Sommersemester 1999 wurde Prof. Dr. Schwarz als Nachfolger von Prof. Roesinger zum neuen Dekan des Fachbereichs gewählt. Das neue, multimediale Ausbildungskonzept im Studiengang Kommunikationsdesign steigerte die Attraktivität des Fachbereichs Gestaltung nachhaltig, und die Bewerberzahlen stiegen kontinuierlich an.
Im Juni 2000 genehmigte der Senat dem Fachbereich die Einrichtung eines weiteren Instituts: das

Institut für Designwissenschaft unter Leitung von Prof. Dr. Thomas Friedrich. Dieses Institut sollte die organisatorische Voraussetzung dafür schaffen, durch Publikationen, Vorträge und die Durchführung designtheoretischer Veranstaltungen den Theoriebereich des Fachbereichs stärker ins Licht der Öffentlichkeit zu rücken. Bislang waren es vor allem die Ergebnisse der praxisorientierten Lehrveranstaltungen, oft Kooperationen mit Wirtschaftsunternehmen oder gesellschaftlichen Institutionen, ergänzt um zahlreiche Wettbewerbserfolge und Auszeichnungen für Lehrende wie Studierende, mit denen der Fachbereich in der Außenkommunikation Glanzpunkte setzten konnte. Jetzt zog auch der Theoriebereich nach: 2003 mit der Organisation eines vielbeachteten, dreitägigen internationalen Designsymposions, das unter dem Titel »bildklangwort« Wissenschaftler aus Deutschland, England, Brasilien und den USA zur Erörterung aktueller Fragen zur Kommunikationstheorie im Mannheimer Kunstverein zusammenbrachte. Zu dem Symposion erschien auch ein umfangreicher Tagungsband in der Reihe »Ästhetik und Kulturphilosophie«[424].
In den Jahren 2000 bis 2003 wurde der Fachbereich weiter ausgebaut. Das Land stellte drei neue Professorenstellen, drei zusätzliche Mitarbeiterstellen und Erstausstattungsmittel in Höhe von 3 Mio DM zur Verfügung. Auf die neuen Stellen wurden 2001 Prof. Frank Göldner mit dem Lehrgebiet Digitale Bildgestaltung/Fotografie, 2003 Prof. Hartmut Wöhlbier mit dem Lehrgebiet Interface-Entwicklung und 2005 Frau Prof. Veruschka Götz mit dem Lehrgebiet Grundlagen der Gestaltung/Typografie berufen. Im Zuge des Ausbauprogramms wurde die Aufnahmekapazität zum Sommersemester 2002 auf 35 Studienanfängerplätze pro Semester erhöht. Gleichzeitig begannen erste Planungen, den Diplomstudiengang Kommunikationsdesign – dem »Bologna-Prozess« folgend – auf einen gestuften, siebensemestrigen Bachelor-Studiengang und einen dreisemestrigen Master-Studiengang umzustellen. 2001 gingen Prof. Eberwein und zum Ende des Sommersemesters 2002 Frau Prof. Ziegler in den Ruhestand. Beide besetzten bis dahin jeweils eine halbe Stelle für das Gebiet Zeichnen, Illustration und Farbenlehre. Die beiden Stellen wurden zu einer ganzen Stelle zusammengefasst und für das Lehrgebiet Zeichnen und Grundlagen der Gestaltung neu ausgeschrieben. Für die Besetzung der vakanten Stelle konnte zum Wintersemester 2003/2004 der renommierte Künstler Prof. Thomas Duttenhoefer gewonnen werden, der von seiner Professur an der Fachhochschule Trier nach Mannheim wechselte. Zum Sommersemester 2004 ging der neue Bachelor-Studiengang an den Start. Der Beginn des Masterstudiengangs war für Sommersemester 2005 vorgesehen.
Im Juni 2004 wurde der Dekan des Fachbereichs, Prof. Dr. Schwarz, vom Senat der Hochschule für die Amtszeit vom 1. September 2004 bis 31. August 2007 zum Prorektor der Fachhochschule Mannheim gewählt. Zu seinem Nachfolger im Amt des Dekans wählte der Fachbereichsrat des Fachbereichs Gestaltung Prof. Wöhlbier. In seine zweijährige Amtszeit fielen wichtige Personalentscheidungen und strukturelle Veränderungen am Fachbereich wie an der gesamten Hochschule. Mit zunächst acht Studierenden startete zum Sommersemester 2005 der Masterstudiengang Kommunikationsdesign mit dem akademischen Abschluss Master of Arts. Die siebzig Studienanfängerplätze pro Jahr wurden nun aufgeteilt in dreißig pro Semester für den BachelorStudiengang und zehn für den jeweils im Sommersemester beginnenden Master-Studiengang. Eine nach dem altersbedingten Ausscheiden von Prof. Slabon Mitte 2004 freigewordene Stelle wurde mit der Widmung Markenkommunikation, Corporate Design, Werbung zum Sommersemester 2005 mit Prof. Axel Kolaschnik besetzt. Prof. Kolaschnik sollte das Lehrgebiet Markenkommunikation vor allem im neuen Masterstudiengang vertreten. Ebenfalls wechselte Dr. Jürgen Berger, ehedem stellvertretender Leiter des Mannheimer Landesmuseums

424
Friedrich, Thomas; Dommaschk, Ruth [Hrsg.],
bildklangwort,
Grundlagenwissen Gestaltung,
erschienen in der Reihe Ästhetik und Kulturphilosophie,
Friedrich, Thomas; Schweppenhäuser, Gerhard [Hrsg.],
Band 4, Münster 2005

für Technik und Arbeit auf eine außerplanmäßige Professorenstelle an den Fachbereich Gestaltung. Mit seiner Kompetenz konnte im Masterstudiengang eine Vertiefungsrichtung auf dem Gebiet Museums- und Ausstellungsgestaltung eingerichtet werden. Mit der Umstellung des Diplomstudiengangs auf die internationalen Standards entsprechenden Bachelor- und Masterabschlüsse und mit der Besetzung der neugewidmeten Professorenstellen – vom Grundlagenbereich bis zum Masterstudium – war die Neuausrichtung des Fachbereichs, zehn Jahre nach der Integration, weitgehend abgeschlossen. Der Fachbereich Gestaltung hatte mit eigenständigem Profil seinen anerkannten Platz in der Baden-Württembergischen Hochschullandschaft gefunden. In den nächsten zwanzig Jahren sollten, außer einigen Akzentverschiebungen und Erweiterungen im Lehrprogramm, keine grundlegenden strukturellen Veränderungen mehr stattfinden.

Veränderungen ergaben sich Mitte der 2000er Jahre, allerdings im Kontext der Hochschulentwicklung – mit durchaus positiven Auswirkungen auf den Gestaltungsfachbereich. Nach jahrelanger Vorbereitung beschloss die Landesregierung am 30. September 2003 die Fusion der Fachhochschule Mannheim – Hochschule für Technik und Gestaltung mit der Mannheimer Fachhochschule für Sozialwesen. Die Fusion sollte am 1. Oktober 2006 in Kraft treten. Die fusionierte Einrichtung erhielt nun die Bezeichnung »Hochschule Mannheim«. Die Fachbereiche wurden in Fakultäten umbenannt. Der Fachbereich Gestaltung firmierte fortan unter der Bezeichnung »Fakultät für Gestaltung der Hochschule Mannheim«. Zur Integration der neuen Fakultät Sozialwesen wurde auf dem Campus der Hochschule ein neues Gebäude errichtet, von dem auch die Gestalter profitierten. Im obersten Geschoss des großen Neubaus konnte zum Beginn des Sommersemesters 2007 der lang vermisste Zeichensaal eingerichtet werden. Der Saal wurde fortan auch für Ausstellungen und Veranstaltungen der Fakultät genutzt. Insbesondere fanden hier regelmäßig Vorträge der 2006

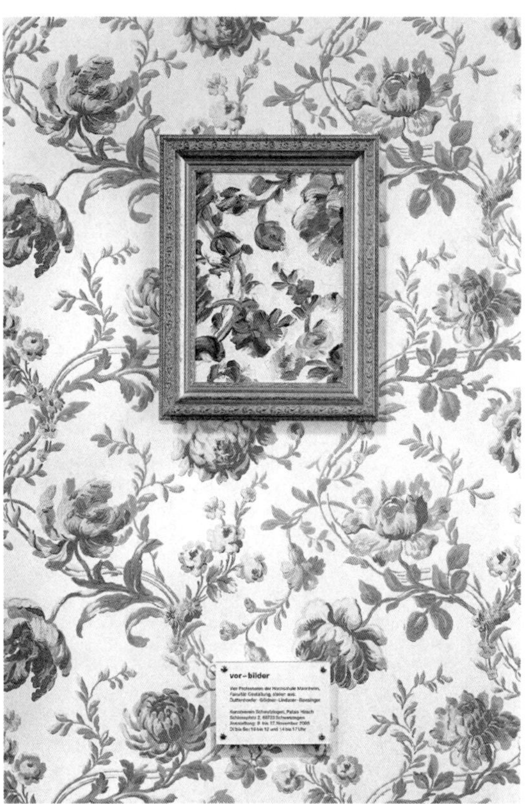

B40 Fachbereich Gestaltung
Armin Lindauer
Plakat, Ausstellung »vor-bilder« im Kunstverein Schwetzingen 2005

begonnen Reihe »Mannheim Masters« statt, in der ausgewiesene Experten, darunter auch Alumni der Fakultät, aus ihrer Berufspraxis berichteten. Der neue Name der Hochschule bedingte die Entwicklung eines neuen Logos und Corporate Designs. Dieser Aufgabe widmete sich unter Federführung von Prof. Lindauer ein interdisziplinäres Team, dem auch Professoren technischer Fakultäten angehörten. In der Sitzung am 15. Juli 2005 wurde das Ergebnis von Prof. Kolaschnik dem Senat präsentiert und verabschiedet.

Im November des gleichen Jahres trat die Fakultät mit einer außergewöhnlichen Ausstellung in die

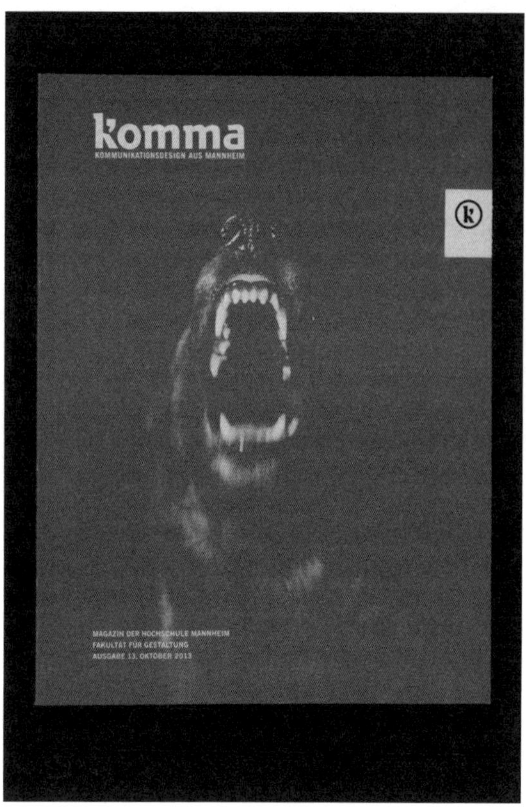

B41 »komma«
Magazin der Fakultät für Gestaltung

Öffentlichkeit. Die Professoren Duttenhoefer, Lindauer, Roesinger und Göldner zeigten im Kunstverein Schwetzingen Arbeiten aus ihrem freien künstlerischen Schaffen. Das von Prof. Lindauer zu dieser Ausstellung »vor-bilder« gestaltete Plakat wurde im Wettbewerb »Die 100 besten Plakate« ausgezeichnet und erhielt den IF communication design award 2006.
Zum Ende des Sommersemesters 2006 wurde Prof. Beiderwellen als Nachfolger von Prof. Wöhlbier in das Amt des Dekans der Fakultät für Gestaltung gewählt. Zum gleichen Zeitpunkt fiel auch der Startschuss für ein neues Fakultätsmagazin, das in Eigenregie der Studierenden gestaltet und herausgegeben wurde. Die »komma« erschien in einer Auflage von 2000 Exemplaren und wurde bundesweit an führende Persönlichkeiten der Kreativbranche verteilt. Das Magazin entwickelte sich zu einem wichtigen Kommunikationsorgan der Fakultät und wurde in den Folgejahren mit mehreren hochrangigen Designpreisen ausgezeichnet. Im Sommersemester 2007 gelang es der Fakultät, einen Beirat zu etablieren, besetzt mit prominenten Persönlichkeiten der Kommunikationswirtschaft und Wissenschaft; darunter der emeritierte Professor des Massachusetts Institute of Technology [MIT], Prof. Dr. Joseph Weizenbaum, der nach seiner amerikanischen Wissenschaftskarriere wieder in seiner Geburtsstadt Berlin lebte. Zur konstituierenden Sitzung des Beirates am 8. Mai 2007 hielt Prof. Weizenbaum, einer der herausragenden Pioniere der Computerwissenschaft, an der Hochschule vor großem Publikum einen Vortrag zum Thema »The Computer and the Unification of Science [and its Social Implications]«.
Im Januar 2007 stand die Wahl eines neuen Rektors der Hochschule an, da die Amtszeit des bisherigen Rektors nach Erreichen der Altersgrenze zum August 2007 endete. Prof. Dr. h.c. Dietmar von Hoyningen-Huene hatte die Leitung der ehemaligen Fachhochschule für Technik 1985 übernommen und in seiner 22jährigen, äußerst erfolgreichen Amtszeit zu einer modernen, multidisziplinären Campushochschule entwickelt. Für seine herausragenden Verdienste um die Entwicklung nicht nur der Mannheimer Hochschule, sondern der bundesweiten Hochschullandschaft insgesamt wurde er bei der Feier zu seiner Verabschiedung am 4. Oktober 2007 im Mannheimer Rosengarten vom Ministerpräsidenten Oettinger mit dem Bundesverdienstkreuz Erster Klasse ausgezeichnet. Einen Nachfolger für diese außergewöhnliche Persönlichkeit an der Spitze der Hochschule zu finden gestaltete sich schwierig. Am 27. Januar 2007

wurden aus dem Kreis der Bewerber sechs Kandidaten zu einer Anhörung vor dem Hochschulrat und dem Senat eingeladen. Darunter auch der amtierende Prorektor und ehemalige Dekan der Fakultät Gestaltung Prof. Dr. Schwarz. Keiner der Bewerber konnte die Gremien überzeugen, weshalb der Hochschulrat beschloss, die Stelle neu auszuschreiben. Am 7. Juli 2007 wurde dann in einer zweiten Runde Prof. Dr.-Ing. Dieter Leonhard, bislang Professor an der Fachhochschule Frankfurt und Präsident der Deutsch-Französischen Hochschule zum neuen Rektor gewählt. Das bisherige Rektorat blieb bis zur Aufnahme der Geschäfte durch den neuen Rektor ein Semester länger als geplant kommissarisch im Amt. Zum Sommersemester 2008 kehrte Prof. Dr. Schwarz wieder mit vollem Deputat in die Fakultät für Gestaltung zurück und wurde dort zum Studiendekan gewählt; eine Position, die er bis zu seinem altersbedingten Ausscheiden im Februar 2020 innehatte.
Zum Ende des Sommersemesters 2007 wurde Prof. Frieder Roesinger in den Ruhestand verabschiedet. Prof. Roesinger war der letzte aus dem Kollegium, der noch zu Zeiten der Städtischen Fachhochschule unterrichtet hatte. 1995 wurde er zum ersten Dekan des Fachbereichs Gestaltung gewählt und steuerte in seiner vierjährigen Amtszeit den Integrationsprozess sowie die konzeptionelle Neuausrichtung des Lehrangebots.
Die freigewordene Stelle konnte zum Wintersemester 2007/08 nahtlos [mit gleichbleibender Widmung für das Lehrgebiet Advertising Design] mit Prof. Jean-Claude Hamilius neu besetzt werden.
Zum Wintersemester 2010/11 folgte auf Prof. Beiderwellen im Amt des Dekans der Fakultät Prof. Dr. Jürgen Berger. In die ersten Jahre seiner knapp neunjährigen Amtszeit als Dekan fiel eine einschneidende räumliche Neuorientierung der Fakultät. Im Jahr 2010 verlegte die alteingesessene Firma Vögele [Fahrzeugbau/Straßenfertiger] ihren Produktionsstandort von Mannheim nach Ludwigshafen. Das Vögele-Gelände lag – nur durch die Neckarauer Straße getrennt – in unmittelbarer

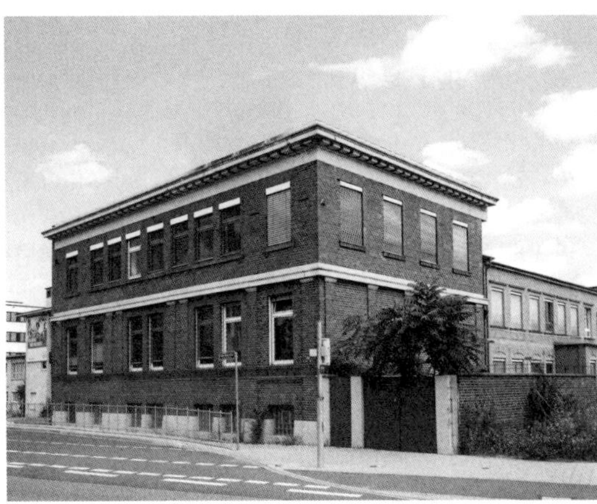

B42 Gebäude Z
Campus der Hochschule Mannheim, Standort der Fakultät für Gestaltung ab Wintersemester 2012/13

Nachbarschaft zum Campus der Hochschule. Mit der Aufgabe des Mannheimer Standorts ergab sich die Möglichkeit, mit der gesamten Fakultät, die bislang auf mehrere Gebäude der Hochschule verteilt war, in das ehemalige Verwaltungsgebäude der Firma Vögele umzuziehen. Nach mehreren Umbaumaßnahmen konnte das Vorhaben zum Anfang des Wintersemesters 2012/13 realisiert werden. In dem ehemaligen Verwaltungsgebäude, nun als Gebäude Z der Hochschule geführt, fanden das Fotolabor, die Druckwerkstatt, Computerpools, Vorlesungs- und Seminarräume sowie die Büros der Fakultät ihr neues Domizil. Das Foto- und Videostudio wurde in dem unmittelbar benachbarten Gebäude Y untergebracht – dem denkmalgeschützten ehemaligen Trafo-Haus der Firma Vögele. Diese Maßnahme hatte jedoch nur kurzen Bestand. Nachdem aufgrund von Altlasten eine grenzwertüberschreitende Schadstoffbelastung festgestellt wurde, musste das Gebäude geschlossen werden. Ein adäquater Ersatz für diese Studios fehlt bis heute.
Ebenfalls 2012 konnte eine weitere einschneidende Veränderung auf dem Feld der Außendarstel-

lung der Fakultät erzielt werde. Zuvor, ab der Integration 1995, fanden jeweils zu Semesterende in unterschiedlichem Rahmen und verschiedenen Lokalitäten Ausstellungen von Abschlussarbeiten der Absolventen statt. Nun konnte nach einem Kooperationsabkommen der Hochschule mit dem Mannheimer Kunstverein und finanziell unterstützt durch die an der Hochschule allokierte Albert und Anneliese Konanz-Stiftung die Fakultät auf einem neuen Niveau an die Öffentlichkeit treten. Ab 2012 inszenierte die Fakultät einmal jährlich eine große, mehrtägige Werkschau im Mannheimer Kunstverein. Die Ausstellung studentischer Arbeiten aus allen Gestaltungsbereichen der Fakultät wurde ergänzt durch Vorträge und Workshops. Dazu wurde – und wird bis heute – der gesamte Kunstverein mit jeweils wechselnden kreativen Ausstellungskonzepten bespielt, Rauminstallationen, von den Studierenden entworfen und realisiert, unterstützt von einem Team aus Professoren und Mitarbeitern der Fakultät.

Gleichzeitig entstanden Überlegungen, das Lehrangebot der Fakultät in Richtung neuer Entwicklungen des Kommunikationsdesigns zu erweitern. Kommunikation im Raum, sowohl im realen wie im virtuellen Raum, wurde zum Thema für die Berufung auf die nächst freiwerdende Stelle. Nachdem Frau Prof. Braemer krankheitsbedingt in den vorzeitigen Ruhestand verabschiedet wurde, stand diese Stelle ab 2012 zur Wiederbesetzung zur Verfügung. Bereits seit 2009 hatte Klaus Wyborny, renommierter Filemacher, in den siebziger Jahren Teilnehmer an zwei documenta-Ausstellungen in Kassel, vertretungsweise die Lehre in den bislang von Frau Prof. Braemer verantworteten Fächern Film und Video übernommen. Auf die vakante Stelle [nun mit der Widmung Kommunikation im Raum] wurde dann zum Beginn des Wintersemesters 2013/14 Prof. Dr.-Ing. Martin Kim berufen.

Zum Ende des Sommersemesters 2015 stand die Pensionierung von Prof. Duttenhoefer an. Die Fakultät leitete schon frühzeitig das Berufungsverfahren ein, so dass die Stelle ohne Verzögerung zum Wintersemester 2015/16 wieder besetzt werden konnte. Berufen wurde auf die Stelle mit der Widmung »Grundlagen der Gestaltung – Schwerpunkt Zeichnen, Künstlerische Gestaltung, Kompositions- und Farbenlehre« Frau Prof. Vroni Schwegler.

Mitte der 2010er Jahre konzipierte die Fakultät ein innovatives Projekt zur Internationalisierung der Designerausbildung. Bereits zuvor war die Fakultät weltweit vernetzt. Auf der Basis von Kooperationsabkommen fand kontinuierlich ein reger Studierendenaustausch statt mit Hochschulen in Europa, Asien sowie Nord- und Südamerika. Intensive Kontakte von Professoren der Mannheimer Fakultät mit Kollegen der School of Design der University of Leeds legten nun den Grundstein für die Entwicklung eines gemeinsamen internationalen Masterstudiengangs mit einem Joint Degree-Abschluss Master of Arts in Communication Design. Das Konzept des »Design-Future-Society« titulierten Studiengangs sah vor, dass die Studierenden das erste Semester jeweils an der Heimathochschule und das zweite Semester an der Partnerhochschule verbringen sollten. Das dritte Semester war für die Erarbeitung der Masterthesis [fakultativ in Mannheim oder Leeds] vorgesehen. Geplant war der Start des neuen Studiengangs, der den bisherigen Masterstudiengang »Kommunikationsdesign« ersetzten sollte, für das Sommersemester 2017. Der Fakultätsrat stimmte in seiner Sitzung am 7. Oktober 2015 mehrheitlich der Einrichtung des neuen internationalen Studiengangs zu. Der Senat der Hochschule »begrüßt[e] und unterstützt[e] das innovative Konzept«[425] und genehmigte am 11. Januar 2016 die Einrichtung des internationalen Studiengangs mit Beginn jeweils zum Sommersemester und einer Kapazität von 15 Studienanfängerplätzen. Am 11. November 2016 wurde von den Rektoren der Hochschule Mannheim und der Univesity of Leeds der Kooperationsvertrag unterzeichnet, und zum Sommersemester 2017 ging der neue Studiengang wie geplant an den Start.

425
Senatssitzung am 11.01.2016, Senatsakten, Archiv der Fakultät Gestaltung

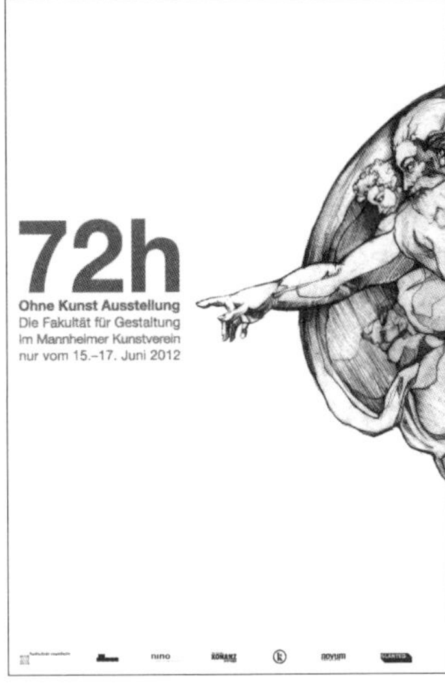

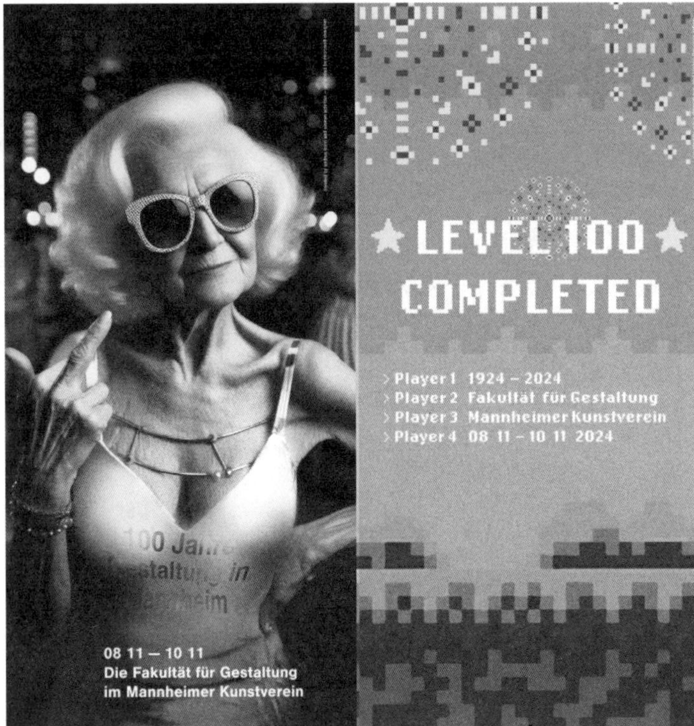

B43 Plakate
Werkschau der Fakultät für Gestaltung im Mannheimer Kunstverein 2012 und 2024

Doch schon der Beginn des neuen Masters im März 2017 stand unter keinem guten Stern. Ein halbes Jahr, nachdem der Senat die Einrichtung des gemeinsamen Studiengangs mit der University of Leeds genehmigt hatte, stimmten die Briten – für viele überraschend – in dem am 23. Juni 2016 abgehaltenen Brexit-Referendum für den Austritt des Vereinigten Königreichs aus der EU. Zunächst war völlig unklar, welche Auswirkungen diese Entscheidung auf den Studiengang zukünftig haben werde, bezüglich EU-Fördermitteln, Erasmus-Programm oder den Aufenthaltsstatus der Studierenden. Der internationale Studiengang kam nicht überzeugend ins Rollen und war mit einem hohen administrativen Aufwand verbunden. Überdies entsprach die Nachfrage der britischen Studierenden nicht den Erwartungen. Schließlich führten mehrere Faktoren im Juni 2019 zu der Entscheidung des Fachbereichsrates, den internationalen Studiengang einzustellen und zum Sommersemester 2020 den Masterstudiengang »Kommunikationsdesign« in modifizierter Form wieder aufzunehmen. Der Internationale Masterstudiengang blieb somit nur eine kurze Episode von drei Jahren im Lehrangebot der Fakultät für Gestaltung.

Zwischenzeitlich hatten sich einige personelle Veränderungen an der Fakultät ergeben. Auf Antrag der Fakultät vom 18. Oktober 2017 und nach Zustimmung des Senats wurde Dr. Claude Wing Sui am 22. Januar 2018 vom Rektor der Hochschule zum Honorarprofessor ernannt. Dr. Sui,

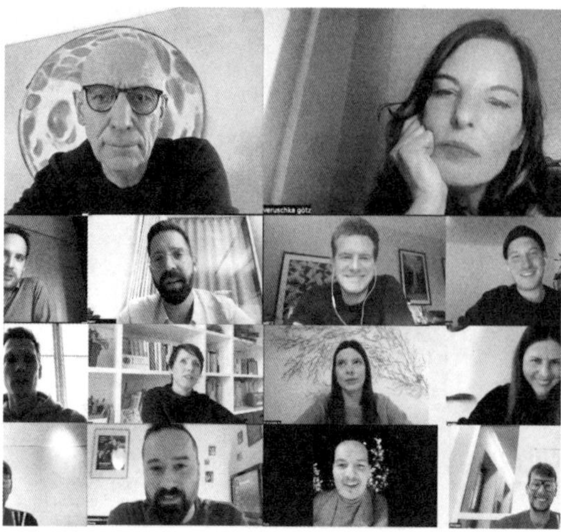

B44 Videokonferenz der Fakultät für Gestaltung im »Corona-Semester« 2020

renommierter Wissenschaftler, Kurator und Leiter des Forums Internationale Fotografie der Reiss-Engelhorn-Museen Mannheim unterrichtete bereits seit vielen Jahren an der Fakultät als Lehrbeauftragter Fotogeschichte und Fototheorie. Zum Ende des Wintersemesters 2018/19 wurde der Dekan der Fakultät, Prof. Dr. Berger, in den Ruhestand verabschiedet. Da seine Stelle nicht als Planstelle ausgewiesen war, konnte eine Wiederbesetzung nicht realisiert werden. Faktisch verlor die Fakultät damit eine Professorenstelle. Als Nachfolgerin in der Fakultätsleitung wurde Frau Prof. Schwegler zur Dekanin gewählt. Zum Ende des Wintersemesters 2019/20 ging Prof. Dr. Schwarz in Pension. Die Stelle konnte ohne Verzögerung zum Sommersemester 2020 – nun mit der Widmung »Kulturwissenschaften; Schwerpunkt Design- und Mediengeschichte, Soziologie« – mit Prof. Dr. Moritz Klenk besetzt werden.

Prof. Dr. Klenk begann seine Tätigkeit an der Fakultät zu einem denkbar ungünstigen Zeitpunkt. Ab März 2020 wurde die Corona-Pandemie zum alles beherrschenden Thema mit drastischen Auswirkungen auf das gesamte gesellschaftliche Leben. An der Hochschule musste der Präsenzunterricht weitgehend eingestellt werden. Der Austausch zwischen Lehrenden und Studierenden, Seminare und Vorlesungen fanden fortan virtuell statt; ebenso die Sitzungen der Fakultätsgremien. In diesen turbulenten Zeiten kam es zu einem zweifachen Wechsel in der Fakultätsleitung. Frau Prof. Schwegler legte im Oktober 2020 ihr Amt als Dekanin nieder. Bis zur Neuwahl übernahm der Prodekan Prof. Kolaschnik kommissarisch die Leitung der Fakultät. Im Dezember 2020 wurde Prof. Kolaschnik [den widrigen Umständen geschuldet per Briefwahl] zum neuen Dekan gewählt. Prof. Kolaschnik blieb nur ein knappes Jahr bis zum Oktober 2021 im Amt. Eine für Dezember 2021 geplant Neuwahl kam nicht zustande, somit leitete das bisherige Dekanat kommissarisch die Fakultät, bis im Juni 2022 Frau Prof. Schwegler erneut zur Dekanin gewählt wurde. Sie steht bis heute der Fakultät vor. Die Corona-Restriktionen konnten ab 2022 schrittweise zurückgenommen werden; ab 2023 kehrte der Studienbetrieb wieder zur Normalität zurück. Heute, 100 Jahre nach Gründung der »Freien Akademie für bildende Kunst«, kann die Fakultät für Gestaltung auf eine bewegte Geschichte zurückblicken. Eine Geschichte, in der prosperierende Phasen abwechselten mit existenzgefährdenden Krisen. Eine Geschichte, in der sich das Lehrprogramm fundamental veränderte, in der sich die Designerausbildung immer wieder neuen technischen Herausforderungen und neuen gesellschaftlichen Aufgaben stellen musste.

10 Anhang

10.1 Bezeichnung der Einrichtung

1924
gegründet als Freie Akademie für bildende Kunst

ab 1925
Kunstschule Freie Akademie

ab 1932
Mannheimer Kunst- und Kunstgewerbeschule Freie Akademie

ab 1937
Kunstschule Freie Akademie

ab 1946
Freie Akademie –
Werkschule für freie und angewandte Kunst

ab 1967
Werkkunstschule Mannheim

ab 1974
Städtische Fachhochschule für Gestaltung Mannheim

ab 1995
Fachbereich Gestaltung der Fachhochschule Mannheim –
Hochschule für Technik und Gestaltung

ab 2006
Fakultät für Gestaltung der Hochschule Mannheim

10.2 Standort der Einrichtung
[Hauptstandorte; vorübergehend zusätzlich genutzte Räumlichkeiten hier nicht aufgeführt]

1924 bis 1936
linke Schlosswache

1937 bis 1946
Mannheimer Sternwarte

1946 bis 1956
Mannheimer Schloss
[verschieden Räumlichkeiten]

1956 bis 1959
Baracke hinter dem Mannheimer Schloss

1959 bis 1964
Mannheimer Schloss

1964 bis 1995
eigenes Gebäude, E3, 16

1996 bis 2012
Campus der Hochschule Mannheim;
Gebäude 9 und 11

ab 2007
zusätzlich Zeichensaal in Gebäude 3

ab 2012
Campus der Hochschule Mannheim;
Gebäude Z

10.3 Leiter der Einrichtung

Sep. 1924 bis Okt.[?] 1936
Albert Henselmann
Leiter der Freien Akademie

Jan. 1937 bis Jan 1957
Karl Trummer
Leiter der Freien Akademie

Feb. 1957 bis Mär. 1964
Paul Berger-Bergner
Leiter der Freien Akademie

Apr. 1964 bis Feb. 1967
Dr. Joachim Geißler
Leiter der Freien Akademie

Mär. 1967 bis Jul. 1967
Dr. Joachim Geißler
Leiter der Werkkunstschule

Okt. 1967 bis Feb. 1968
Dr. Manfred Tripps
Direktor der Werkkunstschule

Mär. 1968 bis Mär. 1969
Walter Koch/Wolf Magin
Kommissarische Leiter
der Werkkunstschule

Mär. 1969 bis Sep. 1974
Walter Koch
Rektor der Werkkunstschule

Okt. 1974 bis Feb. 1975
Walter Koch
Rektor der Städt. FHG

Mär. 1975 bis Feb. 1983
Prof. Robert Ruthardt
Rektor der Städt. FHG

Mär. 1983 bis Feb. 1995
Prof. Klaus Bessau
Rektor der Städt. FHG

Mär. 1995 bis Feb. 1999
Prof. Frieder Roesinger
Dekan Fachbereich Gestaltung

Mär. 1999 bis Aug. 2004
Prof. Dr. Jürgen Schwarz
Dekan Fachbereich Gestaltung

Sep. 2004 bis Aug. 2006
Prof. Hartmut Wöhlbier
Dekan Fachbereich Gestaltung

Sep. 2006 bis Aug. 2010
Prof. Kai Beiderwellen
Dekan Fakultät für Gestaltung

Sep. 2010 bis Feb. 2019
Prof. Dr. Jürgen Berger
Dekan Fakultät für Gestaltung

Mär. 2019 bis Okt. 2020
Prof. Vroni Schwegler
Dekanin Fakultät für Gestaltung

Dez. 2020 bis Okt. 2021
Prof. Axel Kolaschnik
Dekan Fakultät für Gestaltung

seit Juni 2022
Prof. Vroni Schwegler
Dekanin Fakultät für Gestaltung

10.[4] Literaturhinweise

Archive

Marchivum, Stadtarchiv Mannheim
[Zitierte Zeitungsartikel und Anzeigen stammen, wenn nicht anders angegeben, aus dem Bestand des Marchivum.]

Generallandesarchiv Karlsruhe

Stadtarchiv Fürstenfeldbruck

Stadtarchiv Offenburg

Bundesarchiv Berlin

Bibliothek der Hochschule Mannheim

Archiv der Fakultät für Gestaltung

»Entartete Kunst« Gesamtverzeichnis
Liste des Reichsministeriums für Volksaufklärung und Propaganda um 1941/1942,
bereitgestellt vom Victoria & Albert Museum London,
digitalisiert abrufbar unter: http://vam.ac.uk./entartetekunst

Forschungsstelle »Entartete Kunst«
Kunsthistorisches Institut der Freien Universität Berlin.
[geschkult.fu-berlin.de/e/db_entart_kunst]

GDK Research
Bildbasierte Forschungsplattform zu den Großen Deutschen Kunstausstellungen 1937—1944 in München
[gdk-research.de]

Literatur

Beringer, Joseph August:
Geschichte der Mannheimer Zeichnungsakademie,
1902, Nachdruck 2014 [Auxo-Verlag]

Bessau, Klaus:
Zur Geschichte einer außergewöhnlichen Fusion, in:
Profil, Zeitschrift der Fachhochschule Mannheim –
Hochschule für Technik und Gestaltung, Mannheim 1995

Bessau, Klaus:
Von der Freien Akademie zum Fachbereich Gestaltung der Fachhochschule Mannheim:
Ein geschichtlicher Überblick, in:
Hundert Jahre Fachhochschule Mannheim 1898—1998, Teil II:
Die Gegenwart, Mannheim 1998

Blümm, Anke in:
Blümm, Anke und Rössler, Patrik [Hrsg.]:
Vergessene Bauhaus-Frauen.
Lebensschicksale in den 1930er- und 1940er-Jahren,
BAUHAUS/ASPEKTE,
Bauhaus Museum Weimar 2021

Förster, Wolfram:
Fachhochschule Mannheim – Hochschule für Technik und Gestaltung 1995—1998, in:
Hundert Jahre Fachhochschule Mannheim 1898—1998, Teil I,
Mannheim 1998

Fritsche, Christiane:
Ausgeplündert, zurückerstattet und entschädigt.
Arisierung und Wiedergutmachung in Mannheim,
Ubstadt-Weiher 2013

Gilbert, René.
Karl Josef Trummer,
www.stadtlexikon.karlsruhe.de,
2016 [letzter Zugriff: 20.04.2022]

Hodin, Josef Paul:
Paul Berger-Bergner, Leben und Werk,
Hamburg 1974

Köhler, Silvia:
A4, 6 – Künstlerinnen und Künstler in der Alten Sternwarte Mannheim,
Mannheim 2015

Maier, Michaela:
Albert E. Henselmann [1890—1974],
Der Weg zur Form?,
Diss. Heidelberg 2002

Merkel, Ursula:
Bildhauer an der Kunstakademie Karlsruhe von 1947 bis 1987, in:
Rödiger-Diruf, Erika [Hrsg.],
Die Malerei ist tot, es lebe die Malerei: 150 Jahre Kunstakademie Karlsruhe,
hrsg. von der Stadt Karlsruhe – Städtische Galerie, Karlsruhe 2004

Präger, Christmut:
»Zeitgemäße Formensprache« und »Praktischer Sinn«, Albert Henselmann und die »Freie Akademie Mannheim«, in:
Hermann Jung:
Weimar 1919–1933, Aufbruch und Niedergang einer Kulturepoche – Ihre Auswirkungen auf die Stadt Mannheim und die Metropolregion,
Reihe Mannheimer Hochschulschriften,
Verlag Peter Lang 2011

Weckel, Petra:
»Lights from our past« Rückbesinnung auf jüdische Traditionen im amerikanischen Exil am Beispiel der Künstlerin Lulu Kayser-Darmstädter, in:
Ästhetiken des Exils, Amsterdamer Beiträge zur neueren Germanistik,
Band 54, 2003

Wind, Anika:
Mit Zigarette, Hut und Hund,
Mannheimer Morgen, 02.12.2009

Wolf Magin, Plakate 1958 bis 1988,
Katalog zur Ausstellung in der Städtischen Kunsthalle Mannheim,
Mannheim 1988

Zuschlag, Christoph:
»Es handelt sich um einem Schulungsausstellung«,
Die Vorläufer und die Stationen der Ausstellung ›Entartete Kunst‹, in:
Barron, Stephanie:
Entartete Kunst: Das Schicksal der Avantgarde im Nazi-Deutschland,
München 1992

Zuschlag, Christoph:
»Entartete Kunst«, Ausstellungsstrategien in Deutschland,
Heidelberger Kunstgeschichtliche Abhandlungen,
Neue Folge, Band 21, Worms 1995

Zuschlag, Christoph:
Die Ausstellung »Kulturbolschewistische Bilder« in Mannheim 1933 – Inszenierung und Presseberichterstellung, in:
Blume, Eugen und Scholz, Dieter [Hrsg.]:
Überbrückt: ästhetische Moderne und Nationalsozialismus, Kunsthistoriker und Künstler 1925—1937,
Köln 1999

10.[5] Abbildungsnachweis

S. 4 Marchivum, GF01281

B 1 Marchivum, KF042528
B 2 Maier, S.24, B 10
B 3 Harvard Art Museums/ Busch-Reisinger Museum, Gift of Mr. and Mrs. Roger Van Nest Powelson, Photo ©President and Fellows of Harvard College, BR71.59
B 4 Kunsthalle Mannheim, Foto: Kunsthalle Mannheim / Kathrin Schwab
B 5 Kunsthalle Mannheim, Foto: Kunsthalle Mannheim
B 6 Kunsthalle Mannheim, Foto: Kurt Schneyer, Marchivum, AB01612-9-115c
B 7 Marchivum
B 8 Marchivum
B 9 Marchivum, PK02783
B 10 Marchivum, PK02449
B 11 Marchivum
B 12 Marchivum
B 13 Marchivum, PK01958
B 14 Marchivum
B 15 Marchivum
B 16 Marchivum
B 17 Marchivum
B 18 Stadtarchiv Offenburg
B 19 Stadtarchiv Offenburg
B 20 Rudolf Stricker
B 21 Marchivum
B 22 Stadtarchiv Offenburg
B 23 Verein Stadtbild e.V. / Aktionsbündnis Alte Sternwarte
B 24 Marchivum, AB00114-002
B 25 Marchivum, PK10054
B 26 Marchivum, PK02261
B 27 Marchivum, GF01281
B 28 Fakultät für Gestaltung, Foto: Daniel Probst
B 29 Marchivum, 14/1998_00111
B 30 Marchivum, 14/1998_00111
B 31 Marchivum, 14/1998_00111
B 32 Marchivum, PK02290
B 33 Marchivum, AB01612-8-090d
B 34 Marchivum, PK03468
B 35 Broschüre 1969, Fakultät für Gestaltung
B 36 Fakultät für Gestaltung, Foto: Volker Keipp
B 37 Marchivum, PK07602
B 38 Marchivum, PK08526
B 39 Foto: Nyaz Schmitt
B 40 Fakultät für Gestaltung, Armin Lindauer
B 41 Fakultät für Gestaltung
B 42 Fakultät für Gestaltung, Foto: Rainer Diehl
B 43 Fakultät für Gestaltung
B 44 Fakultät für Gestaltung, SnapShot Veruschka Götz